HELMUT SÜNDERMANN

TOD ODER LEBEN

Journalismus an der "inneren Front" des Zweiten Weltkrieges

HELMUT SÜNDERMANN

TOD ODER LEBEN

Journalismus an der "inneren Front" des Zweiten Weltkrieges

Aus dem Nachlaß
herausgegeben von Dr. phil. Gert Sudholt

DRUFFEL-VERLAG
BERG AM STARNBERGER SEE

Internationale Standard-Buchnummer
ISBN 3 8061 1130 8

1. Auflage 1999

82335 Berg am Starnberger See
Hergestellt in Österreich

INHALTSVERZEICHNIS

EINLEITUNG

"Die Geschichtsforschung stolpert wie mit flackernden Kerzenstummeln den endlosen Pfad der Vergangenheit entlang und versucht, die Szenen der Geschichte zu rekonstruieren, das Echo der Ereignisse wiederzubeleben und mit ihrem schwachen Licht die Leidenschaften vergangener Zeiten zu erhellen. Welchen Sinn hat das alles? Der einzige Führer des Menschen ist sein Gewissen. Sein einziger Schutz vor dem Urteil der Nachwelt ist die Redlichkeit und Aufrichtigkeit seiner Handlungen. Es ist sehr unklug, ohne diesen Schutz durch das Leben zu wandeln, denn wie oft werden wir nicht enttäuscht, wenn unsere Hoffnungen scheitern und unsere Berechnungen vereitelt werden. Mit diesem Schutzschild aber marschieren wir jederzeit in den Reihen der Ehre, wie auch immer das Schicksal entscheidet." So lautet eine Passage aus dem Nekrolog Winston Churchills auf den im November 1940 einem Krebsleiden erlegenen Ex-Premierminister Chamberlain. Churchill war doch ein ebenso großer Rhetoriker und Schriftsteller wie er ein menschenverachtender Kriegsverbrecher war. Dieser Gedanke ist aber von einer ebenso tiefen Wahrheit wie Allgemeingültigkeit. Er ist universell und gilt daher auch für die Menschen, die sich aufrichtig den Idealen des Dritten Reiches verbunden fühlten. Und sie gilt daher auch für Helmut Sündermann, der aus seinen Überzeugungen nie einen Hehl machte und auch nach 1945 seine Meinungen nie der tagespolitischen Konjunktur anpaßte.

Zahreich sind die Bücher und Aufsätze, sind die Analysen, Interpretationen und Stellungnahmen, in denen Helmut Sündermann nach der Zertrümmerung Deutschlands die Geschichte des Dritten Reiches, seiner Innen- und Außenpolitik, seiner führenden Repräsentanten und ihrer Motive beschrieb. Als Zeitzeuge in herausgehobener Stellung und durch die persönliche Kenntnis der Führungselite des Dritten Reiches war er dazu prädestiniert. Auch die Kriegszeit wurde in seinen posthum veröffentlichten Aufzeichnungen "Hier stehe ich... Deutsche Erinnerungen 1914/15" sowie in den "Tagesparolen. Deutsche Presseanweisungen 1939-45. Hitlers Propaganda und Kriegführung" nicht ausgespart.

Hier wird nun nach 56 Jahren dem deutschen Publikum erneut das Anfang 1943 in einer Startauflage von 50.000 Exemplaren aufgelegte Bändchen "Die Entscheidungen reifen. Berichte und Bekenntnisse aus großer Zeit" vorgelegt. Es handelt sich hier um einen Sammelband, der aus ganz oder auszugsweise wiedergegebenen Aufsätzen und politischen Kommentaren bestand, die zu den im Text angegebenen Zeitpunkten parallel in verschiedenen deutschen Tageszeitungen erschienen, denen diese Aufsätze durch die "Nationalsozialistische Parteikorrespondenz" zugeleitet wurden. Der Berichtszeitraum umfaßt die Zeit vom Mai 1939 bis zum Februar 1943. Zu diesem Zeitpunkt erfolgte wohl der Druck des Sammelbandes. Um das publizistische Wirken Sündermanns - Stabsleiter und Oberdienstleiter des Reichspressechefs Dr. Otto Dietrich - für den gesamten Zeitraum des Zweiten Weltkrieges dokumentieren zu können, entschloß sich der Herausgeber, eine Anzahl weiterer Aufsätze und Kommentare des Stellvertretenden Reichspressechefs vom März 1943 bis zum März 1945 hinzuzufügen. Unter dem Titel "Die Gezeichneten. Tatsachen über die Schuldigen des Zweiten, Großen Weltkrieges" wurden die im November und Dezember 1944 erschienenen Artikel "Wir klagen an" Anfang Januar 1945 in einem Sonderdruck herausgegeben.

Das Motiv für diese erneute und erweiterte Auflage liegt beileibe nicht in der nostalgischen Präsentation eines scheinbar von der Zeitgeschichte überrollten Textes. Im Gegenteil, diese Texte sind von einer beklemmenden Aktualität, ganz abgesehen von ihrer schriftstellerischen Brillanz. Außerdem ist es nicht ohne Reiz, dem heutigen Leser einen repräsentativen Querschnitt quasiamtlicher Kommentare der gesamten Zeitspanne des Zweiten Weltkrieges aus deutscher Sicht vorzulegen. In der veröffentlichten Meinung dieser Republik wird ja mit unermüdlichem Fleiß und mit scheinbar unerschöpflichen Mitteln versucht, den Nachgeborenen zu suggerieren, das gesamte Informationswesen und der Propagandaapparat des Dritten Reiches hätten nur mit primitiven Manipulationen, simplen Wiederholungen, eingängigen Parolen, schlichten Losungen und Lösungen, geschichtlichen Fälschungen und zeitgeschichtlichen Verdrehungen und Verkürzungen gearbeitet. Noch im April hat das bundesrepublikanische Regierungsfernsehen ZDF einen gewaltigen Kotau vor der BBC gemacht und ihr gedankt, daß sie den Ehrenschild des fairen und objektiven Journalismus in einer Zeit hochgehalten habe, in der hier im Lande dunkelste publizistische Finsternis zu herrschen schien.

Doch wie war es wirklich? Auf welche Informationen hatte der damalige Leser Zugriff, wenn er die parteiamtlichen oder die "gleichgeschalteten" Zeitungen las? Konnte er sich mit ihrer Hilfe ein Bild von den Vorgängen des Krieges, von den Absichten der eigenen Führung und denen des Gegners machen? Wie war das Verhältnis von Information und Propaganda? Welcher Wortwahl bediente man sich? Um diese Fragen zu benatworten, ist dieses Buch herausgegeben worden. Denn die Veröffentlichungen von Helmut Sündermann können zum inhaltlichen Maßstab genommen werden; sie sind im besten Sinne repräsentativ, wenn auch ihr Stil prägnant und eloquenter ist als der vieler Journalisten jener Zeit.

Und wenn man die Argumente einmal im Zusammenhang liest und nicht durch die Brille textueller Verstümmelungen oder aus dem Kontext gerissener Zitate, wird man erstaunt sein über die argumentative Stringenz, über die Klarheit der Sprache, über die Eindeutigkeit der Diktion, aber auch über die Zwänge, die eine eiserne Zeit vorschrieb, in der jeder in Deutschland um die Existenz seines Vaterlandes rang. Man wird erstaunt sein, wie wenig Ausfälle hier verzeichnet sind, keine Hetze, wohl aber Verachtung für eine Reihe von Gegnern. In diesen Zeitungskommentaren kommen keine Haßphantasien zu Wort, hier werden keine Völker publizistisch entmenschlicht, aber hier wird, insbesondere ab der Mitte 1944 ein klares und eindeutiges Wort über die Kriegsschuldigen aus deutscher Sicht geführt und hier werden die alliierten Kriegsverbrechen und Menschenrechtsverletzungen als das bezeichnet, was sie waren und sind: als barbarische Verbrechen an (nicht nur) deutschen Menschen und Kulturgütern und nicht als Akte der Befreiung.

Schon kurz vor Kriegsbeginn bemerkte Sündermann auf einer Englandreise ein interessantes Phänomen: trotz des angeblichen Meinungspluralismus im Mutterland der Demokratie hatte die Presselandschaft in allen Fragen in bezug auf Deutschland eine einheitliche Meinung.

Sündermann notierte, wie wenig "das Volk" in dieser Demokratie zu sagen hatte, welche sozialen Sprengsätze sich gerade in England - im Gegensatz zum Reich - angehäuft hatten, und welchen Druck die Demokratien England und Frankreich auf neutrale Drittstaaten ausübten. Dabei fiel ihm auf, daß die Stimmung in Staaten, die besonders unter englischen Pressionen zu leiden hatten, etwa Holland, dennoch antideutsch war. Dieses Phänomen, dem schon im Ersten Weltkrieg Magnus Hirschfeld (Warum hassen uns die Völker? Eine kriegspsychologische Betrachtung. Bonn 1914) und Max Scheler (Die Ursachen des Deutschenhasses. Eine nationalpolitische Erörterung. Leipzig 1917) Studien widmeten, wäre auch aus heutiger Sicht eine Untersuchung wert.

Nach dem Kriegsausbruch im September 1939 zitiert Sündermann genüßlich englische Zeitungen aus dem vorhergehenden Jahr, in denen der Anschluß Österreichs und des Sudetenlandes als natürliche Korrektur des Versailler Diktates hingestellt werden, und fragt: Ist der Anschluß Danzigs etwa unnatürlicher als die vorhergehenden Revisionen? Ist er etwa weniger gerechtfertigt? Und er zitiert die "Times": "Gerechtigkeit wird nicht zur Ungerechtigkeit, weil sie ein Diktator fordert." Und damit entlarvt er den Kriegsgrund Englands: nicht die Unversehrtheit polnischen Raubterritoriums ist es, sondern die Vernichtung der politischen, militärischen und vor allem wirtschaftlichen Konkurrenz Deutschlands ist das eigentliche Zeil dieses zweiten 30jährigen Krieges, den das westliche, das "zivilisierte" Europa gegen dessen Mitte führt. Interessant sind daher auch die vielen historischen Reminiszenzen und Rückblicke, deren Erinnerung und Verknüpfung heute weder in den Massenmedien noch in Schulen oder Universitäten stattfindet; so begreift er auch den Krieg des Jahres 1939 als den bisherigen Endpunkt einer langen Kette von Verteidigungskriegen, die den Deutschen zumeist von seiten seiner französischen Nachbarn aufgezwungen wurden: 1689 - 1806 - 15 - 1870 - 1914 - 1939. Diese Daten betrachtet er als Traditionslinie.

Daß die Behauptung des Reichsaußenministers am 22. Juni 1941, das Deutsche Reich führe einen Präventivkrieg gegen eine bereits aufmarschierte Rote Armee, keine Propagandafloskel, sondern eine historische Tatsache war, kann zwar seit wenigen Jahren auch von der staatlich bezahlten Historiographie kaum noch länger geleugnet werden - Sündermann schreibt es im Juni 1941. Und Millionen deutscher Landser, die im Morgengrauen dieses denkwürdigen Tages zum Angriff antraten, sahen eigenen Auges, welche Massen an Panzern, Flugzeugen und Divisionen bereitstanden, um wenig später über sie herzufallen. Und diese Augenzeugen waren auch nach dem Kriege weitestgehend resistent gegen die historische Umerziehung, denn sie hatten das Gegenteil der Geschichtsklitterung erlebt. Deswegen erhebt auch erst jetzt, wo weniger als eine Million der Frontkämpfer noch lebt, die Haßpropaganda eines Hannes Heer in Gestalt ihrer Wehrmachtausstellung das Haupt mit dreisten Behauptungen und seltsamen Fotos, da sich die Erlebnisgeneration kaum noch zu wehren vermag. Um so wichtiger ist eine Publikation wie die vorliegende, damit jüngere Menschen mit den wirklichen Tatsachen und Motiven konfrontiert werden und nicht als umerzogene, unhistorische und mit viel (falschem, aber typisch deutschen) Idealismus ausgestattete Vaterlandsnegierer sich zu Unrecht ihrer Väter und Großväter schämen. Daß die deutschen Soldaten der Feindpropaganda keinen Glauben schenkten, nachdem sie in das Landesinnere des Arbeiter- und Bauernparadieses vorgestoßen waren, kann auch nicht überraschen. Schlimmer als jede Propaganda es hätte ausmalen können, waren die Zustände in den von den Sowjets beherrschten Gebieten. Und die Freude und Dankbarkeit der befreiten Menschen in Weißrußland und in der Ukraine und im Kaukasus waren zumindest in der Anfangsphase dieses Feldzuges spürbar aufrichtig.

In Zeiten, in denen der deutsche Verteidigungsminister die Kasernen der Bundeswehr auch noch der letzten der tapferen Namenspatronen des Zweiten Weltkrieges berauben möchte und diese etwa durch Winston Churchill - warum nicht auch durch den Luftmarschall Sir Arthur Harris oder etwa den Befreier Ost- und Mitteldeutschlands Jossif Stalin, so ist man geneigt zu fragen - ersetzen möchte, kommen die biographischen Miniaturen Helmut Sündermanns über unsere Kriegsgegner Roosevelt, Stalin, Churchill etc. gerade zum rechten Zeitpunkt. Er schöpft nur aus den damals bekannten oder zugänglichen Quellen, und selbst diese daraus von ihm entworfenen Bilder und Charakterzüge lassen in uns Deutschen höchst zwiespältige Gefühle wachwerden. Vielleicht sollte man Herrn Scharping, der neuerdings unter einer Büste Helmuth von Moltkes strategisch doziert, ein Freiexemplar dieses Buches zusenden, damit er seine Entscheidung noch einmal überdenken kann.

Interessant auch die Aussagen zur Europapolitik der Reichsregierung. Der Gedanke einer kontinentalen europäischen Gemeinschaft gleichberechtigter Völker kommt den Europaplänen etwa eines Charles de Gaulle sehr nahe. Schon damals wurde Europa als Schicksalsgemeinschaft höchst unterschiedlicher und wertvoller Kulturen verstanden und nicht als ein Gebiet, dem die damals herrschende Partei- und Staatsauffassung aufoktroyiert werden sollte. Auch hier ein klarer Gegensatz zu den Kriegszielen und deren später Verwirklichung unserer Gegner, der Amerikaner, Briten und vor allem der Sowjets. Auf ungerechtfertigte Eroberungen wollte man ebenfalls verzichten und die politische Landkarte nur da verändern, wo nationale, also ethnische Gebietsansprüche nachweisbar waren. Selbst unter den überaus schwierigen Bedingungen des Krieges wurden hier Vergewaltigungen der Verträge von Versailles und Trianon, zum Beispiel die Trennung der Slowakei von der tschechischen Bevormundung, die Loslösung Kroatiens von der brutalen Unterjochung durch die Serben, oder die Rückgabe von ungarischen Gebieten an die Magyaren usw. rückgängig gemacht bzw. durchgesetzt. Die Sieger des Krieges haben diese Beispiele des guten Willen Deutschlands und des Willens dieser Völker wieder zunichte gemacht, aber die Geschichte hat auch hier gesprochen. Die ostmitteleuropäische Ordnung des

Jahres 1943 hat sich fast überall seit 1990 wieder durchgesetzt, und nicht die Willkür unserer Kriegsgegner.

Sündermann weist auf eine unheilige Allianz hin: Das vom ersten Tag an unnatürliche englisch-sowjetische Kriegsbündnis. Er sieht aber nicht nur die ideologischen Widersprüchlichkeiten, er prognostiziert klar das Ergebnis dieses Krieges, wenn England und die USA ihre Unterstützung des Kommunismus fortsetzen würden: Ein zerstörtes Reich, ein in der finanziellen und wirtschaftlichen Agonie befindlicher Sieger England und - die Aufteilung der Welt zwischen amerikanischem Kapitalismus und sowjetischer Barbarei. Übrigens eine Deutung, die Churchill bereits 1941 nicht fremd war. Liest man die Tagebücher seines Privatsekretärs John Colville aus dieser Zeit, so grübelte der Premier schon Ende 1941 mehr darüber nach, wie man ein Vordringen der Sowjets verhindern als wie man das Deutsche Reich in die Knie zwingen könnte. Aber auch hier verließ ihn seine staatsmännische Weisheit. Übrig blieb die Erkenntnis dieses "großen Europäers": "Wir haben das falsche Schwein geschlachtet!"

Noch interessanter als die Beweisführung in der Argumentation Sündermanns sind also die Prognosen, die er in seinen Texten wagte. Er hat für den Fall, daß Deutschland in diesem Kampf nicht Sieger bleibt, vorausgesagt, daß es zur staatlichen Auflösung des Kontinents kommt (als hätte er die Maastrichter Verträge bereits geahnt), daß ein wirtschaftlicher Ausverkauf die Folge ist (wir alle spüren schon die tektonischen Beben der Globalisierung), und daß dieser Prozeß zu einer "kulturellen Mumifizierung" führen wird (spätestens jetzt sind für alle auch die kulturellen Folgen der Eine-Welt-Politik spürbar, die die gewachsenen Hochkulturen Europas in museale Ensembles degenerieren läßt und der Jugend europaweit aufgesetzte Baseballkappen der Höhepunkt freier menschlicher Entwicklung sind). Welchen Stellenwert hat dagegen die Voraussage, daß Churchill nach seinem Sieg bei den kommenden Wahlen hinweggefegt werden würde. Wichtiger war da schon die Vorhersage, daß es kurz vor oder kurz nach Ende des Krieges zu einem Auseinanderbrechen dieser widernatürlichen Koaliton von Todfeinden kommen wird, und daß die Westmächte dabei das Nachsehen haben werden, denn: Die Sowjetunion ist nicht Rußland.

Das alles und vieles mehr konnte also der deutsche Leser der ”Propaganda” seiner Tagespresse in den Kommentaren und Aufsätzen Helmut Sündermanns entnehmen. Gab es denn überhaupt keine Spuren von Propaganda? Doch! Ein Mann mit der Beobachtungsgabe Sündermanns kann nicht geglaubt haben, was er in bezug auf Italiens Kampfkraft und -moral 1940 geschrieben hat (S. 66). Aber das Hochloben eines Verbündeten während eines Kampfes auf Leben und Tod ist nicht nur eine läßliche Sünde, es ist eine Sünde, die in jedem Lande und in jedem System zu allen Zeiten begangen wird.

Am 20. April 1944 hatte Churchill nach dem Abendessen privatissime eine menschliche Anwandlung. Nach Aussage seines bereits erwähnten Privatsekretärs Colville bemitleidete er die Deutschen, die jetzt mit dem Rücken zur Wand kämpfen müßten und sagte: ”Wenn ich ein Hunne wäre, würde ich rennen, was das Zeug hält, um Hitler zu Hilfe zu kommen.” Das ist es, was man damals in England wirklich dachte und warum man den deutschen Widerstand und die vielen sich andienenden Emigranten insgeheim verachtete. Nun, Helmut Sündermann hatte schon vorher geschrieben: ”was das Zeug hielt”, und hat sich damit so verhalten, wie sich Churchill das für sein eigenes Land gewünscht hätte. Bereits die Römer hatten für dieses natürliche Verhalten eine eingängige Formel: Salus populi suprema lex - Das Wohl des (eigenen) Volkes ist das höchste Gesetz. Witziger formulierten es die Briten: Right or wrong - my country. So wollen auch wir es halten, denn manchmal kann und sollte man auch von den europäischen Nachbarn lernen.

Ein Wort noch zur Textedition. Obwohl eine Zensur in der Bundesrepublik Deutschland nicht stattfindet und der mündige Staatsbürger selbst entscheiden sollte, welche Texte er lesen möchte, ist es nicht möglich, Originalquellen aus der Zeit des Dritten Reiches zu publizieren, ohne sich dem juristisch außerordentlich rigide gehandhabten Vorwurf der Volksverhetzung auszusetzen. Aus diesem Grunde hat der Herausgeber an den Stellen, wo er mit dem Paragraphen 130 des

Strafgesetzbuches in Konflikt gekommen wäre, freiwillig Selbstzensur geübt. Da unser Verlag bereits mehrfach das Opfer politischer Stafverfahren wurde, wurden alle Textpassagen und Formulierungen geschwärzt, bei denen auch nur eine ganz geringe Gefahr bestehen könnte, daß ein böswilliger Vertreter der Strafverfolgungsbehörden sie mißversteht, fehldeutet oder für strafbar hält.

Damit überdies nicht der Vorwurf erhoben werden kann, in diesem Buch wurde eine strafbare verfassungswidrige Propaganda betrieben, wurden darüberhinaus zahlreiche im Dritten Reich übliche, aber heute nicht mehr gebräuchliche und vielleicht sogar anstößige Begriffe durch sinngemäße aber heute nicht belastete oder gebräuchliche Worte ersetzt. Diese Worte sind immer in *kursiver Schrift* gesetzt, um dem Leser die Veränderung sogleich deutlich zu machen.

Der Herausgeber ist sich darüber im klaren, daß er hier eine Gratwanderung am Rande intellektueller Redlichkeit vollzieht. Helmut Sündermann würde jedoch mit Sicherheit dieses Procedere billigen, da er Zeit seines Lebens als staatstreuer Deutscher sich sehr bewußt an die Gesetze hielt und es ihm immer wesentlich schien, der Kraft der Argumente den Vorzug zu geben als durch wörtliche Wiedergabe der damaligen Artikel unnötige Angriffsflächen zu schaffen.

Nur so kann der Leser nachvollziehen, daß in diesem Lande eine Zensur nicht ausgeübt wird.

Nun, die Geschichte der Zensur hat in Deutschland - und beileibe nicht nur hier - eine lange Tradition. Gemeinsam ist ihr nur eines: Die jeweils herrschende Regierungsform versucht, ihr mißliebige Schriften zu verhindern. So wurden auch unter Friedrich dem Großen, der die Zensur offiziell abschaffte, durchaus Veröffentlichungen, die dem Hause Hohenzollern oder seiner Person nicht freundlich gesonnen waren, aus dem Verkehr und ihre Urheber und Verleger zur Rechenschaft gezogen, so konnten im Bismarckreich nicht alle sozialdemokratischen Publikationen das Licht der Welt erblicken, so war im Dritten Reich regimekritischen Autoren der Weg zum Leser zumeist verstellt. Geradezu pathologische Formen nahm das Zensurwesen in der damaligen DDR an. So veröffentlichte die unter sowjetischem

Weisungszwang stehende "Deutsche Verwaltung für Volksbildung in der sowjetischen Besatzungszone" eine "Liste der auszusondernden Literatur" in einer "vorläufigen Ausgabe nach dem Stand vom 1. April 1946", der noch drei weitere, umfangreiche Nachträge folgen sollten. Während man sich bemühte, bei den meisten Autoren die zu vernichtenden Titel namentlich aufzuführen, wird unter dem Namen Helmut Sündermann lapidar vermerkt: "Sämtliche Schriften". Die DDR gibt es nicht mehr, und gleiches gilt auch für ihren politischen Vormund, die UdSSR. Und daß damit auch die publizistische Gängelung ein Ende habe, wäre ein weiterer Grund, diese Schrift erneut zu veröffentlichen...

I.

SIE WOLLTEN DEN KRIEG

England – im Mai 1939
(Mai 1939)

Englische Bekannte rieten mir von dieser Reise ab: "Diė Stimmung des Volkes in unserem Lande ist Deutschland jetzt nicht günstig. Wir würden es bedauern, wenn Sie Unannehmlichkeiten hätten." Nun – eine schlechte Stimmung ist noch kein Grund, eine Reise zu verschieben, wohl aber, sie mit besonderem Interesse zu untersuchen und Auge und Ohr offenzuhalten.

Es ist daher nicht verwunderlich, daß ich – einen Tag vor der großen Rede *Hitlers* im Reichstag[1] – mit Spannung der bevorstehenden Ankunft in Dover entgegensah. Es war ein friedliches Bild, das sich beim Eintritt in das Britische Weltreich darbot: Ein wunderbarer, abendlicher Sonnenschein tauchte beide Ufer des Kanals in helles Licht, einige Fischerboote und kleine Frachtdampfer querten die ruhige See, breit und behäbig grüßten die weißen Kreidefelsen der englischen Küste.

1 Hitlers Rede im Reichstag am 28. April 1939, in der er Stellung bezieht zu einer naiv-demagogischen Anfrage Roosevelts, ob Deutschland und Italien gewillt seien, 30 namentlich genannten Staaten eine Nichtangriffsgarantie für die nächsten 10 Jahre zu geben. Nach Meinung vieler - auch ausländischer Beobachter - die brillanteste Rede, die Hitler jemals gehalten hat. Als Separatdruck erschienen unter: Der Führer antwortet Roosevelt. Reichstagsrede vom 28. April 1939, München (Eher) 1939.

In London am Tag der Hitlerrede

In den Zeitungen, die mir dann die Fahrt nach London verkürzten, wird sofort bestätigt, daß Deutsche hier nicht gern gesehen sind. Ausweisungen von Parteigenossen, die das furchtbare Verbrechen begingen, mit anderen in England lebenden Reichsdeutschen Vereinigungen zu bilden, werden mit höhnischen Bemerkungen freudig begrüßt.

Neben diesen für die oft in jahrzehntelanger Arbeit mühsam aufgebaute Existenz unserer Volksgenossen so bedauerlichen Nachrichten erfahre ich, daß ich Englands Boden an dem bemerkenswerten Tag betrat, der der englischen Jugend die sechsmonatige Dienstzeit[2] brachte.

Am nächsten Morgen: In wenigen Stunden wird *Hitler* sprechen. Im Herzen Londons hat sich das Leben der Großstadt zum gewohnten Tempo entwickelt. Am Piccadilly Circus, am Trafalgar Square sind große Plakate angebracht worden, die zum Eintritt in die Armee bzw. in den "National Service" auffordern. Der Andrang zu den Meldestellen hat aber schon wieder nachgelassen.

Auch das Interesse der Zeitungen an der Dienstpflicht ist bereits erlahmt: heute ist ja der Tag, auf den der Bluff berechnet war, der Tag der *Hitler*rede. Aufgrund bitterer Erfahrungen bei früheren Gelegenheiten wird diesmal von Prophezeiungen über den voraussichtlichen Inhalt der *Hitler*rede Abstand genommen. Um trotzdem bereits am Morgen ein Thema zu haben, das die Zeitungskäufer, die auf die Rede warten, anzulocken hat, wird eine neue Version gesucht und gefunden: In riesigen Lettern wird verkündet, daß – nach Mr. Churchills Meinung – es "ganz gleichgültig" sei, was der *Kanzler* sage. Trium-

2 Im Mai 1939 wurde in Großbritannien die "Conscription", eine sechsmonatige Dienstpflicht für alle Männer eingeführt und damit der Wille zu einer zumindest demonstrativen Aufrüstung gezeigt.

phierend wird mitgeteilt, daß die Pariser Presse keine Extrablätter mit der *Hitler*rede brächte, daß sie außerdem beschlossen hätte, die Rede nur mit einspaltigen Überschriften, ganz ohne Sensation aufzumachen(!). Es ist nicht wenig erheiternd, dies alles in dicken Schlagzeilen verkündet zu bekommen und dabei zu wissen, daß die Rotationsmaschinen zur gleichen Stunde schon für die ersten Extrablätter vorbereitet werden.

Es ist ein seltsames und ergreifendes Erlebnis, hier in einer Welt, die geifernd täglich ganze Schmutzkübel über die "Diktatoren" ausschüttet und die ihre Furcht in hysterischen Haßgesängen äußert, die so wohlbekannte klare und entschlossene Stimme *Hitlers* zu hören. Die Übertragung ist gut, sie wird manches Mal durch atmosphärische Störungen etwas leiser. Dann halten auch die englischen Hörer die Hände an die Ohren, damit ihnen ja kein Wort entgeht. Die erregten Flüstergespräche, die bei den wichtigsten Stellen der Rede, vor allem vor der Aufkündigung des Flotten- und des Polenvertrages entstehen, gehen gleich wieder in atemlose Ruhe über: keiner will nur eine Silbe überhören.

Nachdem die Rede *Hitlers* mit der vernichtenden Antwort an Herrn Roosevelt ihr packendes Ende gefunden hat, unternehme ich einen Streifzug durch die Straßen Londons. Schon am Hoteleingang stehen die Zeitungsverkäufer mit den ersten Extraausgaben, die bereits – eine beachtlich schnelle Leistung – den ersten Teil der *Hitler*rede im Wortlaut bringen und in ihren Schlagzeilen die sensationellen Ereignisse mitteilen. Die Zeitungen werden den Händlern buchstäblich aus der Hand gerissen. Und die Hauptstraßen sind voll von Menschen, die tief in das Studium der Zeitung versunken sind. Ich zweifle nicht daran, daß auch der so weise Herr Churchill in diesem Augenblick über das Zeitungsblatt gebeugt ist.

Ich will mich nicht begnügen, die Herren im Zylinder in der Regent Street und am Trafalgar Square zu beobachten, sondern fahre hinaus in die Gegenden, in denen "das andere England" wohnt, in die Arbeiterviertel und nach Whitechapel. Es ist wahrhaftig eine andere Welt, die hier ein kümmerliches und schreckliches Dasein führt. In keiner Großstadt, die ich kenne, ist der Unterschied zwischen den reichen und den armen Vierteln so unerhört kraß und der Eindruck des Lebens des werktätigen Volkes so furchtbar und niederschmetternd. Hier ist nichts mehr von dem falschen Glanz der Zylinder und der Frackhemden, von dem aufreizenden und doch oft so stillosen Luxus der Londoner Innenstadt, hier ist die Stätte des nackten Elends, die Stadt der Verwahrlosung, des Schmutzes und des Hungers, hier zeigt sich die ganze Verlogenheit der Humanitätsphrasen, die nur einige Kilometer westlich von hier so gerne in die Welt hinausposaunt werden. Der Ekel steigt dem Besucher zum Halse hinauf. Man möchte all denen, die mit ihren triefenden Phrasen allen anderen Völkern dauernd Lehren geben wollen, ins Gesicht rufen: Seht erst eure eigene Stadt an, bevor ihr daran geht, über Männer zu sprechen, deren erste politische Taten es waren, solch unwürdiges Elend von den Schaffenden des eigenen Volkes abzuwenden.

Stimmen der Vernunft

Abends treffe ich mit einigen englischen Bekannten zusammen, die trotz aller Aufregung ein klares Urteil über die Dinge nicht verloren haben. Sie versuchen, die organisierte Kriegshetze, die dem Besucher Londons von jedem Plakat, aus jeder Zeitung entgegenschreit, zu bagatellisieren. Sie meinen (oder hoffen), daß das alles mit innenpolitischen Motiven zu begründen sei. Das englische Volk hätte die Dienstpflicht nur akzeptiert, weil es tatsächlich glaube, daß ein Weltkrieg unmittelbar vor der Türe stehe. Wäre ihm dieser Glaube nicht beigebracht worden, dann wäre die Dienstpflicht, die nun einmal für eine militärische Machtverstärkung Englands nötig sei, auf größten Widerstand gestoßen. Aus allen diesen Meinungen klingt aber doch die ernste Besorgnis darüber, welche Gefahren mit dieser Hetze heraufbeschworen werden. Man ist sich nicht mehr im unklaren darüber, daß die Dinge recht wesentlich anders liegen als 1914 und daß es bei den heutigen Machtverhältnissen auf dem Kontinent eine gefährliche Sache ist, mit dem Feuer eines Krieges zu spielen, wenn es ein weitverzweigtes Weltreich zu schützen gilt. Es scheint auch diesen Engländern, die sich an ihre große Vergangenheit erinnern, der Gedanke an die immer stärker werdende Abhängigkeit der englischen Politik von den Vereinigten Staaten und an die angestrebte Liierung mit der Sowjetunion recht unerfreulich zu sein. Sie halten es für wichtiger, das Britische Weltreich zu erhalten, als auf dem Kontinent Verpflichtungen einzugehen, die vieles auf das Spiel setzen, ohne auch den geringsten Gewinn zu versprechen.

Zur gleichen Stunde freilich, in der diese ruhigen Köpfe vernünftige Erwägungen anstellen, beginnt die britische Propagandamaschine wieder zu rollen. In den ersten Stunden nach der Rede, am Nachmittag, hat der Eindruck der *Hitler*rede die Maschine kurze Zeit ins Stocken gebracht; in diesen Stunden wurde die *Hitler*rede als Nachricht, ohne Kommentar, in Millionen Exemplaren unter die Menschen gebracht. Ohne Kommentar vor allem deshalb, weil es den weisen Herren für einige Stunden die Sprache verschlug. Bis zum Abend war sie wiedergefunden, und nun war die Fleet Street[3] daran, dem englischen Volk – und dank ihrer Machtgeleise, die alle Kontinente umspannen – der ganzen Welt vorzuschreiben, was sie über das Ereignis zu denken habe.

Die Diktatur der Propaganda

Der nächste Morgen bringt den Verteidigungsangriff der Hetzer auf der ganzen Linie: Mit besonderem Interesse lese ich im "Daily Express" die "Reportage" eines Herrn, der seit vielen Jahren als Berliner Korrespondent die Gastfreundschaft des Reiches genießt. Er war im

3 Seit Ende des 18. Jahrhunderts das englische Zeitungs- und Presseviertel in London.

September 1938 einer der ersten von denen, die in Angst um ihr wertvolles Leben während der Krise plötzlich verschwanden und dann zur Münchener Zusammenkunft mit einem rasch gecharterten Flugzeug aus Amsterdam zurückgeeilt kamen. Der gleiche Herr hat sich inzwischen in Berlin wieder gut eingelebt und hält es mit dem journalistischen Anstand, wie er ihn auffaßt, vereinbar, über die große Stunde im Reichstag den englischen Lesern einen Bericht vorzusetzen, der die Überschrift trägt: "Hitler macht Witze wie ein Komödiant." Ich suche nach einem Blatt, das mit dem Ernst, der für London wohl angebracht wäre, die Rede *Hitlers* würdigt. Ich finde nichts als eine konzentrierte Schimpfkanonade, die mit einer überraschenden Gleichartigkeit das Publikum betäubt und die nachdenklich gewordene breite Masse wieder energisch in die Zügel der Kriegspropaganda zu nehmen versucht.

Die letzten Masken sind gefallen, und kein Blatt unternimmt es noch, den trügerischen Schein der "Pressefreiheit" zu verbreiten. Die zwei Tage auf englischem Boden, die Beobachtung nicht nur der großen "seriösen" Zeitungen, sondern auch der kleinen Massenblätter haben den letzten Zweifel zerstreut: Es ist ein groß angelegter, diktatorisch durchgeführter Feldzug, der nicht nur die Presse, sondern auch Rundfunk und Film beherrscht und darauf abgestellt ist, den breiten Massen einige wenige, dafür aber um so größere Lügen einzupauken.

Zu diesen – seit Jahren immer wieder mit konstanter Gleichmäßigkeit in verschiedensten Formen dem Volke vorgesetzten Lügen – gehört vor allem die Lüge vom Kriege, der angeblich von den "Diktatoren" gewollt und als unumstößliche Tatsache zu erwarten sei. Diese Generallüge wird ergänzt durch einen umfassenden Feldzug, der dem eigenen Volk in unverfrorener Weise einen billigen Sieg in Aussicht stellt, weil die "Diktaturen" sich zwar anmaßend gebärdeten, aber in Wirklichkeit "vor dem Zusammenbruch" ständen. Diese Walze wird zwar schon seit 1933 immer wieder gedreht, die englischen Propagandachefs versprechen sich aber anscheinend den Überzeugungserfolg durch dauernde Wiederholung. Diese ist überhaupt das A und O der englischen Propaganda, die Vielgestaltigkeit der Form, in der sie die Wiederholung zu kleiden vermag, ist ihre in Jahrzehnten geübte Stärke. Rücksichtslos werden dabei Nachrichten erfunden, verändert, verstärkt, abgeschwächt, herangeholt oder zurückgehalten. In der Fleet Street kursiert das Bonmot, daß "die beste Nachricht diejenige ist, die ihr Verfasser zum Schluß selbst für wahr hält".

Auf den Tenor der großen Generallügen sind außerdem alle Leitartikel, alle Reportagen, Erzählungen, ja Kreuzworträtsel und Inserate, in immer wieder veränderten Formen, mit immer neuen Behauptungen abgestellt. Es gibt keine Zeitung, die diesen Feldzug nicht mitmacht, keinen Redner, der nicht in dieses Horn bläst, keine Rundfunksendung, die nicht in dieser oder jener Form den Lügen dient, die nach dem Willen ihrer Urheber Geschichte machen sollen.

Die englische Propagandamaschine, die aus dem Weltkrieg nur zu bekannt ist, läuft wieder einmal in voller Tour. Nicht erst seit gestern oder vorgestern. Seit über zwei, drei Jahren – seit endgültig offenbar wurde, daß das deutsche Volk die Ketten von Versailles abgeschüttelt hat – stehen Englands Journalisten, Englands Rundfunkleute, ja Englands Künstler unter dem Befehl: Kampf dem wiedererstandenen Deutschen Reich. Daß das deutsche Volk sich nicht mehr widerstandslos zum Opfer dieses Feldzuges der Gemeinheit machen läßt, sondern daß *Hitler* den Hetzern immer wieder seine Anklage vor aller Welt offen ins Gesicht sagt, treibt dieses gewissenlose Pack, das sich hinter der Maske biederer Gentlemen verbirgt, zur Raserei. Mit geiferndem Schaum auf den Lippen scheuen sie vor nichts mehr zurück.

Das Volk und der Krieg

Der Friseur erfährt im Laufe des Gesprächs, daß ich Deutscher bin. Er hält inne in seinem Werk und frägt mich ängstlich und besorgt: "Wann kommt der Krieg?" Auch er ist ein Opfer der englischen Propaganda. Vor zwei, drei Jahren konnte es passieren, daß man gefragt wurde: "Kommt ein Krieg?" Jetzt ist das Volk schon völlig chloroformiert. Es wagt gar nicht mehr zu hoffen, daß kein Krieg käme. Es will nur noch wissen, wann das dauernd prophezeite Ereignis eintritt. Urlaubspläne werden mit der Einschränkung gemacht: "Wenn bis dahin nicht die deutschen Bomber hier sind." Wer Kinder hat, ist besorgt, einen Platz auf dem Lande für sie sicherzustellen. Bei allen Damentees und in den Klubs gibt es nur noch ein Thema: den Krieg und die deutschen Flugzeuge. Und zwischen denen, die mit recht gemischten Gefühlen in diese von der eigenen Propaganda blutig ausgemalte Zukunft schauen, gibt es solche, die mit Galgenhumor aus der eingebildeten Not eine nicht minder phraseologische Tugend machen: Sie sprechen von "Kreuzzug", den die "zivilisierten" Völker unternehmen müßten, um der "Menschlichkeit" wieder zum Siege zu verhelfen. Dieses Argument wird vor allem den Skeptikern entgegengehalten, die sich trotz der Vernebelung noch so viel freie Sicht bewahrt haben, um zu erkennen, wie wenig England im Kriegsfalle zu gewinnen und wieviel es zu verlieren habe.

Ein Ausflug nach Irland

Eine Reise nach Dublin, der Hauptstadt Südirlands, und nach Schottland schließt sich dem Londoner Aufenthalt an.

In Dublin habe ich gleich zweimal die Ehre und das Vergnügen, genauestens über Zweck, Absicht und Dauer meines Aufenthaltes und über die Harmlosigkeit meiner Person Auskunft geben zu können. Vormittags bei der Landung stellt sich heraus, daß ein schlecht angezogenes Individuum, das mich anspricht, Beamter des englischen Geheimdienstes ist, nachmittags werde ich im Hotel diskret in die Halle gebeten, wo ein anderer, besser angezogener Herr der gleichen Institution meiner harrt und sich in ein sehr ausführliches Gespräch mit mir einläßt. Schließlich trennen wir uns in aller Freundschaft. Er hat sich davon überzeugen lassen, daß ein deutscher Journalist noch keine akute Gefährdung des Empire darstellt.

Dublin wird beherrscht von der Frage, ob die englische Dienstpflicht auch für Nordirland, das ja noch nicht zum Freistaat gehört, dessen Anschluß die Iren aber stürmisch fordern, eingeführt wird. Diese Frage ist mit großer Wucht in die Debatte geworfen worden. Offensichtlich sehen die Iren die augenblickliche Lage der englischen Politik für günstig an, durch das schärfste Verlangen nach der Nichtbeteiligung Ulsters an der Dienstpflicht den ersten Schritt zum Anschluß durchzusetzen.

Der "Spielplatz der reichen Leute"

Die Reise führt zum Schluß noch einige Tag nach Schottland. In Glasgow: das riesige Industriezentrum, die größten Schiffswerften der Welt. Vor den Toren Glasgows: das Land der Schlösser und Golfplätze. Der Unterschied zwischen den beiden Seiten Englands ist hier ein besonders drastischer und überraschender. Noch wenige Minuten vorher hat sich das Auto durch elende Gassen gezwungen, in denen Hunderttausende von Arbeitern ein trauriges Dasein fristen; jetzt tut sich eine Parklandschaft auf, das Land der Schlösser derer, die das Empire beherrschen.

In Schottland gibt es kaum mehr landwirtschaftliche Betriebe. Als im vorigen Jahrhundert die überseeische Einfuhr von Lebensmitteln im großen Stile einsetzte, verjagten die schottischen Gutsbesitzer ihre Pächter und stellten die ganze Bewirtschaftung auf Schafzucht und Wildjagd um. Aus den Äckern wurden Parks. Furchtbare Szenen haben sich damals in diesem Lande abgespielt. Es war eine Bauernaustreibung, die vor keiner Brutalität zurückschreckte: ganze Dörfer wurden niedergebrannt, um die Bauern, die sich der Entlassung nicht fügen wollten, zum Abzug zu treiben.

So wurde Schottland zum "Spielplatz der Reichen" – wie ein Schotte mir sein eigenes Land nannte. Und es ist die erstaunliche

Lehre dieses Landes – ähnlich wie die von London –: nirgends wohnen unbegrenzter Reichtum und furchtbare Armut so Tür an Tür, nirgends sind die Elemente abgrundtiefer, sozialer Gegensätze so ausgeprägt wie hier. Aber die herrschenden Schichten sind sich dessen bewußt und sehen sich vor. Das zaristische Rußland regierte mit der Peitsche, die Society herrscht zwar nicht humaner, aber wirkungsvoller mit der Presse: mit den Phrasen der Demokratie überdeckt sie die mittelalterliche soziale Zurückgebliebenheit, sie lenkt die Reaktion des Unglückes der Massen von den wirklich Verantwortlichen ab, mit ihren Lügenfeldzügen chloroformiert sie das Denken der Völker, veranlaßt es, mit der Maske des Weltbeglückers sich um Angelegenheiten anderer Völker mehr zu kümmern als um die Probleme der eigenen.

In solche Überlegungen und Gespräche in Schottland kam die Nachricht von der Entlassung Litwinows,[4] die hier einschlug wie eine Bombe und von den Vertretern der Chamberlain-Politik mit lautem Wehklagen begleitet wurde, als ob ein ganz furchtbares Ereignis über die geprüfte Menschheit hereingebrochen wäre. Ein ganzer Himmel blütenweißer Träume scheint für manchen solcher verirrten Köpfe mit dem Abgang dieser Lodzer Ghettofigur zusammengebrochen zu sein!

Die Begeisterung für einen "Kreuzzug" scheint nun plötzlich auf den Nullpunkt gesunken zu sein. Sogar die gut geölte Propagandamaschine bekommt einen beträchtlichen Schock. Rasch wird die stets zur Verfügung stehende Sonderplatte aufgelegt: Die bevorstehende Zusammenkunft zwischen dem deutschen und italienischen Außenminister stehe im Zeichen des italienischen Wunsches, den "Ab-

4 Maxim Maximowitsch Litwinow (Deckname, eigentl. Finkelstein, trat aber auch unter anderen Pseudonymen in Erscheinung, darunter Meier Wallach, Felix, Papascha, Ludwig Wilhelmowitsch Nitz, Gustav Graff, Luvinier, Abraham Borissuk sowie Dhtiarik) (1876-1951), von 1930 bis zum 3. Mai 1939 Volkskommissar (Minister) des Äußeren, verfolgte eine proenglische Politik. Unter seinem Nachfolger Wjatscheslaw Michailowitsch Molotow wurde ein neuer Kurs hinsichtlich Deutschlands eingeschlagen, der zum Nichtangriffspakt vom 23. August 1939 führte.

sprung von der deutschen Politik" zu finden. Diese leider völlig abgeklapperte Melodie verfehlt allerdings ihre Wirkung völlig, und das Interesse für "die deutschen Bomber" hat nachgelassen. Daß gleichzeitig Herr Chamberlain im Sinne einer Wahl des kleineren Übels den irischen Forderungen nach Nichteinführung der Dienstpflicht in Nordirland nachgab und so einen ersten Schritt in Richtung des Anschlusses des noch unmittelbar unter englischer Führung stehenden Nordirland an den irischen Freistaat unternahm – alles das hat die Mienen der Chamberlain-Engländer nicht heiterer gemacht.

Ein kleiner Mann spricht von großen Wahrheiten

Nach fast vierzehn Tagen Aufenthalt in der seltsamen und zum Schluß durch die Ereignisse veränderten Atmosphäre verlasse ich wieder die britische Insel, erfüllt vom Bedauern mit einem Volk, das so sehr das Opfer seiner Propaganda ist, daß es mit einer fatalistischen Ergebenheit sich damit abfindet, die Legende vom Krieg glauben zu müssen, obwohl es weiß, daß sein Glück allein im Frieden liegen kann.

Ein Buch über die Propaganda, die mir als das wesentlichste Merkmal der gegenwärtigen Geistesverfassung Großbritanniens entgegengetreten ist, habe ich mir eingesteckt. Es ist von Mr. Mackenzie geschrieben, einem Mitarbeiter der englischen Propagandazentralstelle. Darin finde ich einen bemerkenswerten Satz, der besagt, daß die Propaganda in Friedenszeiten wie eine Mattscheibe wirke, in Kriegszeiten aber wie ein "giftiger Nebel" über den Ländern liege. Es scheint mir, daß die englische Propaganda den Kriegszustand schon vorwegnimmt und daß alles das, was im englischen Volk seit geraumer Zeit verbreitet wird, mit dem Ausdruck "giftiger Nebel" wohl am besten bezeichnet wird.

Ich bin mir bewußt, daß eine Reise nur Einblicke zu vermitteln vermag; aber ich glaube, die Dinge richtig zu beurteilen, wenn ich annehme, daß – einige wenige vernünftige, politisch weitblickende Persönlichkeiten ausgenommen – das englische Volk in seiner breiten Masse dem unerhörten Ansturm der Propaganda erlegen ist.

Und doch habe ich noch zum Schluß der Reise ein berichtigendes Erlebnis:

Wir haben u. a. einen englischen Fahrgast an Bord, mit dem ich mich gerne unterhielt. Er ist ein kleiner Beamter, hat ebenso wie seine drei Brüder den Weltkrieg als Soldat mitgemacht und lebt heute irgendwo im englischen Industriegebiet. Vor dem Krieg war er mehrere Jahre in Indien und hat sich auch sonst den Wind der Welt um die Nase wehen lassen.

Ich vermeide ein politisches Gespräch, um den angenehmen Partner nicht zu vergrämen und die interessante Unterhaltung, die ein Bild vom Leben des englischen Kleinbürgers gibt, nicht zu stören. Als wir abends bei den Abendmeldungen die Nachricht von dem Abschluß des deutsch-italienischen Militärpaktes erfuhren, beginnt er, von sich aus, über die gegenwärtige englische Politik Urteile zu äußern, die mich in ihrer Klarheit und Entschiedenheit aus dem Munde dieses Mannes aus dem Volk überraschen.

Er spricht davon, mit welchem Ärgernis er – und mit ihm viele Bekannte – die Lügenmeldungen über Deutschland verfolge. Er ist vor einem Jahr eigens hinübergefahren, um zu sehen, was wahr daran ist. Er berichtet von einem Gespräch, das er kürzlich in seinem Betrieb mit andersgesinnten Arbeitskameraden führte: "Ich habe ihnen erklärt, daß ich als alter Soldat jederzeit bereit bin, wieder für mein Land zu kämpfen. Aber ich bin nicht bereit, für andere, etwa für Polen, nochmals in den Krieg zu gehen. Da sagten meine Kollegen, ich sei ein 'Faschist'. Ich habe mich darüber gewundert und es ihnen gesagt. Bisher hat es doch immer geheißen, daß die Faschisten den Krieg wollen. Ich will aber doch den Frieden, und da soll ich jetzt auf einmal ein 'Faschist' sein?"

Die Erinnerung an diese Auseinandersetzung hat ihn gesprächig gemacht. Er spricht von den Verbindungen zwischen der englischen und amerikanischen Rüstungsindustrie und der Presse in den beiden

Ländern mit einer Offenheit, die wundernimmt. Das besondere Kennzeichen Deutschlands scheint ihm zu sein, daß hier solche Einflüsse keine Rolle spielen. Seine Hoffnung ist es, daß die Politik der Vernunft, wie sie von Hitler und Mussolini betrieben werde, sich durchsetzt, weil sie in ihren Worten und in ihrem Handeln auch die der internationalen Propaganda unmittelbar ausgesetzten Völker auf die Dauer stärker überzeugen müsse, als alle noch so raffinierten Künste, hinter denen die Macht des Geldes und die Sehnsucht nach Kriegsverdienst steht. Das Wort derer, die im Kriege selbst gefochten haben, müsse doch auf die Dauer wirkungsvoller sein als die Posaunen von Leuten, die zwar in der Politik Antreiber seien, in den Schlachten aber im Hintergrund blieben.

Schweigend habe ich diese Worte gehört, und ich habe dem englischen Volk im stillen etwas Abbitte geleistet für die vorgefaßte Meinung.

Der "giftige Nebel" mag im Augenblick die Gemüter gewinnen. Den gesunden Sinn des einfachen Mannes wird vielleicht auf die Dauer doch die Stimme der Wahrheit, das Argument der Vernunft stärker beeindrucken.

Und jetzt, wo ich im schaffenden Leben Hamburgs wieder den Gruß der deutschen Heimat erlebe, weiß ich, wieviel es für unser Volk bedeutet, daß hier kein giftiger Nebel das Denken verwirrt, sondern der entschlossene Wille zum Leben der Nation das große Gesetz ist, das alle vereint.

Warnung am Westwall
(Juni 1939)

Die sechs Tage der Besichtigungsreise *Hitlers* durch die Westbefestigungen sind vorüber. Dem, der an dem großen Erlebnis teilhaben durfte, ordnen sich die tausendfältigen Geschehnisse dieser Fahrt von Aachen bis in den südlichen Schwarzwald zu einem gewaltigen

Gesamteindruck. Dem deutschen Volk, das in den Tagen der vergangenen Woche mit begeisterter Anteilnahme seine Augen auf das geschaffene Werk im Westen richtete, ist die Reise *Hitlers* zu einem neuen Anlaß ruhiger Zuversicht geworden. Dem aufgeregten Kreis der Demokratien freilich haben die unbestreitbaren Tatsachen, die dabei aller Welt offenbar wurden, das Konzept ihrer Einkreisungspropaganda wieder einmal verdorben.

Während die Generalstäbe dieser Staaten sich wohl keinem Zweifel mehr hingeben, versucht ihre Presse sich selbst und den anderen, die sie mit ihren Sirenentönen gewinnen will, Mut zuzusprechen, indem sie es mit leicht beschwingten Redensarten unternimmt, über den Kern des Problems hinwegzudisputieren. So war z. B. in den letzten Tagen in einer französischen Zeitung aufgezählt, eine wie lange Bauzeit die alte Maginotlinie an der französischen Grenze erfordert habe. Mit erzwungener Logik wurde daran die Behauptung geknüpft, daß es ja "gar nicht möglich" sei, ein so gewaltiges Festungswerk in so kurzer Zeit zu errichten, wie das an der deutschen Westgrenze geschehen ist. Diese Parole hilft ihrem Verfasser wenig, seine Leser haben wohl zuviel ungewöhnliche Taten *Hitlers* erfahren, um noch solchen Beruhigungsphantasien Glauben zu schenken.

Uns aber wird – wie schon so oft – die Stimme des Gegners Richtweiser zur Erkenntnis der vollen Größe des Geschehenen.

Wer Tag um Tag durch die riesigen Stellungen fuhr, wer eine Woche lang fast nichts anderes sah, als aufgewühlte Erde, tief verschanzte Festungswerke, gewaltige Batterien, kilometerlange unüberwindliche Hindernisse, für die nicht nur riesige Bauten angelegt, sondern auch Seen neu geschaffen, ja ganze Berge verändert wurden, wer all das Großartige an sich vorüberziehen ließ, der steht freilich unfaßbar vor der Tatsache, daß der Befehl zum Ausbau dieses Werkes erst vor Jahresfrist gegeben wurde.

Wie bei den großen Bauten, mit denen *Hitler* die Monumente unserer Zeit errichtet, so fühlt jeder auch hier bei diesem Werk, mit dem der geschichtliche Schutzwall in des Reiches Westen für unsere und für spätere Generationen emporgewachsen ist, die Hand *Hitlers* bei den Problemen der großen Planung ebenso, wie bei tausend wichtigen Fragen der präzisen Durchführung. Überall erkennen wir seine unbeugsame Energie, der kein Gedanke zu groß, keine Schwierigkeit unüberwindlich ist, als die Triebkraft des Ganzen. Sein Beispiel hat alle angefeuert, die hier schufen, sein Vorbild wirkt weiter in denen, die hier auf der Wacht stehen.

Aus dem Befehl und Plan *Hitlers* wurden die deutschen Westbefestigungen das, was sie sind – eine unüberwindliche, weil gewaltige Riesenanlage, bis ins Einzelne durchdacht mit den Erfahrungen des alten Frontsoldaten, aber darüber hinaus in ihrer Gesamtkonzeption vom Niederrhein bis zum Schwarzwald von einer atemberaubenden, mitreißenden Genialität. Immer noch wird an der Verbesserung der Stellungen gearbeitet, an jedem Tag seiner Reise gab *Hitler* im Gelände noch neue Weisungen – aus denen nicht nur die Größe strategischer Weitsicht sprach, sondern auch der Umfang der im Laufe des letzten Jahres vorangegangenen Entscheidungen all denen eindringlich zum Bewußtsein kam, die als Offiziere oder Soldaten, als Ingenieure oder Arbeiter Zeugen solcher großen Augenblicke waren.

Der geniale Plan, die unermüdliche Energie, die alles erkennende Weitsicht ist das in der Kraft der einmaligen Persönlichkeit liegende Geheimnis des Westwalles, die Unmittelbarkeit, mit der Plan, Befehl und praktische Verwirklichung auch der gewaltigsten Riesenprojekte nebeneinander stehen – das ist das organisatorische Geheimnis dieses großen Werkes.

Aus dem Festungswerk im Westen ist aber nicht nur ein unüberwindlicher Schutzwall des Reiches, sondern auch ein moralisches Vermächtnis geworden:

Es wurde ein Vermächtnis des *deutschen* Arbeiters für den *deutschen* Soldaten, das Vermächtnis einer entschlossenen Gegenwart für eine tapfere Zukunft. Und ebenso, wie die gewaltige Stärke der vieltausend Anlagen eine unerschütterliche Zuversicht unserer Soldaten begründet, so wird das Bewußtsein, eine Stellung zu besitzen, die der Stolz des ganzen Volkes und das Ergebnis einer einzigartigen nationalen Leistung ist, ihre Kampfkraft anspornen und ihren Mut beflügeln, wenn Wahnsinnige versuchen sollten, an die Freiheit unserer Nation, an den Frieden des europäischen Kontinents zu tasten.

Gerade das Beispiel der gigantischen Leistung des Aufbaues des Westwalles, die sich ohne Unterbrechung des friedlichen Lebens und ohne irgendeine Störung der normalen Funktionen des öffentlichen Lebens vollzog, wird dazu angetan sein, Neugierige davor zu warnen, eine volle Entfaltung aller Energien unserer Nation übermütig heraufzubeschwören.

Zwischen Frieden und Krieg (August 1939)

Es ist eine alte Wahrheit, daß in der Geschichte der Völker begangene Verbrechen niemals ungesühnt bleiben, geschehene Fehler nie vergessen, gefallene Entscheidungen aber auch nicht mehr ungeschehen gemacht werden können. Das Verbrechen der französisch-englisch-russischen Politik von 1914 wird noch ferneren Jahrhunderten ein schauriges Beispiel verantwortungsloser Kriegsentfesselung sein. Der Wahnwitz des Versailler Vertrages hat seinen Urhebern die Flüche von Millionen und ihren Nachfolgern die Sorge um die Wiedergutmachung der begangenen Sinnlosigkeiten und der geschehenen unhaltbaren Gewaltlösungen eingetragen. Und die Entscheidungen, die im Laufe der letzten Jahre auf dem Wege der Wiederherstellung einer natürlichen Ordnung in Europa gefallen sind, lassen sich auch von denen nicht mehr hinwegdisputieren, die heute – zwanzig Jahre nach Versailles und fünf Jahre nach dem Beginn der weltpolitischen Revision dieses Diktats – plötzlich anfangen wollen, Paragraphen zu verteidigen, deren Löschung durch *Hitler* während der vergangenen Jahre sie nicht nur hingenommen, sondern – in lichten Augenblicken – sogar mit Aufatmen zur Kenntnis genommen haben.

Die schrittweise Liquidierung des Versailler Wahnsinns, die *Hitler* aus den Notwendigkeiten der deutschen Lebenserhaltung heraus im Laufe der Jahre Zug um Zug durchführte, hat gefährlichste Probleme der europäischen Politik friedlich gelöst und den Staatsmännern manchen Alpdruck vom Herzen genommen. Den gleichen Staatsmännern, die heute Aufregung heucheln, weil die politische Entwicklung an einem Punkt angelangt ist, an dem ein weiteres sorgenerregendes Versailler Phantasieprodukt in vernünftiger und gerechter Weise ein befriedigendes Ende erfahren kann.

Um so seltsamer ist es, daß gerade an diesem Punkte jene unbeschreibliche Verleumdungshetze eingesetzt hat, die nun schon seit Monaten die Völker vergiftet. Die dabei zutage getretene Einstellung der "Demokratien" (dieser Ausdruck hat sich aus mehr technischen Gründen eingebürgert, denn von einer "Herrschaft des Volkes" kann wahrhaftig in den Staaten nicht die Rede sein, die wir heute als Demokratien bezeichnen) dürfte einst als das unverschämteste und skrupelloseste politische Manöver aller Zeiten in die Geschichte eingehen.

Eine Zeit vielgestaltigen Geschehens ist leicht vergeßlich. So vergeßlich ist sie aber nicht, um sich nicht daran zu erinnern, daß z. B. das gleiche England, das wegen Danzig die ganze Welt zu mobilisieren versucht, noch vor Jahresfrist, am 11. März 1938, in der Frage des Anschlusses der doch immerhin sieben Millionen Österreicher an das Reich eine bedeutend kühlere Auffassung an den Tag legte und Herrn Schuschnigg[5] auf seine Anfrage hin mitteilte, daß eine militärische Hilfe für die "Unabhängigkeit Österreichs" nicht in Frage käme. Wobei zu bemerken ist, daß damals die Deutschen Österreichs – durch das brutale System Schuschniggs unter der Knute gehalten – ihrem Wollen zur Rückkehr ins Reich bei weitem nicht so deutlich Ausdruck geben konnten, wie das heute z. B. die Danziger Deutschen in unmißverständlicher Weise tun.

---

5 Kurt von Schuschnigg (1897-1977), seit 1934 österreichischer Bundeskanzler, trat am 11.3.1938 zurück und gab damit den Weg frei für die Regierung Seyß-Inquart, die einen Tag später den Anschluß Österreichs an das Deutsche Reich vollzog.

Ja, wir erinnern uns, in den gleichen Zeitungen, die die Rückkehr Danzigs zum Reich als eine Gefahr für den Weltfrieden proklamierten, sogar vor dem Anschluß Österreichs erwartungsvoll zustimmende Erklärungen gelesen zu haben.

So erhob sich bereits am 27. Februar 1938 aus Washington ("Herald Tribune") die Frage: "Selbst wenn Österreich sich an das Reich anschließen würde, was wäre denn daran so gefährlich? Nur ein Hysteriker kann wirklich glauben, daß Frankreich oder England wieder einen Weltkrieg anfangen sollten, um ein so natürliches Ereignis zu verhindern."

Die Londoner "Daily Mail" vom 2. März 1938 äußerte sich ähnlich drastisch, indem sie die allgemeine Stimmung in England mit den Worten bezeichnete: "Wenn diese beiden benachbarten germanischen Nationen (Deutschland und Österreich) beschließen, sich zu vereinigen, so werden alle vernünftigen Leute in England einsehen, daß diese Angelegenheit uns nichts angeht."

Und als das Ereignis eingetreten war, vernahm man – freilich zwischen manchen papierenen Protesten – aus dem englischen Oberhaus den Satz, daß der Anschluß "eine Erlösung von der schrecklichen Spannung der letzten Jahre in Österreich" gewesen sei.

Sogar aus dem amerikanischen Rundfunk vernahmen wir in jenen Tagen das Eingeständnis, daß die österreichischen Vorgänge "eine natürliche, unvermeidliche und logische Angelegenheit" gewesen seien!

Wir aber fragen: Worin besteht der Unterschied zwischen damals und heute? Sind die Korrekturen von Versailles, über die heute gesprochen wird, nicht ebenso "eine natürliche, unvermeidliche und logische Angelegenheit", wird ihre Klärung nicht auch "eine Erlösung von schrecklichen Spannungen" sein, müßten nicht auch heute alle vernünftigen Leute in England und anderswo einsehen, "daß diese Angelegenheit sie nichts angeht?"

Was für Österreich galt, hatte ebenso für die sudetendeutsche Frage Gültigkeit. Auch hier war keiner der "demokratischen" Staatsmänner und keine ihrer Zeitungen etwa erfreut darüber, daß dieses Problem in ein akutes Stadium eintrat. Aber die Erkenntnis, daß hier ein schreiendes Unrecht beseitigt werden mußte, wurde nicht von der Hand gewiesen, und schließlich haben sogar Mr. Chamberlain und Mr. Daladier höchst persönlich ihre Unterschrift unter ein Dokument gesetzt, das die Versailler Landkarte recht wesentlich veränderte.

Wir erinnern uns dabei deutlich, daß die "Times", die heute soviel seltsame "Argumente" gegen die Rückkehr Deutscher zum Reich aufzuzählen vermag, bereits am 7. September 1938 – also drei Wochen vor der endgültigen Entscheidung – sich zu der Auffassung bekannte, daß die deutschen Gebiete der damaligen Tschecho-Slowakei dem Reiche angeschlossen werden müßten.

Die gleiche "Times" hat in dem Bestreben, den damaligen Standpunkt der englischen Regierung in Fragen der Revision von Versailles zu erläutern, recht interessante Erkenntnisse von sich gegeben.

So lasen wir am 22. September 1938: "Durch Verträge, welche angeblich auf den Wünschen der Bevölkerung beruhten, wurden deutsche und andere Nationen der Tschecho-Slowakei ausgeliefert, und die Diplomatie der Alliierten war weder mutig noch weitsehend genug, diesen Fehler zu berichtigen, bevor der Kämpfer für die Rechte dieser Rassen auftrat. Gerechtigkeit wird nicht zur Ungerechtigkeit, weil sie ein Diktator fordert. Die gegenwärtigen Grenzen der Tschecho-Slowakei sind keineswegs sakrosankt. Sie wurden vor zwanzig Jahren gezogen, und zwar falsch gezogen nach der Ansicht von vielen, sehr urteilsberechtigten Personen."

Wir fragen: Sind die Grenzen Polens vor zwanzig Jahren etwa richtig gezogen worden?

Am 1. Oktober 1938 verkündete die "Times":

"Diese Orte (Karlsbad, Marienbad usw.) waren, was Wesen und Stimmung anbelangt, immer rein deutsch. Unter ihren tschechischen Namen waren und fühlten sie sich nie ganz zu Hause. Und das gleiche trifft auch auf das gesamte abgetretene Gebiet zu, dem nur durch die in Versailles diktierte Oberhoheit das Tschechentum aufgezwungen wurde..."

Wir fragen: Waren etwa die Sudetendeutschen die einzigen Deutschen, denen eine gehaßte fremde Oberhoheit in Versailles diktiert und aufgezwungen wurde?

Die bemerkenswerteste Erkenntnis der englischen Politik aber gab die "Times" in ihrem Leitartikel ebenfalls am 1. Oktober 1938 zum besten, indem sie schrieb:

"Der Verlust der Sudetengebiete war schon seit langem unvermeidlich, auch war es gar nicht wünschenswert, daß er vermieden wurde."

Wir fragen nochmals: Ist es jetzt vielleicht wünschenswert, daß ein Zustand aufrechterhalten bleibt, der mindestens ebenso unhaltbar ist, wie es die sudetendeutschen Verhältnisse waren?

Solche Feststellungen pflegen heute von den englischen Propagandachefs mit dem "Argument" niedergeschrieen zu werden, die Ereignisse im März dieses Jahres hätten einen solchen Wandel der Auffassungen herbeiführen müssen. Wir kennen diese Melodie und empfehlen ihren Verfassern, sich einmal bei einem Tschechen zu erkundigen, was ihm heute lieber ist: der Schutz des Reiches, das dem tschechischen Volke eine Friedensinsel für ein selbständiges und freies Leben gesichert hat, oder die einzige "Freiheit", die es früher besaß: für die dunklen Interessen der Westmächte seine Haut zu Markte zu tragen. Wir erinnern dabei daran, daß wir es nicht nötig haben,"Anti-Tschechen-Gesetze" zu erlassen, wie es etwa im Parallelfall der Beziehungen zwischen England und Irland der Fall ist!

Von welcher Seite wir sie also auch betrachten mögen: die Haltung der "Demokratien" in der Danzig-Korridor-Frage überbieten an innerer Unaufrichtigkeit alles bisher Dagewesene!

Die Bilanz unserer Erinnerung an die politischen Geschehnisse der letzten Jahre ist ernst und eindeutig: Die eigene Haltung von gestern straft die Demokratien heute Lügen!

Die schrittweise Korrektur von Versailles, die von allen Staatsmännern als eine ihnen vielleicht unsympathische, aber doch notwendige Entwicklung beurteilt worden ist, ist in anderen, und zwar wichtigeren Stationen nicht nur nicht zum Anlaß kriegerischer Aktionen gemacht, sondern sogar der ausgesprochenen oder tatsächlichen Zustimmung teilhaftig geworden. Die gleichen Politiker, die heute Verschwörungen zur Rettung von Versailles anzuzetteln sich bemühen, haben mehr als einmal die Erkenntnis unterschrieben, daß nur ein bereinigtes Europa ein friedliches sein kann.

Wer im Falle Österreich und in der Sudetenangelegenheit das Argument *Hitlers* anerkannt hat, der kann nicht heute in einem völlig gleichen Problem das Gegenteil vertreten, es sei denn, er will einen Konflikt aus anderen Gründen. Ein verantwortlicher Politiker aber, der das im Schilde führt, der möge sich nicht darüber täuschen, daß nicht erst eine spätere geschichtliche Gerechtigkeit sein Spiel durchschauen, sondern daß schon die Gegenwart ihm den allzu dürftigen Unschuldsmantel entreißen und die ganze Nacktheit des Verbrechens enthüllen würde.

Das Volk aber, das sich deshalb überfallen sähe, weil es verlangt, was ihm nicht nur die Gerechtigkeit, sondern sogar diese europäischen Staatsmänner selbst schon längst zugestanden haben, würde mit übernatürlichen Kräften bei dem verbrecherisch aufgezwungenen Kampfe beseelt sein und sich als Vollzieher eines geschichtlichen Gerichtes fühlen.

Wir sind überzeugt, daß man darüber auch in den Hauptstädten der "Demokratien" nachdenkt und erkennt, was es bedeutet, daß ihrem Treiben heute sogar der Schein des Rechts fehlt und daß die Widersprüche zwischen ihren Entscheidungen in den letzten Jahren und ihren Hetzreden heute von einer für sie gefährlichen Deutlichkeit sind!

II.
DER STURM BRICHT LOS

Die Würfel sind gefallen
(September 1939)

Der Abend eines sonnigen Spätsommertages senkt sich über Berlin. Auf dem Wilhelmplatz stehen seit den Morgenstunden in würdiger Ruhe dichtgedrängte Menschenmassen. Kein Licht entzündet sich, während die Schatten der Häuser sich über die Straßen und die harrenden Menschen senken. Berlin im Krieg. Seit drei Tagen marschieren unsere Truppen in Polen. Vor wenigen Stunden haben der englische und dann der französische Botschafter Kriegserklärungen überbracht. In den Händen der Menschen, die da im Dunkel harren, sind die Extrablätter der Zeitungen mit dem Aufruf *Hitlers* "An das deutsche Volk", "An die Nationalsozialistische Partei", "An die Soldaten der Ostarmee", "An die Soldaten der Westarmee".

"Ostfront" ... "Westfront" ... Altvertraute Begriffe sind wieder auferstanden. Der Gedanke an Kampf und Opfer erfüllt die Nation und die, die hier am Wilhelmplatz stehen, fühlen sich als ihre Abgesandten. Sie ahnen, daß *Hitler* drinnen hinter den Fenstern der dunkel sich vom nächtlichen Himmel abhebenden Reichskanzlei an den Karten und Plänen des deutschen Aufmarsches für den aufgezwungenen Kampf steht – und sie wollen nichts anderes, als sich ihm nahe fühlen an diesem Schicksalstag unseres Reiches.

Es ist der 3. September 1939. Nach einer Woche höchster politischer Spannungen, die fast stündlich neue Situationen schufen, neue Entschlüsse erforderten, neue Möglichkeiten eröffneten und neue Schwierigkeiten erstehen ließen, ist nun die Ruhe der gefallenen Entscheidung in die Räume eingekehrt, in denen vor sechzig Jahren schon der Eiserne Kanzler lebte und in denen heute Adolf Hitler arbeitet.

Knapp zehn Tage sind vergangen, seit *Hitler* angesichts der immer unhaltbareren Lage an den polnischen Grenzen vom Berghof nach Berlin zurückkehrte.

Zehn Tage – erfüllt von der Entschlossenheit, endlich an der wundesten Stelle des Reiches Ordnung herzustellen und den unheilvollsten Fehler von Versailles zu berichtigen, erfüllt aber auch ebenso mit unermüdlichen Anstrengungen, dem deutschen Reich auf dem Wege des Friedens zum Siege zu verhelfen.

Während sich auf das deutsche Danzig drohend die Mündung polnischer Geschütze richtet, während nicht nur im Korridor, sondern in ganz Polen entfesselter Mob Jagd auf Zehntausende von Deutschen machten, während dreiste polnische Generale ihre Truppen zum Marsch auf Berlin anfeuerten, deutsche Flugzeuge beschossen und Nacht für Nacht und Tag für Tag an allen Seiten der Grenze Feuerüberfälle auf deutsches Gebiet durchführen ließen, war *Hitler* vom frühen Morgen bis in die tiefen Nachtstunden rastlos damit beschäftigt, jede Möglichkeit einer friedlichen Lösung auszuschöpfen.

Kaum in Berlin angekommen, empfing *Hitler* den englischen und französischen Botschafter, um sie auf die Unerträglichkeit der durch die polnischen Provokationen geschaffenen Lage hinzuweisen und sie zu veranlassen, ihre Regierungen von dem Ernst der Situation zu unterrichten.

Eine ihm vom französischen Ministerpräsidenten darauf zugegangene Botschaft beantwortete er mit einem viele Seiten umfassenden überzeugenden Dokument der deutschen Bereitschaft, das schwierige Problem ohne Gefährdung des europäischen Friedens zu lösen.

Auf eine vom englischen Botschafter nach seiner Rückkehr aus London in Aussicht gestellte Vermittlungsaktion hin arbeitet er selbst den bekannten bis ins letzte Detail gehenden großen Lösungsvorschlag aus, der mit einem polnischen Bevollmächtigten verhandelt werden sollte. Es erweist sich rasch, daß Englands Anerbieten zur Vermittlung nicht ernst gemeint, sondern ein dreistes Verzögerungsmanöver war, um die polnische Mobilmachung in Ruhe sicherzustellen.

Das Ergebnis aller Bemühungen sind deshalb die zwei Tage des Wartens, die die Polen dazu benutzen, Danzig völlig zu belagern und schließlich am denkwürdigen 31. August, nachmittags 14 Uhr, die Generalmobilmachung zu verkünden.

Diese Antwort auf die friedlichen Vorschläge *Hitlers* war deutlich genug. Die Zeit der Diskussion war jetzt vorbei, die Stunde des Handelns gekommen. Trotzdem wird den Polen noch eine letzte Chance gegeben: Nach dem Eintreffen der Nachricht von der polnischen Mobilmachung werden am Spätnachmittag des 31. August die zur Übergabe an einen polnischen Bevollmächtigten vorbereiteten und dem britischen Botschafter bekanntgegebenen Vorschläge *Hitlers* veröffentlicht und werden über Draht und Wellen in alle Welt verbreitet. Noch waren viele Stunden Zeit zur Umkehr für Polen. Sie verstreichen. Endlich, am 1. September ab 5 Uhr 45 morgens – über 15 Stunden nach der polnischen Generalmobilmachung – haben deutsche Truppen Befehl, die polnischen Angriffe zu erwidern und nach Polen einzurücken. Schon in den ersten Stunden des Kampfes erweist sich die Überlegenheit unserer Truppen. Unsere Luftwaffe kehrt fast ohne Verluste von ihrem ersten Flug ins Feindesland zurück, nachdem sie zahlreiche wichtige militärische Anlagen in Schutt und Asche gelegt hat.

Währenddessen hält *Hitler* seine unvergeßliche Rede im Reichstag, in der er vor der ganzen Welt die Notwendigkeit der deutschen Notwehr darlegt und mit ernster Entschlossenheit unsere maßvollen Ziele verkündet. Der Tag bringt die große Genugtuung, daß Danzig unversehrt geblieben ist. Stündlich kommen Meldungen von unseren Truppen, sie berichten vom siegreichen Niederwerfen der an den Grenzen aufgestellten polnischen Truppen und vom raschen Vordringen auf den Vormarschstraßen. Am späten Nachmittag treffen schon die ersten Nachrichten über die erreichten Tagesziele ein. Tief im Korridor stehen bereits unsere Truppen vor Graudenz. Die Armee, die aus Ostpreußen vorgedrungen ist, liegt weit im polnischen Gebiet im

Kampf. Die Schlesienarmee bewegt sich auf Tschenstochau, die über die Karpathen vorgedrungene Südarmee hat die Pässe überschritten und die Linie Neumarkt-Sucha erreicht. Vor allem aber hat unsere Luftwaffe einen großen Tag gehabt. Bis nach Lemberg und Brest-Litowsk ist sie vorgestoßen und hat zahllose militärische Anlagen und vor allem Flugplätze zerstört. Sie kann sich schon fast der völligen Beherrschung des polnischen Luftraumes rühmen.

In der Reichskanzlei werden diese Nachrichten mit nicht geringerer Freude und Spannung begrüßt wie in jedem anderen deutschen Haus. Im Wintergarten sind die Karten ausgelegt, die *Hitler* zu seinen militärischen Besprechungen dienen, die nun täglich viele Stunden Zeit in Anspruch nehmen.

Abends melden sich dann wieder die Westmächte. Sie halten es für richtig, herausfordernde und dreiste Anfragen zu stellen, ob wir bereit seien, unsere Truppen wieder zurückzuziehen! Von ihrer eigenen Schuld der Aufhetzung Polens, die die kriegerische Lösung unvermeidlich machte, ist in diesen "Anfragen" natürlich nicht die Rede.

Am Sonnabend unternimmt Mussolini seinen bekannten Vermittlungsschritt: Es soll ein Waffenstillstand eintreten und in einer Konferenz die Streitfrage entschieden werden. Obwohl schon die ersten 48 Stunden gezeigt haben, daß die deutschen Soldaten in Polen weit überlegen sind und ihnen ein Siegesmarsch bevorsteht, ist der *Kanzler* wiederum bereit, den Weg des Friedens zu schreiten. Er stimmt dem Vorschlag zu. Der Sonntag soll die Entscheidung bringen.

Dieser Sonntag ist heute, und er hat die Entscheidung gebracht. London hat Mussolinis Vorschlag abgelehnt und dafür heute morgen um 9 Uhr den englischen Botschafter Henderson mit einer Note gesandt, in der mitgeteilt wurde, daß sich England ab 11 Uhr mit Deutschland im Kriegszustand befindlich betrachte. Mittags erschien dann auch noch der französische Botschafter mit der gleichen ultimativen Erklärung, nach der Frankreich sich ab 17 Uhr mit Deutschland im Kriegszustand befindlich erklärte. Damit sind die Würfel gefallen. Nicht nur für uns, sondern auch für Polen. Jetzt steht fest: Es muß ganz gekämpft werden, damit das Reich den Rücken frei hat und mit voller Kraft dem Überfall im Westen zu begegnen vermag!

Die Stunde des Parteimitglieds
(September 1939)

Während unsere deutschen Volksgenossen in Danzig den Vollzug des so lange *erhofften* Anschlusses an das Reich feiern, während die vom polnischen Terror Verfolgten und Verfemten das Motorengeräusch unserer Flugzeuge als erstes Signal der Befreiung vernehmen und unsere Bataillone Ordnung schaffend in den Osten marschieren, legt das ganze deutsche Volk eine stolze Haltung an den Tag, die der Größe der Stunde wahrhaft gerecht wird.

Mit der rücksichtslosen Entschlossenheit, wie sie die Empörung über das polnisch-britische Spiel mit dem Kriege in allen Schichten unserer Nation ausgelöst hat, nehmen alle Volksgenossen von der ersten Stunde an die Forderungen auf sich, die jedem einzelnen in einer solchen Zeit auferlegt sind. Sechs Jahre *politischer* Erneuerung zeichnen sich in diesen Tagen auf dem Gesichte unserer Nation ab. Sie ist wieder reif dafür geworden, mit Kraft und Würde für ihr Recht einzutreten und auf Frechheiten und Anmaßungen die nötige Antwort zu erteilen. In einer heiligen Entschlossenheit hat sich unser Volk erhoben, um mit der Waffe in der Hand das friedlich erstrebte aber *doch* verweigerte Recht wiederherzustellen.

Die Tugenden des alten *Parteimitgliedes* werden von nun an von allen Volksgenossen gefordert und die Gewißheit, daß diese Eigenschaften schon einmal eine Gemeinschaft zum großen Siege geführt haben, erfüllt die Massen unserer Bevölkerung mit einem unerschütterlichen Vertrauen.

Wieviel Siegeszuversicht gehörte nicht einst dazu, in einer Zeit, in der unsere Bewegung unbekannt und verlacht ihren Weg begann, für sie beispiellose Opfer zu bringen! Wieviel Beharrlichkeit wurde nicht gefordert in dem zähen Ringen um die Macht, als Jahr um Jahr verging, bis dann endlich die Stunde des Sieges kam! Wieviel Leidenschaft wurde erwartet von denen, die sich als kleiner Haufen vornahmen, eine große Nation mit neuem Geiste zu erfüllen! Und wieviel Treue ward denen aufgegeben, die in langen Jahren harten Ringens keine Hilfe hatten, keine Vorteile sahen, ja oft kaum einen Fortschritt ihrer Bewegung verspürten, bis dann schließlich doch durch diese Treue der Idee der Sieg beschieden wurde!

Die Siegeszuversicht und die Beharrlichkeit, die Leidenschaft und die Treue waren die edelsten Eigenschaften des alten *Parteimitglieds*. Er hat sie bewahrt durch all die Jahre hindurch und er ist glücklich darüber, sie jetzt wieder bewahren zu dürfen.

Am glücklichsten aber ist er darüber, daß er nicht mehr allein steht wie einst, sondern daß Millionen zu ihm gestoßen sind, die mit ihm erfüllt sind von der fanatischen Entschlossenheit, ihr Volk nach außen als Soldaten zu verteidigen und nach innen mit Siegeszuversicht, Opferfreudigkeit und Ausdauer zu erfüllen.

Die Starken in unserem Volke sind glücklich, denn jetzt – ähnlich wie einst im Kampf *Hitlers* um die Macht – ist wieder einmal ihre Zeit gekommen. [redacted]

Die große Zeit unserer Nation ist damit gleichzeitig zur stolzen Bewährungsprobe aller *Parteimitglieder* geworden.

Jeder von ihnen weiß, daß jetzt seine Stunde gekommen ist, und jeder weiß, wozu ihn das Gebot dieser Stunde aufruft.

Und jeder wird für sich die Augenblicke ersehnen, in denen er beweisen darf, [redacted]

Wie einst durch den Kampf um die Macht *unsere* Partei ihre innere Größe errungen hat, so wird der Kampf um unser Recht heute die ganze deutsche Nation mit neuen ungeahnten Kräften erfüllen und der Idee des nationalen Sozialismus den größten Triumph bereiten.

Nach dem Polen-Sieg
(Oktober 1939)

Niemals hatte der alte weltanschaulich geprägte Leitspruch "Nach dem Siege binde den Helm fester" tieferen Sinn gehabt als heute. Der Sieg in Polen ist errungen. Unserem Lebensrecht ist der Weg gebahnt worden, den rachsüchtige Gegner versperren wollten. Eine große und endgültige Entscheidung ist gefallen. Weitere stehen noch vor uns. Das deutsche Volk sieht ihnen im vollen Gefühle seiner Stärke und Unüberwindlichkeit kaltblütig entgegen.

Daß unsere Soldaten sowohl von dem Geist der *alten* ruhmreichen deutschen Armee wie von dem Enthusiasmus erfüllt sind, der zu allen Zeiten deutsche Soldaten beseelte, wenn sie einem hohen Ideale dienen durften, das hat sich in dem beispiellosen Vormarsch und der wuchtigen Überwindung härtester Widerstände und schließlich im heldenmütigen Sterben vieler Tapferer der ganzen Welt geoffenbart. Daß das alte englische Aushungerungsrezept diesmal keine Wirkung hat, darüber kann es nicht einmal in London noch Zweifler geben. Die gegenüber 1914 so völlig veränderte geographische Lage des Reiches, die aus der Erkenntnis der Blockadegefahr seit Jahren durchdachte und vorbereitete Organisation unseres ganzen wirtschaftlichen Lebens bilden eine bedeutend bessere Sicherung für die Lebensmittelversorgung der deutschen Bevölkerung als das Konvoysystem für die des englischen Volkes. Und schließlich kann nur ein Phantast übersehen, daß im deutschen Volk Wandlungen vorgegangen sind, die die Hoffnung auf eine innere Zermürbung in das Reich der Utopie verweisen.

Das deutsche Volk, das sich bewußt ist, daß es den Krieg mit England und Frankreich nicht wollte, daß sein *Kanzler* immer und immer wieder dem Wunsch nach Frieden eindeutigen Ausdruck verlieh, wird in dem ihm *auferlegten* und für die Gegner aussichtslosen Kampf Kräfte entwickeln, die – besser als Worte es vermögen – zeigen werden, wie sehr die sture Kriegspolitik Englands ein völlig sinnloses Verbrechen gegenüber dem eigenen und dem verbündeten französischen Volk ist.

Gerade der gegenwärtige Ausblick läßt einen tiefen Einblick in die grenzenlose Verblendung der Londoner Kriegshetzer zu. Der polnische Konfliktherd ist beseitigt. Zur gleichen Zeit bringt der *Kanzler* in unmißverständlicher Weise zum Ausdruck, daß das Kampfziel dieses Feldzuges mit der Wiederherstellung der deutschen Lebensmöglichkeit an der deutschen Ostgrenze erreicht ist. Einsichtige und autoritative Staatsmänner bezeichnen den Augenblick für die so notwendige Entwirrung der europäischen Lage für gekommen, die öffentliche Meinung in allen neutralen Ländern schließt sich mit größter Sympathie jeder solchen Stimmung an. Die Antworten, die aus London kommen, sind immer die gleichen: Sie enthüllen mit aller Offenheit erneut, was schon vorher nicht zweifelhaft sein konnte: nicht um Polen geht es ihnen. Sie wollten einfach den Krieg, den Krieg gegen Deutschland. Die Tatsache, daß das deutsche Volk wieder begonnen hat, seinen Platz an der Sonne zu finden, ist ihr einziger nackter Anlaß, über uns herzufallen. Der große Unterschied zu 1914 besteht dabei darin, daß es ihnen diesmal nicht gelingt, die Welt mit salbungsvollen Phrasen zu vernebeln, sondern daß die brutale Wirklichkeit über die englische Kriegshetze offen zu Tage tritt.

Wir binden deshalb den Helm fester, in der Gewißheit, daß die Stunde der Kriegshetzer in dem Augenblick geschlagen hat, in dem der große Kampf tatsächlich beginnt. Kommende Geschlechter aber werden die verfluchen, die den Krieg wählten, wo sie hätten Frieden haben können. Und sie werden jene segnen, die die Kriegshetzer zu Boden geschlagen und damit die Menschheit von einer Geißel befreit haben.

III.
ZWISCHEN DEN SCHLACHTEN

Auf Englands Kriegspfad in Neutralien
(November 1939)

Es sind englische Minister, die ihrem Volk versichern, daß dieser Krieg nicht so sehr mit Waffen aus Eisen und Stahl als mit den Werkzeugen der Blockade und den Geschossen der Propaganda zu führen sei. Diesen Grundsätzen getreu, ist für England das neutrale Ausland ein wichtigerer Kriegsschauplatz als die Maginotlinie. Deren Verteidigung überläßt es gerne dem französischen Bundesgenossen, es sucht seinen Krieg dort, wo ihm nicht Soldaten entgegentreten und wo es nicht mit Granaten empfangen wird. Und wer vom englischen Kriege berichten will, darf deshalb nicht nur zum Westwall fahren, sondern er muß Englands Kriegführung dort suchen, wo sie sich offen zeigt: in den Ländern, die nicht mit uns im Kriege stehen und die England gerade deshalb zum Werkzeug seiner Kriegführung zu machen bestrebt ist.

Der Wunsch, diesen Spuren der englischen Kriegführung nachzugehen, war die Absicht einer Reise in mehrere neutrale Länder, von der in diesem Bericht die Erlebnisse in Holland dargestellt werden sollen.

*

Unser Nachbarstaat Holland ist das Land, das vielleicht das wichtigste Tor Englands zum Reich ist und auf dessen Beherrschung schon aus geographischen Gründen die englischen Strategen den bedeutendsten Wert legen. Wir erinnern uns daran, daß in den entscheidungsvollen Tagen vor dem Kriegsbeginn die englische Regierung bemerkenswert lange zögerte, bis sie sich zu einer Erklärung herbeiließ, die holländische Neutralität zu achten.

Wird diese Neutralität von England wirklich geachtet, wird sie in Holland wirklich gewahrt? Das ist die Frage, die eine Reise über die nordwestliche Grenze des Reiches heute journalistisch interessant macht und die den Standpunkt abgibt für die Betrachtung all der vielleicht oberflächlichen, aber doch wichtigen Eindrücke, die sich dem Reisenden in einem fremden Lande darbieten.

Wie bei allen Reisen über die Grenze, so ist es auch hier: am spannendsten wird der Augenblick erwartet, in dem der Zug in den ersten Bahnhof des anderen Staates einrollt und die veränderte Atmosphäre in all den Kleinigkeiten und Äußerlichkeiten, die dem Fremden zu Gesicht kommen, sich widerspiegelt.

Hier an der Grenze zwischen Kaldenkirchen und Venlo empfängt uns ein "kriegerisches" Bild. Schwer bewaffnete holländische Soldaten bewachen den Zug mit aufgepflanztem Bajonett, Stahlhelm auf dem Kopf. Nur wenige Reisende sind im Zug, und doch dauert die Prozedur der Beamten beträchtlich lange. Zweck und Ziel der Reise werden bei jedem einzelnen erkundet und verbucht.

Endlich setzt sich der Zug in Bewegung. Der Blick auf Überschwemmungen, auf angelegte Straßensperren, auf kampierende Truppen bietet dem Auge vielfache Abwechslung.

*

Eindhoven. Umsteigebahnhof. Ein großer Buchkiosk bringt erwünschte Gelegenheit zur Untersuchung der Frage nach der geistigen Neutralität dieses Landes. Sie findet eine überraschend eindeutige Antwort: Meist sind es alte Bekannte, die mir auf den Buchumschlägen entgegenblicken. [redacted], die sich rasch auf die neue Lage umgestellt haben und nun "Deutschlands Chancen im Kriege" untersuchen und tiefgründig die Frage erörtern "Was Hitler will?". Damit auch der deutsche Frontsoldat "gewürdigt" werde, hat man die holländische Übersetzung von Remarque: "Im Westen nichts Neues" wieder hervorgeholt und stellt sie in den Mittelpunkt dieser ganzen Literatur, durch die "Deutschland" in dieser neutralen Bücherschau vertreten wird. Die englische Seite weist etwas andere Merkmale auf: Das englische "Blaubuch" ziert zuallererst den Bücherstand, und dann ist alles zu finden, was in diesen Wochen vom englischen Lügenministerium über Deutschland verkündet worden ist. Lückenlos wie in einer Staatsbibliothek sind alle die Bücher, Schriften und Schriftchen vorhanden, die die englische Anständigkeit und die deutsche "Verworfenheit" zum Thema haben. Ich suchte nach *einem* Buch, nach *einer* Schrift, die etwa einen Deutschen zum Verfasser hat. Ich suchte nach einem Buch über das britische Empire, nach einer Schrift über die Kriegsursachen, über Englands Kriegsziele – die Suche war vergeblich. Hier, wie in nahezu allen Buchläden, die ich später sah, gab es nur eine Sorte von politischen Büchern: [redacted].

Die Fahrt ging weiter: Den Haag und Amsterdam waren die Hauptstationen. Daß die Hotelportiers, die Straßenverkäufer nur englische Zeitungen anboten und deutsche erst umständlich unter den zurückgelegten Vorräten hervorkramten, überraschte mich schon nicht mehr, aber das – mit höchstens ein bis zwei Ausnahmen – in seiner dreisten Einseitigkeit nicht zu übertreffende Bild der holländischen Presse war doch wieder etwas Neues. Ich nahm mir die Mühe und untersuchte einmal die Nachrichten, die die meistgelesenen holländischen Zeitungen so ihren Lesern vorzusetzen pflegen. So griff ich mir z. B. den "Standaard" – das Blatt der Partei des früheren Ministerpräsidenten Coljin – und stellte am 11. November fest, daß in dieser Ausgabe von 29 Auslandsmeldungen nicht weniger als 15 vom englischen Nachrichtenbüro Reuter, 6 vom französischen Büro Havas, eine von der "Times", eine weitere von der "polnischen Telegraphen-Agentur" stammten, während nur 6 die Herkunftsbezeichnungen eigener oder neutraler Quellen trugen. Eine Meldung aus deutscher Quelle wurde überhaupt nicht veröffentlicht, wohl aber Meldungen über angebliche Vorgänge im Reich, die sich das holländische Blatt aber vorsorglich von Reuter geben ließ! Ich nehme mir den "Rotterdamschen Courant": dort sind wenigstens "nur" 13 von 32 Meldungen zugegebenermaßen aus englischen und französischen Quellen, darunter ebenfalls mehrere Meldungen über "Ereignisse" im Reich. Ich greife mir noch die größte politische Zeitschrift Hollands, die "Haagsche Post". Ihre "Wochenübersicht" verzeichnet jeden Seufzer eines englischen Ministers, zehn Meldungen berichten von den "gewaltigen" Dingen, die bei den Alliierten geschehen, nur eine Meldung befaßt sich mit dem Reich: das Münchener Attentat[6] kann wirklich nicht verschwiegen werden. Dafür gibt es in der "Haagschen Post" eine große Sonderseite, auf der die "Stimmung in den großen Zentren" untersucht wird. Berlin interessiert hier nicht. Für die "Haagsche Post" sind "große Zentren" nur London, Paris und Neuyork! Auch bei dem "Querschnitt durch die Weltpresse" ist die deutsche Presse uninteressant. Sie wird nicht zitiert, wohl aber findet jede englische und französische Tintenblähung hier ihr Echo.

*

Nachdem meine Suche nach der Neutralität in den Zeitungen so reichlich unbefriedigt blieb, betrat ich in der Hauptstraße von Amsterdam den großen Kinopalast, in dem das "Allgemeene Handelblad" ein Tageskino betreibt, in dem neben Unterhaltungsfilmen zwei Wochenschauen angekündigt waren. Da ich mich in einem neutralen Lande befand, war ich darauf gefaßt, daß eine dieser Wochenschauen englischen Ursprungs sei, während ich einfältigen Gemütes glaubte, in dem zweiten dieser aktuellen Filme Wiedersehen mit einer unserer spannenden deutschen Wochenschauen feiern zu können. Gerade der Vergleich versprach besonders interessant zu werden. Die eine Wochenschau rollt ab. Es ist – wie erwartet – ein englischer Propagandafilm von mäßiger Qualität und dürftigem Inhalt. Man sieht die englische Königin mit ihren Damen beim Strümpfestricken und ähnliche kriegerische Bilder. Auf einen Zwischenfilm folgt die zweite Wochenschau. Der erste Titel erscheint: "Die Post ist da!" – in der englischen Etappe irgendwo in Frankreich ist der Briefträger gekom-

6 Gemeint ist hier das wohl "berühmteste" der 42 Attentatsversuche auf Adolf Hitler, der Bombenanschlag, den Georg Elser am 8. November im Münchener Bürgerbräukeller verübte.

men. Die Tommies zeigen sich in bester Laune. "Die Kriegsindustrie ist voll beschäftigt" – die öde Halle einer englischen Fabrik erscheint. Der englische König durchwandert sie wohlwollend und stellt landesväterliche Fragen an mäßig begeisterte Arbeiter. "Hochbetrieb in der Uniformschneiderei" – natürlich in der englischen Uniformschneiderei.

In dieser Methode geht es weiter. Den Vogel schießt ein Filmstreifen ab, in dem ein Hafen mit zahlreichen Schiffen gezeigt und mit stolzen Worten erklärt wird: das seien die neutralen Schiffe, die hier von England festgehalten und untersucht werden. Hier können die Holländer also wenigstens im Film Wiedersehen mit ihren überfälligen Schiffen feiern! Daß solche provokatorischen Filmstreifen hier gezeigt werden können, wirft ein grelles Schlaglicht auf Hörigkeit gegenüber der englischen Propaganda, die hier in diesem Lande die Geister verdunkelt. Noch ein unpolitischer Film – dann ist die Vorstellung zu Ende. Ich verlasse das "Cineac", ohne auch nur eine halbe Minute etwas davon gesehen zu haben, daß es außer den Alliierten noch eine andere kriegführende Partei gibt! Mühsam rufe ich mir ins Gedächtnis zurück, daß ich mich doch nicht in London, sondern in Amsterdam befinde.

*

Das Bild von der Dreistigkeit, mit der England von diesem Lande Besitz ergreift, vervollständigt sich durch Gespräche mit Holländern über die wirtschaftliche Bevormundung, mit der englische Behörden hier schalten und walten, als wären sie zu Hause. Mit einem bedauernden Achselzucken, das die Fügung in ein – wie sie meinen – unabänderliches Los bedeutet, erzählen sie davon, daß holländische Firmeninhaber auf die englischen Konsulate eingeladen und aufgefordert wurden, zu schwören, daß sie nichts mehr nach Deutschland liefern. Nicht genug mit dem Schwur. Sie müssen diesen seltsamen "Gästen" im eigenen Lande oft auch noch ihre Bücher und Bilanzen vorlegen, deutsche Angestellte entlassen und sonstige unglaubliche "Bedingungen" erfüllen, die sich mit der Souveränität eines selbständigen Staates wahrhaftig nicht vereinigen lassen. Wir kennen zu viele Beispiele anderer neutraler Staaten, die diesen empörenden Anmaßungen englischer Behörden sofort einen Riegel vorgeschoben haben. In einem Lande freilich, das sich der englischen Propagandadiktatur willenlos beugt, nimmt es nicht Wunder, daß auch der englische Wirtschaftskrieg, wenn zwar auf Protest, so doch praktisch auf völlige Nachgiebigkeit stößt.

*

Daß die englische Peitsche auch auf anderen Gebieten geschwungen wird, das erlebt drastisch, wer Hollands Grenze gegenüber England: die Küste besucht. Im Gedanken an die holländischen Truppenkonzentrationen an der deutschen Grenze, an die Tatsache, daß die Holländer große Teile ihres Landes unter Wasser gesetzt haben, um sich gegen den von Reuter prophezeiten "deutschen Einfall" zu schützen, fuhr ich erwartungsvoll nach Scheveningen. Ich erinnerte mich daran, vor kurzem in ausländischen Blättern von dem "kriegerischen" Aussehen des Scheveninger Strandes gelesen zu haben, und war der Erwartung, daß an dieser Küste, die nur wenige Stunden von Englands Küste entfernt liegt, einen besonderen Eindruck von bemerkenswerten Schutzmaßnahmen gegen ein immerhin leicht denkbares englisches Landungsunternehmen zu finden. Die großen Hotels fand ich der Jahreszeit entsprechend geschlossen. An der Brüstung, die den Strand abschließt, lehnte ein Soldat, mit dem Rücken zur See. Neben ihm lagen ein paar alte Sandsäcke, deren militärische Bedeutung aus dem Schild "Photographieren verboten" hervorging. Ich bin ein schlichter Journalist ohne besondere militärische Kenntnisse und Absichten. Immerhin fiel mir auf, daß – im Gegensatz zur Gegend an der deutschen Grenze – nirgends auch nur Anzeichen irgendwie gearteter Abwehrwaffen zu erblicken waren. Vielleicht sind sie hier besonders gut getarnt, um das Bild des Friedens, das nur noch durch einen weiteren Soldaten mit Braut beeinträchtigt wurde, keinesfalls zu stören. Für deutsche Besucher wäre es freilich beruhigender, wenn hier oder in den weiten Dünen, in denen die Haager Jugend im

Novembersonnenschein ihre Spiele treibt, wenigstens noch einige Schilder "Photographieren verboten" stehen würden...

*

Vielfältig sind sonst noch die Eindrücke einer solchen Reise im dritten Kriegsmonat. Sie können nicht alle aufgezeichnet werden. Nur eines muß der Wahrheit gemäß festgestellt werden: Die Giftsaat der angemaßten geistigen Herrschaft Englands über dieses Land ist nicht ohne Wirkung auf die Gemüter seiner Bewohner geblieben. Sie erfahren nichts über Deutschland, sie leben in einer Wolke der Lüge, der Glaube an die englischen Parolen greift um sich, und die Gefahr, die diesem Lande infolgedessen droht, von England in seinen "Kreuzzug" gegen das deutsche Volk eingespannt zu werden, hat bedenkliches Ausmaß angenommen.

Und doch habe ich kurz vor meiner Abreise noch eine Erinnerung mitgenommen, die mich für vieles andere erheiternd entschädigt hat: An der Schaufensterscheibe einer Amsterdamer Buchhandlung fand ich – wie hier überall üblich – eine ganze Serie von Bildern des englischen Königs, allein, mit Königin, ohne Familie, mit Familie usw. Unmittelbar daneben aber waren ebenso schöne Bilder ausgestellt vom "Kaiser von Abessinien", Haile Selassie, sowie vom "König von Albanien", Achmed Zogu! Diese Zusammenstellung fand ich immerhin so apart und sinnvoll, daß ich tiefbefriedigt meinen Zug bestieg.

Piratendämmerung
(Dezember 1939)

"Bisher ist der Krieg sehr viel anders verlaufen, als wir es erwartet haben" – mit diesen dürren Worten gab der englische Ministerpräsident Chamberlain in einer seiner unvermeidlichen Reden vor einigen Tagen ausnahmsweise der Wahrheit die Ehre und seinem Volke eine Andeutung des Ernstes der Lage, in der sich die englischen Kriegstreiber befinden.

Daß heute – drei Monate nach Kriegsbeginn – der deutsche Gegner die britische Seeherrschaft in der Nordsee gebrochen hat und den Engländer anpackt, wo er ihn trifft – das ist ein schwerer Schlag für eine Regierung, auf deren Schultern die alleinige Verantwortung für diesen Krieg liegt. Daß aber darüber hinaus im Gefolge dieser Ereignisse der Nebel des Nimbus zu zerreißen beginnt, den England über Europa zu verbreiten verstand – das ist es, was die englische Öffentlichkeit über die Perspektiven der Kriegsereignisse hinaus mit wohlbegründeter Erregung erfüllt.

Noch funktionieren zwar die Kanäle der geistigen Beherrschung der neutralen Länder, noch läuft der Propagandaapparat – im Weltkrieg erdacht und erprobt – und überzieht den Kontinent mit einem feinmaschigen Lügennetz, noch finden die englischen Giftwolken Eingang in die Redaktionsgebäude, in die Filme, in die Theater. Aber die Sprache der Torpedos und Granaten ist lauter und ihr Eindruck nachhaltiger geworden als die erlogenste Reutermeldung oder der raffinierteste Trickfilm. Die Ereignisse pochen an das englische Haus, und die Welt beginnt am Klange zu erkennen, daß dieses Haus morsch ist. Der Augenblick bereitet sich vor, den Englands Ministerpräsident mit schreckerstarrten Augen nahen sieht: die Stunde, in der die europäischen Völker aus der Hypnose erwachen, in der sie – befreit vom Druck der britischen Drohung – über die Rolle nachzudenken beginnen, die Großbritannien im Laufe seiner Geschichte ebenso wie heute in Europa sich angemaßt hat.

Nur die babylonische Völkerverwirrung, die während der letzten Jahrhunderte Europa beherrscht hat, hat es ermöglicht, daß England "der Plünderer und Tyrann seiner Nachbarn auf dem Festlande" wurde (wie der englische Historiker G. M. Trevelyan zugibt), ohne daß dieses Europa sich zusammengetan hat, um diesem ewigen Störenfried und brutalen Seeräuber endlich das Handwerk zu legen.

Dieses klägliche Europa hat nicht nur zugesehen, wie England einem Konkurrenten nach dem anderen – Spanien, Portugal, Holland und schließlich Frankreich – die Schiffe wegfing, den Handel zerstörte, die Häfen blockierte, die Küstenstädte überfiel und für alle seine Kriege nur ein Ziel kannte: den nackten Raub von Land, Stützpunkten und – viele Jahrhunderte hindurch auch von Menschen für seinen Sklavenhandel. In einer Stunde der Erinnerung wird den europäischen Völkern dabei die Tatsache bewußt werden, daß der englische Pirat seine Raubzüge nicht etwa auf koloniales Gebiet beschränkte, sondern mitten in Europa heute noch Beutestücke in Besitz hält, die von Spaniern, Italienern, Franzosen bewohnt, aber von England regiert werden. Der englische [redacted] hat einmal den Satz geprägt: "Den Menschenrechten ziehe ich die Rechte der Engländer vor." Dieser Grundsatz gilt heute noch in Gibraltar, auf Malta – ja auch unmittelbar vor der Küste des französischen Bundesgenossen, auf den Kanal-Inseln, die in der unmittelbaren Nähe des französischen Kriegshafens Cherbourg liegen und sich in englischem Besitz befinden.

Wenn der zitierte englische Geschichtsschreiber Trevelyan erklärt, daß die Weltumsegelung des "Königlichen Admirals" Francis Drake im 16. Jahrhundert "die größte Seeräuberexpedition der Geschichte" gewesen ist, so wird die Zeit kommen, in der ganz Europa erkennt, daß die ganze englische Geschichte und englische Politik aller Jahrhunderte und der Gegenwart auch dem europäischen Festland gegenüber nichts anderes als eine "große Seeräuberexpedition" gewesen ist. Die Spanier, die Portugiesen, die Holländer und die Franzosen haben sie mit ihren Methoden auf die Knie gezwungen. Bei Deutschland glaubten sie sich 1918 am Ziel. Daß es sich wieder erhob, ist der einzige Kriegsgrund, es endgültig zu vernichten, das einzige Kriegsziel, für das alle Völker Europas – kriegführende und neutrale – nach dem Willen des Piraten ihren Tribut zahlen sollen.

Während eine schwache deutsche Führung im Weltkrieg jahrelang dem verhängnisvollen Gedanken nachhing, daß England "geschont" werden müsse, spricht Adolf Hitler mit ihnen die Sprache, die Seeräuber allein verstehen. Unsere Flotte packt sie an, spürt sie in ihren Schlupfwinkeln auf, vertreibt sie, wo sie sich zeigen. Die Stunde naht, in der die europäischen Völker es wagen können, offen von Vergangenem und frei von der Zukunft zu sprechen, ohne Londoner Handelsdiktate, dreiste Überfälle, die Kaperung ihrer Schiffe, den Raub ihrer Ladungen oder die Blockierung ihrer Häfen befürchten zu müssen.

Herr Chamberlain ahnt diese Stunde, ein britischer Staatsmann vor ihm – Lord Roseberry – aber hat sie vor über dreißig Jahren bereits einmal prophezeit, als er in einer berühmten Rede den Traum von einer "Verlegung des englischen Reichssitzes nach Kanada" vorzeichnete: "Unsere Einbildungskraft – so erklärt er – vermag sich kaum diese Prozession über den Atlantischen Ozean auszumalen – den größten Souverän in der größten Flotte, Minister, Regierung und Parlament in dem Augenblicke, wo sie sich festlich nach der anderen Hemisphäre begeben." Nach unserer Vorstellung dürfte die Piratendämmerung zwar nicht so festlich, wohl aber ähnlich umfassend sein, wie Lord Rosebery meinte.

Im weiten Verlauf seiner Rede hat der Lord noch gesprochen von dem "Jubel der Neuen Welt", die diese moderne Arche Noah empfangen würde. Er vergaß dabei die Freiheitsbegeisterung zu schildern, die die Alte Welt erfassen wird, wenn einmal die Segel des Piraten gestrichen sind.

Frankreich als Feind
(Januar 1940)

Es waren etwas verlegene Worte, mit denen der französische Botschafter Coulondre am 3. September 1939 dem deutschen Reichsaußenminister die Kriegserklärung Frankreichs überbrachte. Verlegen – nicht ohne Grund. Die Veröffentlichungen, die über die Vorgeschichte dieser Stunde seither erschienen sind, werfen ein grelles Licht auf die Absicht und die Leichtfertigkeit, mit der die französische Regierung in diesen Krieg gegangen ist.

Gewiß – wir Deutsche haben in all den Jahren, seit durch die Initiative *Hitlers* der Versuch unternommen wurde, das Verhältnis zum westlichen Nachbarn auf die Dauer friedlich zu gestalten, immer den Eindruck gehabt, daß zwar im französischen Volk Anzeichen für eine Begrabung des alten Hasses vorhanden waren, die französische Regierung aber stets die entgegengesetzte Politik verfolgte. Nur einmal – im Dezember 1938 – schien es anders zu werden. Aber dieser eine Akt friedlicher Verständigung der Pariser Regierung war, wie wir jetzt wissen, nicht ernst gemeint. Frankreich ist im Jahre 1939 der englischen Politik nicht nur gefolgt, es hat freudig bewegt den Weg zum Krieg beschritten, weil es glaubte und hoffte, mit England und Polen zusammen das Schauspiel von 1914 wiederholen, den unbequemen Nachbarn wieder zerschlagen und diesmal endgültig vernichten zu können.

Der Geist Ludwigs XIV., der Deutschlands blühendste Gaue brandschatzte und der wahre Herrscher über ein in tausend Fürstentümer zerfallenes Reich war, ist im Westen wieder auferstanden und feiert in Parlament und Presse seltsame Triumphe. Wir wissen nicht, ob die französischen Mitteilungen über die "Kriegsziele", die die Annexion unserer Rheingaue, die Zerstückelung des Reiches, die Abtrennung Österreichs, die "Zerschlagung Preußens" und ähnlichen Wahnsinn mehr proklamieren, im französischen Volk jetzt die erwünschte Kriegsstimmung erzeugt haben. Sicher ist jedenfalls, daß diese brutalen und blutrünstigen Haßgesänge in unserem Volke die Erinnerung an leidvolle Jahrhunderte wachgerufen haben, in denen französische Herrschgier unser Volk knechtete, unsere Lande verwüstete, stets mit unseren Feinden im Bunde stand, Zwietracht säte, Gaue und Städte raubte und immer wieder Vorwand zu kriegerischen Exkursionen suchte, vor allem dann, wenn Gefahr bestand, daß unser Volk sich einigte.

Die Worte, die Leibniz vor über zweihundert Jahren ausgesprochen hat: "Frankreichs Bündnisse haben nur den einen Zweck: Deutschland so tief zu erniedrigen, daß es sich nicht wieder erheben kann!" – diese Worte passen in unsere Zeit genau so wie in die Zeit Ludwigs XIV., wie in die Zeit der Französischen Revolution, in die Zeit von 1870, von 1914 wie in die heutige!

Das Wort des französischen Staatsmannes Olivier, als dieser am 15. Juli 1870 im Pariser Abgeordnetenhaus vom "coeur léger", vom "leichten Herzen" sprach, mit dem Frankreich in den Krieg ziehe – könnte dieses Wort nicht auch von Herrn Daladier stammen, der das Seine redlich dazu beitrug, um die Bemühungen des *Kanzlers* für eine friedliche Lösung der polnischen Frage zu durchkreuzen und den von den [redacted] erhofften, von England gewünschten Krieg trotz aller Beilegungsversuche herbeizuführen?

Eine belgische Zeitung hat dieser Tage den sehr treffenden Vergleich zwischen dem Krieg 1870 und dem Krieg 1939 gezogen und festgestellt, daß Frankreich damals wie heute sich zu einem Präventiv-Krieg entschlossen habe – zu einem Krieg, mit dem einzigen Zweck, die Einigung der Deutschen zu verhindern bzw. heute, sie zu zerstören.

Der französische Poilu ist im Jahre 1939 mit den gleichen Parolen in die Maginotlinie geschickt worden, die schon den Landsknechten des Generals Mélac[7] verkündet wurden, als sie aufbrachen, die Pfalz

7 Der Graf von Mélac, Marechall de Camps des französischen Königs Ludwig XIV., verwüstete in dessen Auftrag 1689 die Pfalz, Heidelberg, Mannheim und weitere Städte des Deutschen Reiches.

zu verwüsten und das Heidelberger Schloß anzuzünden!

Die deutschen Soldaten aber kämpfen in dem gleichen Geist, der die Freiheitskämpfer von 1813, die Marschierer von 1870 und 1914 beseelte: dem französischen Haß zu begegnen und unser Reich vor der jahrhundertealten französischen Drohung, diesmal für alle Zukunft zu befreien.

Wir aber wissen: die Verteidiger einer Nation, die Kämpfer für ihr Leben haben eine andere Seele und darum eine andere Kraft als die Verfechter alter Herrschaftsgelüste und Raubinstinkte. Wir mögen ein Volk bedauern, das, von falschen Propheten geleitet, für einen traurigen Ehrgeiz in den Kampf ziehen muß, aber es hat uns selbst überzeugt, daß erst seine Niederlage ihm und uns eine friedliche Zukunft bringen kann.

IV.
DIE ERSTE ENTSCHEIDUNG

Der Tag des deutschen Musketiers (Mai 1940)

Es ist drei Uhr morgens. Leise geht der Posten von Zelt zu Zelt, die in den Büschen des Laubwaldes versteckt liegen. Vorsichtig öffnet er jedes einzelne und gibt im Flüsterton das Kommando "Aufstehen". Regt sich niemand, dann rüttelt er kräftig die Beine, die vor ihm liegen. Nach wenigen Minuten erhebt sich in dem Walde, der bisher so still und friedlich dalag, ein gespenstisches Treiben.

Der Feind liegt kaum einen Kilometer entfernt. Kein Laut verrät ihm unseren Aufbruch. Wortlos gleiten wir aus unseren Zelten, reiben uns den so kurzen Schlaf aus den Augen. Aber schon macht die Eile des Aufbruchs unsere Sinne vollends wach. Wir greifen unser Koppel, unser Sturmgepäck, die Gasmaske und die vielen Siebensachen, die zu unserer Marschausrüstung gehören. Im Finstern ist das keine einfache Sache. Die Zelte werden abgebaut, Zeltbahnen gerollt, Zeltstöcke und Zeltleinen gesucht und gefunden.

Schon hört man das leise Klappern der Stahlhelme und Gewehre – eine halbe Stunde nach dem Wecken tritt die Kompanie an; kein Mann erkennt den anderen, und doch steht jeder an dem richtigen Platz in seiner Gruppe, seinem Zug. Die Gewohnheit des frühen Aufbruchs hat alle Sinne geschärft. Am Tag vorher ging es schon nachts um 1 Uhr los. Und dann kamen schöne runde 50 Kilometer Marsch zusammen.

Das geht nun schon mehrere Tage hindurch so. Und doch ist nicht ein Mann ausgefallen. Besonders wir Älteren in der Kompanie sind stolz darauf, daß wir auch im "Watzen" mit den jüngeren Kameraden

Schritt halten können. Das Marschieren-Können erlebten wir in diesen Tagen als eine Willensfrage, und auch heute steht uns wieder eine solche Willensprüfung bevor. Das wissen wir.

Und doch sind wir zufrieden. Von heute ab nämlich sind wir wirklich an der Front. Heute treten wir an, um unseren ersten Kampfauftrag in diesem Kriege zu übernehmen. Wir werden noch einmal 50 Kilometer herunterreißen, aber diesmal in unmittelbarer Nähe des Feindes, und dann erwartet uns eine Stellung, in die wir einrücken sollen.

In Gedanken an dieses im Leben des Soldaten so bedeutende Ereignis sind wir leise aus dem Wald getreten und marschieren nun in der ersten Dämmerung des anbrechenden Tages. Noch brennen die Füße von den Tagen vorher, aber nach den ersten Kilometern läuft es sich wieder glatt, und aus dem Humpelhaufen wird wieder eine kräftig auftretende Kompanie. Vor uns rumpelt im Dämmerlicht der Gefechtswagen, hinter uns die Feldküche, die uns beim ersten Halt heißen Kaffee für unsere kalten Glieder spenden wird. Ein wunderbarer Traum in der Frische des frühen Morgens.

Sonst sind unsere Gedanken in diesen ersten Marschstunden seltsam sprunghaft und doch nachhaltig wie zu keiner anderen Tageszeit. Kaum daß einmal ein Wort fällt. Und doch fühlt man, wie die Hirne und Herzen dieser Männer arbeiten, die hier, Hunderte von Kilometern von der Heimat entfernt, im Feindesland für ihr Volk marschieren.

*

Mit der aufgehenden Sonne werden auch die Zungen der Kameraden gesprächiger und enthüllen in wenigen Bemerkungen und Witzen, oft auch in umständlichen Unterhaltungen so manches Bild von der inneren Stärke des deutschen Soldaten und seines traditionsreichsten Vertreters, des deutschen Musketiers, der heute wieder einmal auf den gleichen Straßen marschiert, die seine Väter, Großväter, ja seine Urahnen schon so oft einhergezogen sind, genau so herausgefordert vom Westen wie wir. In unseren Gedanken werden die Uniformen der alten Regimenter lebendig; wir sehen sie vor unserem inneren Auge durch den gleichen Wald marschieren, der uns jetzt aufnimmt, wir sehen sie durch die Dämmerung ziehen, wie sie uns heute umfängt, und wir ahnen ihre Zuversicht und ihren Stolz – genau so wie wir unser Siegesbewußtsein kennen und den Glauben an die jetzige große Entscheidung, an der auch wir teilnehmen werden.

In den ersten Strahlen des jungen Tages ziehen hoch über uns die Geschwader unserer Luftwaffe gegen den Feind. Wir lachen und freuen uns über die Ladung, die sie wieder beim Feinde absetzen werden. Das haben wir dem Musketier von einst voraus: Wir sind nicht mehr allein bei unserem Vormarsch ins Feindesland, vor uns zieht als wahrer deutscher Gottseibeiuns unsere Luftwaffe und zermürbt den Feind, wo sie ihn trifft. Wir selbst fühlen bei unserem Marsch deutlicher als die Leser der Wehrmachtsberichte in der Heimat, was die Schläge bedeuten, die unsere Flieger den Engländern und Franzosen in diesen Tagen zugefügt haben. Ohne die geringste Störung vollzieht sich unser Marsch an den Feind. Die gegnerischen Flugzeuge haben zu viele eigene Sorgen, um sich noch um unsere Marschkolonne kümmern zu können.

*

Es ist langsam Mittag geworden. Der Frische des Morgens ist eine lähmende Hitze gefolgt. Unsere Schritte werden müde, unser Marschieren gedankenlos. Nur wenn die Wassereimer an den Straßen stehen, die uns auch die belgische Bevölkerung bereitstellt, wird es noch lebendig in unseren Reihen. Aber viele sind auch gegen diesen freilich trügerischen Reiz des kühlen Trunkes abgestumpft. Die Anstrengungen der letzten Tage machen sich fühlbar. Müde schleppen wir unser Sturmgepäck – das "Asthmapäckchen", wie es unsere Soldatensprache nennt. Schwitzend, schmutzig, nach vorne leicht gebückt – man kann jetzt keinen Staat mehr mit uns machen.

Kaum achten wir darauf, daß am Straßenrand der Bataillonsadjutant steht und jedem Zug einige Worte zuruft. Da schnappen wir seine Worte auf: "Holland kapituliert, Sedan gefallen, Maginotlinie durchstoßen!"

Und es geschieht in unserer müden Truppe das gleiche Wunder, das wir so oft schon in anderen großen Stunden bei den Massen unseres Volkes erlebten: wie von einem elektrischen Funken werden die Energien angefacht und die Kräfte vervielfacht. Wir haben *"Heilsrufe"* gerufen, daß die Straßenbäume ins Wanken gerieten, wir haben das Sedanlied gesungen mit der gleichen Kraft wie früher auf dem Kasernenhof beim Frühausmarsch.

Und alles ist vergessen. Wir denken nicht mehr an unsere müden Füße, nicht mehr an den schmerzenden Rücken, nicht mehr an das Gewehr auf der Schulter und nicht mehr an das Zugseil in unserer Hand, mit dem wir den Pferden helfen, die schweren Gefechtswagen bergauf zu ziehen. Wir denken nur noch an *Hitler* und an den Sieg, der auch unser Sieg sein wird. Und unser Marsch wird wieder kräftiger, unsere Schritte holen aus, und unser Wille mobilisiert die Kräfte, die uns das erste Ziel des Tages in der heißen Nachmittagssonne erreichen lassen.

*

Den ganzen Tag über hat uns das Donnern der Artillerie begleitet. Jetzt, wo wir fünfzehn Kilometer hinter der Stellung liegen, die wir noch heute nacht beziehen sollen, wird es immer heftiger, als ob es uns nochmals erinnern wollte, daß nun wirklich der Ernst des Krieges für uns beginnt.

Die Stunden der Rast, die bis zum Einbruch der Dunkelheit währt, werden gut ausgenützt. Für lange Zeit haben wir das letzte Mal unseren Tornister zur Hand. Rasch noch ein frisches Hemd angezogen, an der Quelle eine gründliche Waschung und ein kräftiger Schlag aus der Feldküche – für die nächsten Tage wohl das letzte wirklich warme Essen.

Endlich ist es finster genug, daß wir marschieren können. Einige Kilometer begleiten uns noch die Gefechtswagen, dann werden sie abgeladen, und jeder von uns erhält Schanzzeug zum Mitnehmen. Der Kompaniechef ermahnt uns, in diesen letzten Stunden unseres Marsches uns noch zusammenzureißen. Aber dieser Ermunterung hätte es gar nicht bedurft. Die Spannung der bevorstehenden ersten Berührung mit dem Feind hat alle Anstrengungen vergessen lassen. Im hellen Mondschein gehen wir vorsichtig vor.

*

Das Artilleriefeuer hat sich verstärkt und liegt auch auf unserer Anmarschstraße. Nach vier Stunden sind wir glücklich am Ziele angelangt und besetzen den Bergrücken, der uns angewiesen ist. Wenige Kilometer davon entfernt liegt der Feind in starken Stellungen. Wir sollen uns hier verteidigen, den raschen Siegesvormarsch unserer Kameraden seitlich decken. Einige Erdlöcher werden uns von der scheidenden Kompanie übergeben, die gestern diese Höhe erreicht hat und heute wieder abzieht, um am weiteren Vormarsch teilzunehmen.

Lautlos vollzieht sich die Ablösung und unsere Einweisung. An dem Loch, das wir zu vier Mann zugewiesen bekommen, wird es noch viel zu arbeiten geben. Wie wir durch Tasten feststellen, hat es höchstens Platz für zwei Mann, und auch für diese nur zum Sitzen. Uns genügt das. Es schläft sich auch auf dem offenen Waldboden gut. In eine Zeltbahn eingerollt, so liegen wir und ruhen aus von den Anstrengungen von heute für die Aufgaben von morgen.

Ich bin zur Wache eingeteilt und beobachte noch eine Stunde lang eine Waldlichtung in Feindrichtung. Jedes leise Geräusch, jedes Knacken der Bäume, jedes raschelnde Blatt bannt die Sinne. Vor uns liegt der Feind. Der Feind, der unser Volk vernichten will und den wir zu bezwingen entschlossen sind.

Es ist eine Stunde der Sinne und des Sinnens, wie sie Millionen deutscher Soldaten in vergangenen Jahrzehnten und Jahrhunderten erlebt haben und sie heute wieder erleben.

Und es ist der Tag eines deutschen Musketiers, der vergangen ist und der immer wieder erlebt werden wird in der ganzen Fülle seiner Pflichten und Forderungen, aber auch des Glückes und Stolzes, vorne am Feind für seine Nation stehen zu dürfen – einsam und doch nicht allein, stark durch die Waffe, mächtig durch die Zuversicht, unüberwindlich aber durch den Glauben an die Zukunft unseres Volkes.

An der Aisne
(Juni 1940)

Seit Tagen liegen wir nun schon im Walde. Wenige Kilometer vor uns ist die Aisne und die Weygandstellung. Schwaches Artilleriefeuer durchbricht manchmal die friedliche Stille. Alle paar Stunden krebst der gewohnte französische Flieger vom Dienst herum. Er scheint uns aber nicht entdeckt zu haben. Nur einmal liegen die Einschläge der französischen Salven etwas näher. Aber sie streuen nur unseren Wald ab, bald wandern die Liebesgaben wieder weiter.

Es ist so ruhig und friedlich hier, daß unser Oberleutnant – der "alte Fritz", wie wir ihn, den alten Weltkriegssoldaten, nennen – unruhig und unfriedlich wird, weil er die Kompanie zu unbeschäftigt glaubt.

Aber eines Mittags bringt einer von der Feldküche die große Neuigkeit mit: Angriff an der Somme, wir haben von Abbéville aus den Vormarsch fortgesetzt, sind dort in die Weygandstellung eingedrungen und haben sie auf breiter Front durchbrochen. Wenn man selbst wenige Kiometer vor der Weygandlinie liegt, dann ist das freilich eine Nachricht, die wie ein Signal wirkt. Es gehört keine Sehergabe dazu, um zu erkennen, daß nun auch bald unsere Stunde schlagen wird.

Als ich am Abend beim Kompanietrupp vorbeischaue, um nach weiteren Informationen zu forschen, erfahre ich nicht mehr, als bereits mittags bekannt war. Auf dem Rückweg begegne ich dem "alten Fritz". Er hält mich an und wir sprechen wohl eine Viertelstunde miteinander. Eine unvergeßliche Viertelstunde. Es ist das erstemal, daß die fast eherne Maske fällt, hinter der dieser Mann sein persönliches Empfinden, sein eigenes Ich verbirgt. Er spricht fast allein, spricht von dem, was uns bevorsteht, vom Angriff. Als ob er eine innere Ahnung vom Herzen reden wollte, spricht er davon, wie hart ein solcher Angriff im modernen Krieg sein könne. Spricht von dem, was er im Weltkrieg erlebt hat. Spricht von der ganz andere Probe, auf die dabei der Soldat gestellt wurde, spricht von dem Ernst, der jetzt in seiner härtesten Form an uns herantreten wird, von jenem höheren Erfordernis, das dann weit über den Drill hinaus an den wahren Soldaten gestellt wird. Ich höre still zu, weil ich glaube, daß er das alles ausspricht nicht nur, um sich selbst die Gedanken vom Herzen zu reden, sondern vielleicht auch – um einem *Parteimitglied* zu helfen, tapfer zu sein.

Zwei Tage der Erwartung vergehen noch. Schon werden die ersten Zweifel lebendig, ob auch wirklich an unserer Front angegriffen wird. Zwei Tage, in denen die Kompanie still geworden ist. An den Abenden werden die Mundharmonika hervorgeholt und aus den Zelten im Umkreis erklingen die schönen Weisen deutscher Lieder. Und es ist keiner, der da nicht mitsummt, irgendwie gepackt von der Ahnung des Ungewissen.

Nun ist der Samstagabend. Seit drei Tagen schon marschieren unsere Kameraden über die Somme. Spärlich hören wir die Nachrichten und können uns nicht erklären, daß wir immer noch hier sind. Der Oberleutnant ist zum Bataillon gegangen. Mehrere Stunden ist er schon fort. Welche Nachricht er wohl mitbringt?

Wir haben inzwischen unsere Verpflegung empfangen und richten uns wieder auf einen gemütlichen Abend ein. Die Kunde von einigen sagenhaften Kirschbäumen hat sich herumgesprochen und einige ziehen los, um ihr auf den Grund zu gehen.

Auch einen kleinen Bach haben wir nachmittags im Walde entdeckt und die Reinlichkeitsbeflissenen suchen dieses Gewässer auf, um sich zu waschen und zu rasieren.

Es wird natürlich über nichts anderes gesprochen als über die Frage, ob und wann wir angreifen. Der kleine Mellwig, der immer ein fideler Kamerad ist, trifft den Nagel auf den Kopf. Er meint gemütlich: ”Was reden wir darüber, wenn's nicht ran geht, müssen wir uns trösten, wenn's aber ran geht, dann werden wir's schon schaffen” und zieht sich seinen Scheitel so schön und so gerade, als wollte er heute abend mit seiner Braut ins Kino gehen.

Als wir zurück sind, kommt unser Feldwebel freudig erregt angestürzt: "Es geht los! Morgen früh wird angegriffen. In zwei Stunden Abmarsch."

Die Spannung ist gewichen. Jetzt geht alles in der Gewohnheit des Dienstes vor sich.

Während die Sonne hinter dem Wald verschwindet, bauen wir die Zelte ab, rollen die Decken, bringen sie zu den Gefechtswagen, machen unsere Päckchen fertig und haben gerade zu tun, um alles rechtzeitig zu schaffen.

Es ist dämmerig geworden. Die Züge sammeln. Ein Tagesbefehl unseres Divisionskommandeurs wird im letzten Schein des Tages verlesen. Er weist uns darauf hin, daß für uns jetzt die Stunde der Bewährung schlägt.

Schweigend tritt die Kompanie an. Zwei Stunden lang geht es durch den nächtlichen Wald nach vorne. Dann wird gruppenweise in Reihe über weite Felder marschiert, die sich zur Aisne hinstrecken. Wir begegnen anderen Truppenteilen, die gleich uns schweigend nach vorne gehen. Wir Melder haben viel zu laufen, damit die Verbindung nicht abreißt. Die Nacht ist gespenstig still. Die Franzosen scheinen noch nichts zu ahnen. Kein Schuß fällt, kaum ein Klappern unserer Spaten ist zu hören. Gegen 24 Uhr – wir haben gerade ein Dorf durchquert – wird in einem Obstgarten Halt gemacht. Die Kompanie verteilt sich unter die Bäume. Wir sollen uns kurz eingraben und können dann zwei Stunden ruhen. Während wir vorsichtig arbeiten, surrt ein französischer Flieger über unseren Köpfen herum. Gerade bei uns fängt er an, Leuchtbomben zu werfen. Dann erstarrt für Minuten jede Bewegung. Artilleriefeuer kommt von drüben. Uns scheint das Flugzeug aber nicht gesehen zu haben. Hoch über unseren Köpfen orgeln die Granaten vorbei. Gegen drei Uhr geht es weiter nach vorn. Wir stapfen in die Finsternis. Ein Halt. Jeder Zug muß mehrere Mann abstellen, um Schlauchboote nach vorne zu bringen. Wir fallen wieder hin. Gute Gelegenheit, noch ein paar Minuten zu pennen. Das Artilleriefeuer ist eingeschlafen, der Flieger ist weg. Wieder ist alles ruhig.

Es geht aber gleich weiter. Die Züge gehen jetzt einzeln vor. Ein weites freies Gelände, von einigen Baumreihen durchzogen, die in der ersten Dämmerung zu erkennen sind, liegt vor uns. Wo nur die Aisne bleibt? Der Boden fängt zu dampfen an, dichter Nebel beginnt aufzusteigen, durch den wie ein roter Ball die Sonne in unserem Rücken aufsteigt, während unser Zug gerade an einer Baumreihe in Deckung liegt.

Ich habe Auftrag, Verbindung zum zweiten Zug aufzunehmen. Einweisung: etwa zweihundert Meter hinter der toten Kuh, die am Straßenrand liegt. Eine gute Markierung – man braucht sie nicht zu sehen. Man riecht sie und zwar schon von weitem. Im Straßengraben liegt auch die zweite Kompanie. Manche bekannte Gesichter sind darunter – wir waren gemeinsam Rekruten. Es sind alles Leute um die Dreißig herum. Bauern, Handwerker, Geschäftsleute sind sie zu Hause gewesen. Fast jeder hat Frau und Kind, aber auf ihren Gesichtern ist eine fast heitere Gelassenheit zu lesen. Wo ist nur der 2. Zug? Ich frage leise in den Graben herunter. Endlich habe ich sie. Man hat mich schon erwartet. Es klappt alles wie am Schnürchen.

Plötzlich ist die Hölle los. Unsere Artillerie beginnt mit dem Feuerüberfall auf die französische Stellung. Nun haben sie drüben erkannt, daß bei uns etwas los ist. Sofort zischen über unsere Köpfe hinweg die ersten MG-Garben. Es ist seltsam, die Leuchtspuren der Schüsse durch den Nebel zwitschern zu sehen. Merkwürdigerweise kommt uns das mehr interessant als gefährlich vor. Auch die Kameraden, die sich jetzt in Sprüngen von Baum zu Baum seitlich an eine kleine Brücke heranarbeiten, über die wir hinüber müssen, tun als ob sie auf unserer Übungswiese zu Hause wären. Jetzt im Sprung über die Brücke und in den Nebel hinein! Die Franzosen sind inzwischen völlig lebendig geworden. Sie schießen aus allen Knopflöchern. Die kleine Brücke bestreichen sie besonders, aber das Feuer liegt etwas zu hoch, so daß wir ganz gut hinüber kommen. Dann geht es auf eine freie Wiese. Wie auf dem Exerzierplatz. Der Zugführer vorne, die Melder brav seitlich von ihm, in breiter Staffelung die Gruppen – so springen wir voran, werfen uns nieder, springen wieder, kümmern uns nicht um das, was um uns los ist. Ein paar Verwundete schreien auf

– aber wir haben keine Zeit, wir müssen an die Aisne. Wo ist sie nur? Wir sehen nur Nebel, Nebel. Ein guter Nebel für uns. Das französische Feuer kann nicht gezielt werden und wir haben soviel zu tun, um den Zugführer nicht aus den Augen zu verlieren, daß für andere Gedanken gar keine Zeit ist. Endlich haben wir die Wiese hinter uns, einige Büsche nehmen uns auf. Deckung bieten sie freilich keine, aber wir sind jetzt direkt am Fluß. Als ein Schlauchboot glücklich da ist und übersetzen soll, ist es schon von Kugeln zerfetzt. Jetzt ist auch der Major da, während wir uns rasch mit dem Spaten eine kleine Deckung graben, denn überall zwitschern die Geschosse.

Allgemeine Stockung: wie sollen wir über die Aisne kommen? Der Major und sein Adjutant, der Leutnant Winterhalter – alter Stoßtruppler aus dem Weltkrieg – flüstern miteinander. Winterhalter will versuchen, mit einigen Mann durch die Aisne zu waten und den Übergang zu erzwingen. Er nimmt die nächstbesten Leute – auch mich – mit zur Aisne; wir lassen uns ins Wasser, das uns bis zur Brust reicht.

Wir stoßen auf eine kleine Insel. Rasch drüber hinweg und wieder runter ins Wasser. Endlich das andere Ufer. Ein paar Mann – so kleben wir am Steilhang des Ufers. Mit uns der Leutnant Winterhalter. Er verlangt unsere Handgranaten und flüstert uns zu: "Wenn ich geworfen habe, alle laut 'Hurra' schreien und dann rein in die Stellung." Wir heben noch die Füße einzeln hoch und lassen das Wasser aus den Stiefeln laufen.

Ganz ruhig zieht jetzt Leutnant Winterhalter die erste Handgranate ab, wirft sie nach oben; Erdbrocken und Zweige fallen auf uns nieder; noch eine zweite Handgranate folgt, noch eine dritte – dann brüllt er laut sein "Hurra", das wir im wilden Ruf aufnehmen – ein paar Sprünge durch Gebüsch und Stacheldraht – da ist schon die Stellung – wir sind drinnen.

Es erscheint uns alles so selbstverständlich: erst in der Erinnerung tritt das Geschehen als Kampf in seiner letzten Form, als dramatisches Erlebnis zwischen Sein und Nichtsein in unser Bewußtsein.

*

Es ist Mittag geworden, als der Kampf abgebrochen werden muß. Der Franzose hat an unserer Stelle Stunde um Stunde neue Verstärkungen hereingeworfen, seine ganze Kraft hier konzentriert und droht uns alle abzuschneiden. Der Nebel hat sich zu früh gehoben, im prallen Sonnenlicht schießt der Feind aus Erdbunkern und von Baumwipfeln und trennt uns von den anderen Teilen des Bataillons, die noch jenseits der Aisne liegen. Der Major – selbst schwer verwundet – erkennt die Gefahr und befiehlt, daß sich die Reste der Kompanie aus der drohenden Umklammerung herausschlagen sollen, was schließlich unter harten Einzelkämpfen geschieht.

Als nach dem für's erste abgebrochenen Kampf die Kompanie sammelt, fehlen viele. Im Lauf der Nacht kommt der und jener wieder dazu, den wir tot glaubten, aber der nur abgekommen war und erst im Schutz der Nacht dem feindlichen Feuer entgehen konnte. Zu denen, die nicht wiederkommen, gehört unser Oberleutnant. Einige behaupten, er sei verwundet im Lazarett. Aber als in der Nacht dann die dritte Kompanie wieder nach vorne geht, um die Gefallenen zu bestatten und auch unsere Kompanie viele, allzuviele kleine Blechschilder mitbringt, die Erkennungsmarken unserer toten Kameraden, da ist auch eine dabei, die der Oberleutnant Fritz Brandt trug. Auch Leutnant Winterhalter und den kleinen Mellwig haben sie beerdigt, und den ..., und den ..., und den...

Wie hieß es doch auf dem Denkmal der Antike für die Gefallenen in der Schlacht an den Thermopylen?

"Wanderer, kommst Du nach Sparta,
verkünde dorten,
Du habest uns liegen gesehen,
wie das Gesetz es befahl."

Still und ehrfürchtig blicken wir auf die Grabhügel an der Aisne, als wir ihre träge dahinfließenden Gewässer am nächsten Tage auf schwankendem Steg nochmals überschreiten. In der Nacht hat sich der Franzose zurückgezogen. Wir heften uns an seine Fersen.

In der Stunde des Wiedersehens
(Juli 1940)

Wir sind alle etwas eingenickt und reiben uns den Schlaf aus den Augen, als aus der Finsternis einige Heilrufe unserem rasch anziehenden LKW nachgesandt werden. Wir sitzen zu fünf Mann hinten unter der Zeltbahn des Lastwagens und schieben nun überrascht die Plane etwas zur Seite, um zu sehen, was es gibt. Im Schatten der Nacht erkennen wir die Stelle, an der unsere Kompanie vor zwei Monaten den Boden des Reiches verlassen hat – ein Lied auf den Lippen und eine stolze Bereitschaft für kommende Taten im Herzen.

Keiner von uns spricht ein Wort, und doch fühlt jeder in dieser Sekunde den Schauer der Freude, die uns in diesem Augenblick der Rückkehr auf den Heimatboden ergreift. Freilich – es ist nicht der Friede, sondern ein dienstlicher Befehl, der uns hierher gerufen hat, während die Kameraden von der Kompanie noch irgendwo in Frankreich liegen und nach beendigtem Feldzug jetzt wieder Dienst schieben. Andere freilich von denen, die damals mit uns marschierten, liegen vor Montmedy, liegen an der Aisne, liegen in jenem Dorf, in dem wir noch kurz vor dem Waffenstillstand den Kampf mit den [redacted] * hatten ... sie sind als tapfere Soldaten gefallen und haben uns den Sieg erkämpfen helfen.

Gerade jetzt, während wir in rascher Fahrt über die Straßen der Heimat eilen, stehen sie uns lebendig vor Augen. Es ist uns, als wären sie bei uns: Der "alte Fritz" – unser Kompaniechef, der uns mit Härte zu Soldaten machte, der dann mit beispiellosem Mut seiner Kompanie vorausstürmte und schließlich in der letzten Stunde des heißen Kampfes fiel, oder die Unteroffiziere, die ihren Gruppen auch im Tode

* Sündermann bedient sich bewußt des pejorativen amerikanischen Slangs, um seine Verachtung der Franzosen zum Ausdruck zu bringen, die 1940 – wie schon im Ersten Weltkrieg – zahlreiche Regimenter überseeischer Kolonialtruppen für sich kämpfen ließen.

Vorbild waren, oder der Sanitätsgefreite, der unentwegt die Wunden verband und schleppte, bis ihn ein Kopfschuß aus der tapfersten Pflichterfüllung herausriß, und alle die anderen, die im Gedanken an die Heimat, die sie nun nicht wiedersehen, als Helden gestorben sind. Jetzt halten sie an den Stätten, die unserer Kompanie im Kampfe heilig geworden sind, eine stille Wache für ihr Volk.

Die Bilder der Erlebnisse dieser ernsten und doch so glücklichen Wochen rollen vor uns ab, während wir durch die Dörfer der Eifel fahren und es immer noch nicht gefaßt haben, daß wir jetzt nicht mehr im Feindesland, sondern in der Heimat sind.

In der Heimat ... wie viele Gedanken haben ihr nicht gegolten: Gedanken an den Stolz, mit dem sie wohl jetzt ihre Soldaten lobt, an die Freude des Sieges, der ihre Städte und Dörfer beseelt, an das Glück, das ihr die Ahnung des jetzt erkämpften kommenden Reiches bereitet.

Dankbar denken wir alle in dieser Stunde an die Stimme der Zuversicht, die immer wieder aus allen Briefen und Grüßen der Heimat zu uns draußen drang. Jetzt, wo wir zurückblicken auf die vielen heißen Stunden, die dieser Feldzug mit sich brachte, erinnern wir uns, wieviel es bedeutet, daß uns jede Nachricht von zu Hause mit Siegesbewußtsein und Mut erfüllte, daß keine Zeile der Sorge, sondern nur die Stimme tapferer Lebensmeisterung zu uns und zu unseren Kameraden sprach.

Ja, wir fühlen jetzt in diesem Augenblick der Heimkehr mit heißer Überzeugung, was vielleicht eines der stärksten Kennzeichen dieses Krieges war: wie im Jahre 1918 der Zwiespalt von Heimat und Front zum Anfang des Zusammenbruches wurde, so ist heute die Gemeinschaft von Front und Heimat, die Übereinstimmung in Haltung und Opfer eines der Geheimnisse unseres Sieges!

Wir wissen, daß das nicht von ungefähr so gekommen ist. Es ist die Lehre Adolf Hitlers, die in diesen Wochen ihren Triumph gefeiert hat, es ist die Schule *der Weltanschauung*, die ihre Früchte trug.

Die *deutschen* Soldaten an der Front und das *deutsche* Volk zu Hause haben im Glauben an die große Zukunft unseres Reiches sich gegenseitig Kraft gegeben und damit den Feind geschlagen und Europa befreit. Die Stärke des Glaubens hat sich über die Entbehrungen zu Hause und über die Anstrengungen und Gefahren draußen erhaben gezeigt!

Diese Kraft hat uns tief nach Frankreich hinein begleitet, wie sie der Heimat half, die innere Front stark und stolz zu machen.

Unser *Denken* war das wahrhaft neue Element des Krieges, das Element, das Heimat und Front zusammenhielt, wie es einst die Klüfte im Volke verschwinden ließ. Die Idee, mit der einst *Hitler* das Reich eroberte, war auch der Wegbereiter der Armee, die jetzt nach dem Westen zog und dem Reich die Zukunft erstritt, die die *deutsche* Revolution einst der Nation verheißen hat und die heute offen vor ihr liegt.

*

Der Wagen hält. Wir sind am Ziel unserer Fahrt. Unsere Gedanken werden unterbrochen, aber unsere Augen sehen im Dämmerschein des anbrechenden Tages die Fahnen des Sieges auf den Straßen des schlafenden Städtchens. Es ist die gleiche Fahne, auf die wir einst geschworen haben, als *Hitler* noch ein Rufender war, und die heute nicht nur im Reiche weht, sondern wirklich von der Maas bis an die Memel und weit darüber hinaus.

Mit dieser Erinnerung aber gehört die Stunde der Heimkehr wieder der Vorbereitung auf eine neue Stunde des Aufbruchs!

V.
EUROPA BESINNT SICH

Mit Hitler durch ein neues Europa (Oktober 1940)

Die farbenfrohe Landschaft der toskanischen Berge begleitet uns in den Abend, während unser Zug Florenz hinter sich läßt und in raschem Tempo nördliche Richtung nimmt.

Eine Reise nähert sich ihrem Ende, die uns in tagelanger Fahrt durch ein im Umbruch befindliches Europa führte, durch Länder, die durch Geschichte und Tradition diesem Kontinent verpflichtet sind, über Straßen, die seit Menschengedenken die Verbindung waren zwischen Kulturen, die alle Nationen der Erde befruchtet haben. Die Stationen unserer Reise ließen uns Augenblicke erleben, die unvergeßlich sind, weil sie ihren Platz haben werden in der Geschichte des großen Ringens unserer Zeit um das Erwachen des europäischen Kontinents.

Erst in der Ruhe des Rückblicks ordnet sich die Fülle der Eindrücke unserer großen Reise, die mit ihren etwa sechstausend Kilometern Fahrstrecke schon einen Begriff von der Weite der Räume gibt, die heute den Bereich Deutschlands und seiner Freunde umfassen.

*

Noch steht vor unseren Augen der große Blick auf die Höhenzüge der Pyrenäen – verbunden mit der Sicht auf die blaue Unendlichkeit der Biskaya. Zu der Schönheit der natürlichen Szenerie treten an dem Orte der Zusammenkunft *Hitlers* mit dem Gaudillo Franco die Gefühle soldatischer Erinnerung an den spanischen Befreiungskampf. Der spanische Grenzposten, mit dem ich kurz nach unserer Ankunft während eines kleinen Spazierganges freundschaftliche Worte wechsle, zeigt auf die Höhen, um die damals angesichts der brennenden Grenzstadt Irun die härtesten Gefechte tobten und auf denen heute in stiller Bergeinsamkeit die Gräber der toten Soldaten ein weithin sichtbares stummes Zeugnis ablegen von der Härte des Ringens, das die Geburtsstunde des neuen Spaniens bezeichnete und zu dem zu unserem Stolz auch deutsche Soldaten ihren Beitrag geleistet haben.

Seit einer Stunde sind wir in Hendaye und nun rollt ganz langsam der spanische Sonderzug über die Grenzbrücke heran. Ein scharfes Kommando, die harten Schläge des Gewehrgriffes unseres Ehrenbataillons – ein so vertrautes und doch hier im Angesicht der Pyrenäen so eigenartiges Geschehen – die mitreißenden Klänge der spanischen Nationalhymne als erster Gruß an den hohen Besucher.

In der Tür seines Wagens eine straffe Gestalt, die zum Gruß erhobene Hand: der Generalissimus und Staatschef Franco, der Befreier Spaniens, grüßt Adolf Hitler, den *Kanzler* der deutschen Nation, der in entscheidender Stunde spanischen Schicksals keinen Augenblick gezögert hat, dem damals unbekannten revolutionären General die Hilfe zu senden, die der Kampf erforderte. Jetzt stehen sie sich zum erstenmal gegenüber und wechseln den Händedruck, den für sie schon Jahre vorher Soldaten beider Nationen im Kampf mit Blut besiegelt haben.

Ein milder südlicher Abend ist hereingebrochen und hat über die Landschaft den blauen Schleier der Nacht gelegt, den nur die hellen Lichter der Städte und Dörfer auf spanischer Seite durchbrechen. Bei uns umspielen Scheinwerfer die präsentierten Gewehre des Ehrenbataillons, als *Hitler* den Gaudillo wieder zu seinem Zug begleitet und mit herzlichen Worten des Abschieds die denkwürdige Begegnung beendet. Ein Blick noch auf die soldatische Gestalt Francos, der sich mit bewegtem Gruß noch einmal an den *Kanzler* wendet, während der Zug sich wieder in Bewegung setzt und langsam im Dunkel der Nacht verschwindend nach Spanien hinüberrollt – über die gleiche Brücke, über die vor wenigen Jahren die Feinde Spaniens unter den vernichtenden Schlägen der Franco-Soldaten das nackte Leben retteten.

*

Die Fahrt durch das südliche Frankreich ist wie eine Reise durch den Frieden. Nicht ein zerstörtes Haus, nicht eine Brandstätte, nicht ein Anzeichen von Widerstandsnestern, wie sie uns zwischen Aachen und Paris immer wieder an das Geschehen dieses Jahres erinnerten, legt hier Zeugnis ab von dem Krieg, der vor wenigen Monaten wie eine rasche Welle über dieses Land gegangen ist. Unsere deutschen Soldaten, die überall mit Stolz und Freude *Adolf Hitler* grüßen, wo sie ihn erkennen, stehen friedlich unter den Türen der Häuser oder marschieren mit fröhlichem Gesang auf den Straßen.

In einer spätsommerlich milden Sonne liegen die fast endlosen Weinfelder, an deren bunten Farben man so richtig die Güte der Trauben zu erkennen meint, die die Gegend um Bordeaux weltberühmt gemacht hat. Die Stadt selbst, deren eindrucksvolle Fassade vor uns liegt, als wir die lange Brücke der Gironde überqueren, weist freilich noch andere Momente der Berühmtheit auf. Schon 1870 war die französische Regierung hierher geflüchtet, als die deutschen Truppen vor Paris standen, 1914 kam sie wieder und 1940 wiederholte sich das Schauspiel zum drittenmal.

Hier hat Reynaud seine letzten Tage als der unseligste Ministerpräsident Frankreichs verbracht, bis er – vom völligen Zusammenbruch überrascht – von Marschall Pétain[8] vor die Tür gesetzt wurde. Hier fanden die unverschämten Versuche der Engländer statt, das verratene Frankreich selbst im Zeichen des Chaos noch zu weiterer Hilfeleistung für britische Interessen zu reklamieren. Die unaufhaltsam vormarschierende deutsche Armee hat dem ganzen Spuk ein Ende berei-

---

8 Philippe Pétain (1856-1951), französischer Marschall des 1. Weltkrieges, bildete am 17. Juni 1940 die letzte Regierung der III. Republik und schloß den Waffenstillstand mit dem Deutschen Reich; er erhielt am 10. Juli 1940 vom französischen Parlament alle verfassungsgebenden und exekutiven Vollmachten; 1945 zum Tode verurteilt, aber zu lebenslanger Haft begnadigt.

tet und dort, wo Mitte Juni aufgeregte Briten, französische Parlamentarier und [redacted] noch überstürzte und fruchtlose Komplotte schmiedeten, stehen heute in aller Ruhe und Festigkeit deutsche Infanteristen. Und wir blicken auf die Kais der modernen Hafenanlagen von Bordeaux, die nach dem Weltkrieg auf Reparationskonto von deutschen Firmen, ja zum Teil auch von deutschen Arbeitern gebaut wurden!

*

Die weite Ebene um Bordeaux ist abgelöst worden von den sanften Höhenzügen des mittleren Frankreichs, und wieder neigt sich bereits die Sonne, als wir auf dem Bahnhof von Montoire eintreffen, der zum Treffpunkt des *Kanzlers* mit Marschall Pétain bestimmt ist. Das kleine Gebäude ist freundlich geschmückt: Blumen, Fahnen, Tücher und Blattpflanzen haben einen würdigen Eingang geschaffen, und die Schalterhalle, in der sonst die Geschäftsleute des kleinen Städtchens und die Bauersleute vom Lande auf die Züge warten mögen, ist zu einer schmucken Eingangshalle geworden. Vor dem Bahnhof ist eine schöne Auffahrtsallee wie geschaffen für diese interessante Stunde, die dieser sonst so weltabgewandten Station in Mittelfrankreich bevorsteht.

Es ist ein würdiger Augenblick, als eine Stunde nach unserem Eintreffen die Autokolonne des französischen Marschalls unter Führung einer Krad-Schützen-Abteilung in diese Auffahrtsallee einbiegt. Pétain ist trotz seines hohen Alters noch eine straffe soldatische Erscheinung. Mit sicherem Schritt begibt er sich, gefolgt von Laval,[9] durch die Bahnhofshalle zum Salonwagen, vor dem ihn der *Kanzler* erwartet. Der Händedruck, mit dem er begrüßt wird, ist ernst und würdig, die kleine Szene sagt mehr als Worte von der Haltung, mit der der Sieger dem Gegner von gestern entgegentritt.

---

9 Pierre Laval (1883-1945), mehrfacher französischer Minister und Ministerpräsident, Kabinettschef der französischen Regierung in Vichy 1940 und 1942-1944; am 15.10.1945 wegen Kollaboration mit Deutschland hingerichtet.

Wahrhaftig, es liegt eine Welt zwischen dieser Stunde und den schamlosen Beleidigungen und Fußtritten, mit denen der Hochmut der Sieger von 1918 das ungeschlagene und nur durch inneren Verrat bezwungene Deutschland von damals behandelt hat. Die Welt der Clemenceau, der Foch und der Poincaré ist nicht die unsere! Deshalb werden bei uns auch Franzosen mit Würde empfangen und nicht von keifenden Marktweibern angespien, wie es der Regie von Versailles entsprach.

*

Anderthalb Tage Fahrt durch vertrautes deutsches Land – vorbei an den Ufern des deutschen Rheins, an Stätten unermüdlichen Schaffens, an Hängen und Feldern, auf denen die Bauern die letzten Herbstarbeiten verrichten. Und dann eines Morgens das Erwachen in der Po-Ebene, deren fruchtbare Landschaft in den leuchtendsten Farben prangt. In wenigen Stunden werden wir das letzte Ziel unserer Reise erreicht haben, den Höhepunkt der Fahrt erleben: Das Treffen *Hitlers* mit dem Duce in Florenz.

Die Atmosphäre der Entschlossenheit, der Ordnung und des Fleißes, die uns schon immer bei Besuchen im befreundeten Lande des Faschismus beeindruckt hat, prägt dem Italien des Krieges völlig ihren Stempel auf.

Hier im Italien Mussolinis steht alles unter einem großen Gesetz: Unter dem Zeichen des Willens zum Sieg. Keine Hand wird untätig geduldet, keine Kraft bleibt ungenutzt. Über diesem Einsatz aller aber steht die echte und warme Begeisterung eines Volkes, das in der Zeit der Entscheidung freudig seine Opfer bringt, voll Vertrauen zu seinem Duce und – wir erleben es gerade auf dieser Fahrt in herzlichen Kundgebungen – in aufrichtiger Verbundenheit mit uns Deutschen und unserem *Reichskanzler*.

*

Florenz, die wunderbare Stadt am Arno, ein Juwel unter den schönsten Städten der Erde, ist ein wahrhaft würdiger Rahmen für die

Begegnung *Hitlers* mit dem Duce. Hier verbrachte der *Kanzler* bereits einmal – im Mai 1938 – einen unvergeßlichen Tag, den Abschluß seines großen Italienbesuches. An der gleichen Stelle des Florentiner Bahnhofes, an der sich der Duce damals von *Hitler* verabschiedete, erwartet er ihn heute und begrüßt ihn mit jener Herzlichkeit, die nicht nur Ausdruck politischer Verbundenheit, sondern auch persönlicher Freundschaft ist. Es ist immer ein unvergeßlicher besonderer Eindruck, den Händedruck dieser beiden großen Männer zu sehen, den Händedruck gemeinsamer Ziele, gemeinsamen Willens und gemeinsamen Sieges.

Die prächtigen Riesensäle des Palazzo Vecchio, in denen wir uns aufhalten, während der *Kanzler* mit dem Duce spricht, sind ein Erlebnis für sich. Es ist eine Welt der Schönheit, in die wir versetzt sind und die diesem Tag für uns einen besonderen Charakter verleiht, der am Nachmittag noch durch ein wunderbares Konzert im Palazzo Pitti, zu dem auch *Hitler* und der Duce erscheinen, seine musikalische Weihe erhält...

*

Im Fluge sind die Stunden von Florenz vergangen, unvergeßlich für uns, die wir sie erlebten, von geschichtlicher Bedeutung für die beiden Nationen, deren Führer sich trafen, um über den gemeinsamen Schicksalskampf zu beraten.

Die mitreißenden Klänge der Giovinezza, die uns bei der Abfahrt von Florenz begleiten, empfinden wir wie eine Sinngebung der großen Reise, die hinter uns liegt, wie eine stolze Prophezeiung der aufsteigenden neuen Zeit. Die Zukunft liegt bei den jungen Völkern!

Nationalismus und Internationalismus[10]

(Januar 1943)

Wie unsere Gegner uns mit Krieg überfielen, weil ihnen sowohl die europäische Ordnungspolitik des Reiches wie auch die soziale Umwälzung, wie sie in Deutschland auf nationaler Basis stattgefunden hat, als Gefährdung ihrer internationalen Herrschaftsinteressen erschien – so wird jede europäische Nation in den gleichen Vorgängen eine für sie und ihre Zukunft lebenswichtige Beweisführung ganz anderer Art erblicken: den Beweis, daß die Ideologie lebenskräftiger Völker nicht eine Angelegenheit der Vergangenheit ist, sondern daß er für sie das hoffnungsvollste, wirkungsreichste und stärkste Prinzip für Gegenwart und Zukunft darstellt. Die natürliche Gemeinschaft des tüchtigen Volkes ist die wichtigste Lebenszelle aller menschlichen Kraft und Leistung: in ihr und durch sie allein wird menschlicher Fortschritt ermöglicht und der geistige Inhalt der Welt weiterentwickelt. Die Zerstörung der nationalen Kräfte aber würde das Ende des Weges bedeuten, der die Menschen seit Jahrtausenden in immer neue Regionen des Aufstieges führte.

Für Europa, der Heimat und Lebensstätte so vieler und vielgestaltiger tüchtigster Völker, ist dieses Wissen der wichtigste Wegweiser in die Zukunft.

Wir weigern uns, zu glauben, daß das Zukunftsbild der Welt das einer Kraterlandschaft versunkener nationaler Kulturen und erstorbenen völkischen Lebens sein soll. Wir wissen jedenfalls, was Europa drohen würde, wenn die internationalen Mächte, die im Jahre 1918 noch im Hintergrund des damaligen französischen Revanche- und des britischen Eroberungskrieges standen, die heute aber die Kriegsherren

10 Der in der unter dem Titel "Die Entscheidungen reifen" erschienenen Originalausgabe zwischen dem letzten und diesem Kapitel befindliche Aufsatz über die Lage des europäischen Judentums im November 1940 kann aus juristischen Gründen nicht wiederabgedruckt werden.

unserer Feinde sind, das realisieren könnten, was sie als Lösung des europäischen Problems betrachten. Was der Bolschewismus sich unter Europa vorstellt, das hat er nie geleugnet, eine sog. "klassenlose" Wüstenei über den Gräbern derer, die zu viel leisteten, um in den Rahmen einer Sowjetrepublik hineinzupassen. Was sich New York von einem Siege erträumt, ist nicht mehr nur ein Genfer Parlament nach der Methode Wilsons. Roosevelt verkündet es oft genug, daß er nicht mehr daran denkt, Europa – wie er sagt – "seinem Schicksal zu überlassen". Das politische und wirtschaftliche "Weltsystem", von dem die Prahler in USA reden, als ob sie den Krieg schon gewonnen hätten, ist in Wirklichkeit nichts anderes als die nüchterne Anpreisung einer Wallstreetdiktatur über die Welt. Diese aber könnte ebenso wie eine europäische Sowjetunion nur auf den Trümmern der Nation errichtet werden, und in diesem Ziel reichen sich Bolschewismus und Kapitalismus wieder einmal die [redacted] Hände! England, das die nationale Basis seiner einstigen Größe nicht gut bestreiten kann, steht zwischen diesen beiden internationalen Ungeheuern wie eine alte Jungfer, die Raubkatzen aufgezogen hat, in der Meinung, damit Beschützer zu erhalten, und der jetzt nur noch das Wundern und das Fürchten übriggeblieben ist.

Es wäre falsch und töricht, diesen Großangriff des Internationalismus gegen den von Europa verkörperten Nationalismus in seiner für die Menschheit furchtbaren Gefahr zu unterschätzen. Wir müssen uns bewußt sein, daß wir in der größten und absolut entscheidenden Bewährungsprobe der Kraft des Nationalismus überhaupt stehen.

Die Lehren der gegenwärtigen Zeit sind jedenfalls hart und einleuchtend genug, um den europäischen Nationen die Weisheit beizubringen, daß keine von ihnen schwach werden oder gar zusammenbrechen könnte, ohne den gesamten Organismus des Kontinents zu gefährden. Wie wir heute gemeinsam das Schwert führen, um die internationalen Feinde von unseren Toren fernzuhalten und aus unseren Räumen zu vertreiben, so werden wir nach dem Kriege ebenso gemeinsamer Kraftanstrengungen bedürfen, um in der erschöpften

Welt unseren Teil zu ihrer Gesundung von den kapitalistischen und bolschewistischen Fieberschauern beizutragen.

So sehr wir von solcher Gemeinsamkeit der europäischen Nationen durchdrungen sind, so sehr sind wir als Parteimitglieder von ihrer Verschiedenheit überzeugt. Das Wort des Duce, der einmal davon sprach, daß der Faschismus kein Exportartikel sei, nehmen wir auch für unsere eigene Weltanschauung in Anspruch, weil wir in dieser These eine große Weisheit erkennen, die der naturgegebenen Verschiedenheit der schöpferischen Völker entspricht. Schon die soziale Ordnung stellt sich unter den gegebenen Verhältnissen der Größe, der wirtschaftlichen Struktur und inneren Veranlagung der einzelnen Völker verschieden dar, vom System der inneren Regierungsmethode gilt das gleiche nicht minder. So wird gerade die nationale Ordnung des europäischen Kontinents sein außerordentlich buntes Bild der verschiedenartigen Lösungen niemals verlieren können und dürfen – so verschieden die Völker sind, so unterschiedlich wird ihre Art zu leben sein. Dies wird in Zukunft freilich nicht mehr zu den verhängnisvollen Irrtümern und Mißverständnissen führen können wie in den vergangenen Jahrhunderten.

Daß das gemeinsame kontinentale Schicksal eine Einigung in den großen Lebensfragen zur zwingenden Voraussetzung für die Sicherheit und das Glück aller hat, darüber gibt es heute keinen Zweifel mehr. Daß eine solche Einigung Europas ohne oder gegen das deutsche Volk, dessen Existenz und dessen Bedeutung nun einmal nicht hinweggeredet werden kann, nicht denkbar ist, das ist in den drei Jahrhunderten seit dem Dreißigjährigen Krieg für alle deutlich geworden. Alle Kriege dieser drei Jahrhunderte entstanden direkt oder indirekt im Zeichen des Versuches, das deutsche Volk zu schwächen oder auszuschalten, seine Bedeutung für den Kontinent zu leugnen, seinen Lebensraum einzuengen, seine Freiheit zu unterdrücken. Diese drei Jahrhunderte blutigster Verirrung haben dennoch die Tatsache der Größe und Kraft des deutschen Volkes nicht beseitigen und seinen Lebenswillen nicht auslöschen können. Wenn wir nach dem Ergebnis dieser Kämpfe fragen, so wissen wir, daß sie allen europäischen

Nationen unendlichen Schaden gebracht und Europa gehindert haben, eine seiner Leistung entsprechende Stellung in der Welt einzunehmen. Europa ist in den Ruf gekommen, eine "alte" Welt geworden zu sein, der gegenüber sich eine sogenannte "neue" Welt eingerichtet hat.

Diese Rollen sind heute wieder vertauscht!

Das Aufsteigen einer wahrhaft neuen Welt ist nicht nur unser fester Glaube, es ist der Traum der ganzen Menschheit. Sie wird den Triumph friedlich-schöpferischen Schaffens aller tatkräftigen Menschen bringen, eine neue Epoche menschlicher Geistesentwicklung wird sich eröffnen und Europa wird in ihr Entscheidendes leisten, wie es heute die Bastion des nationalen Freiheitskampfes ist. Der edle Wettstreit des menschlichen Fortschrittes und der kulturellen Leistung wird der einzige Kampf sein, der die großen politischen und wirtschaftlichen Räume erfüllt, die das Ergebnis des gegenwärtigen Krieges sein werden.

Es mag dann die Zeit angebrochen sein, in der ein ganz neues Prinzip des Wettstreites in das Leben der Völker eintritt, ein Prinzip, das dem der sozialen Ordnung in Deutschland nicht unähnlich ist und zu dessen Formulierung ich noch einmal auf eine Rede des Reichspressechefs zurückgreife, der vor zwei Jahren, am 20. Januar 1941, in Prag als ein Ergebnis des gegenwärtigen Krieges die Durchsetzung eines Leistungsprinzips im Wettstreit der Völker bezeichnete, "das an Stelle der Gewalt den friedlichen Wettstreit der Völker zu setzen vermag, weil es allen die gleichen Bedingungen, das heißt allen Nationen die gleichen Möglichkeiten gibt, an den Schätzen der Erde teilzuhaben, um sie nach Maßgabe ihrer Fähigkeiten und Leistungen nutzbar zu machen."

Mit dieser Zukunftsperspektive wird uns am deutlichsten gemacht, ein wie völlig neues Denken, ein wie wahrhaft revolutionierendes Moment, ein wie neues glückliches Prinzip durch *unsere Ideologie* auch in das Leben aller anderen Völker getreten ist, ein Prinzip, dessen Erfüllung wir heute erst in seinen ersten Stadien vor uns sehen, das aber mit Riesenschritten voraneilt und das seine beglückende Botschaft hinausträgt in eine Welt, die an der Schwelle eines neuen

Zeitalters steht, eines Zeitalters, in dem sie glücklicher sein soll als im vergangenen.

Europäische Gegenwart – europäische Zukunft (März 1943)

Nicht das Geschwätz britischer und amerikanischer Minister, sondern der Kampf mit dem im Osten unserer Kontinents drohenden Bolschewismus wird das Schicksal Europas entscheiden. In dieser großen Auseinandersetzung zählen nicht Worte, sondern gelten allein die Taten. Wer in diesem Lebenskampfe der europäischen Völker in seinen Handlungen zu ihrem Feinde hält, hat sich deshalb für alle Zeit des Rechtes begeben, angehört zu werden, wenn über die Zukunft des Kontinents gesprochen wird.

Wenn wir aus dem Blickpunkt dieser Selbstverständlichkeit die Mitteilungen überprüfen, die uns aus dem britisch-amerikanischen Lager über das Thema "Europa" zu Ohren kommen, so erkennen wir, daß nicht nur uns eine Beteiligung dieser Trabanten des Bolschewismus an europäischen Überlegungen absurd erscheint, sondern daß diese Schwätzer selbst keine Gelegenheit vorübergehen lassen, um zu zeigen, daß sie außer dem frommen Wunsch nach einer Vernichtung Deutschlands und einer Ausrottung des deutschen Volkes irgendeine klare Vorstellung über das Zukunftsbild unseres Kontinents nicht besitzen. Jedenfalls ergibt sich aus den Äußerungen, die wir von jenseits des Kanals vernehmen und noch viel drastischer aus jeder der zahlreichen Kundgebungen, die über den Atlantik dringen, daß das Problem des zukünftigen Lebens Europas das verworrenste Thema unter den zahlreichen Verworrenheiten ist, die aus dem Lager unserer Feinde der Welt verkündet werden.

Es könnte noch verständlich erscheinen, wenn die britischen und amerikanischen Minister und Artikelschreiber solchen Fragen überhaupt aus dem Wege gingen, zu deren Lösung sie ganz offensichtlich kaum etwas beizutragen haben, es sei denn, daß man ihre Versprechungen und Zugeständnisse an den Bolschewismus als solchen Beitrag werten wollte. Der bestehende Mangel an Ideen über das europäische Problem und auch der Möglichkeit, solche – falls sie vorhanden wären – zur Geltung zu bringen, steht aber im umgekehrten Verhältnis zum Bedürfnis, Orakelsprüche darüber abzugeben, wie das Europa von Amerikas und der Sowjets Gnaden aussehen solle.

Es ist erheiternd zu sehen, wie schon über die Theorie einer künftigen polnisch-sowjetischen Grenze großer Krach entstand: in Wirklichkeit befinden sich die umstrittenen Gebiete in deutscher Obhut, und die Erklärungen der Sowjets, in denen sie "Anspruch" auf eine Linie am Bug erheben, können niemand überraschen, der auch nur über eine geringe Ahnung von den wirklichen Plänen verfügt, die die Sowjets in Europa verfolgen. Diese Pläne machen weder an der Bug- oder an der Weichsel-, noch an der Oderlinie halt, und sie respektieren auch nicht die Absichten derer, die in Europa die alte Ordnung von Versailles in neuer Auflage etablieren und es durch ein internationales Polizeiregime, verbunden mit einem von Wallstreet gesteuerten Wirtschaftssystem, kontrollieren wollen.

Es ist generell bemerkenswert, daß in all den Empfehlungen und Prophezeiungen, mit denen die britisch-amerikanischen Propagandafachleute um sich streuen, die gesamte europäische Erfahrung der vergangenen 25 Jahre nicht den geringsten Platz hat. Diese Papierpolitiker gebärden sich, als ob die europäischen Völker nicht all das bereits erlebt, und zwar schrecklich erlebt hätten, was ihnen heute wieder für die Zukunft angepriesen wird. Europa hat nicht nur genügend Anschauungsunterricht in Bolschewismus genossen, es ist auch völlig überzeugt worden, daß die Diktatmethoden von Versailles für sämtliche europäischen Beteiligten miserable Folgen hatten, weil das Versailler Europa nichts anderes als eine brutale Vergewaltigung der natürlichen Verhältnisse darstellte.

Bezeichnend dafür ist es gewesen, daß es 1939 nicht Deutschland war, das darauf ausging, die gesamteuropäische Situation einer Änderung zu unterziehen – es wollte nur diejenigen Folgen des Versailler Diktates beseitigen, die das deutsche Volk betrafen –, und daß auch im Verlauf der Jahre bisher die deutsch-italienische Initiative sich nirgends aufdrängte, aber oft als nötig erwies.

Diesen Entwicklungsgang müssen wir mit im Auge haben, wenn wir uns erinnern, daß von deutscher Seite – ganz im Gegensatz zu den rhetorischen Fragen der Feindseite – eigentlich recht wenig Worte über all das gemacht worden sind, was an Korrektur der europäischen Lebensverhältnisse geschah und geschieht. Es kann auch nicht der Zweck dieses Aufsatzes sein, diese Worte zu vermehren, wie es nicht Aufgabe des Journalisten ist, "Programme" zu entwerfen oder gar zu verkünden. Deutschland hat es sich nie zur Aufgabe gemacht, in die Angelegenheiten anderer sich programmatisch einzumischen und der große Krieg ist nicht etwa deshalb ausgebrochen, weil Deutschland irgendeinen europäischen Plan durchzusetzen beabsichtigte, sondern er wurde von London erklärt, weil England verhindern wollte, daß das Versailler Diktat hinsichtlich Danzigs und des damaligen polnischen Korridors außer Kraft gesetzt würde.

Der Verlauf des Krieges aber hat es mit sich gebracht, daß immer neue Probleme auch anderer europäischer Völker in den Bereich der deutschen Politik getreten sind. Es ist deshalb ein Thema von historischem wie auch aktuellem Interesse, den Methoden nachzuforschen, mit denen Deutschland diesen Fragen gegenübergetreten ist, und aus der Kenntnis dieser Lösung doch Grundlinien zu erkennen, nach denen die europäische Zukunftsentwicklung sich ausrichtet.

Wenn wir den Bereich der geschichtlichen Erfahrungen, die über dieses Thema aus den letzten Jahren vorliegen, methodisch gliedern wollen, so wird sich vor allem zeigen, daß in der Form des Regierungssystems keine Gemeinsamkeit des Kontinents angestrebt wurde und wird. Unter den mit dem Reich verbündeten Staaten sind alle Formen des innenpolitischen Aufbaues vertreten. Sehr im Gegensatz zu unseren Feinden haben wir von keinem unserer Waffenbrüder etwa das Bekenntnis zu einer bestimmten Art der inneren Organisation gefordert, und dies wäre auch ein Nonsens. Dem Deutschen ist *die ihm eigene Ideologie* ebenso eine eigene nationale Angelegenheit wie dem Italiener der Faschismus – und ein Wert, der vor allem uns selbst gehört! Wir glauben nicht an international gültige Rezepte und haben nirgends die innere Ordnung eines Landes, sofern sie auf nationalen Fundamenten ruhte, angetastet.

Was unsere Verbündeten, die einen beträchtlichen Teil des europäischen Kontinents beherrschen, weiter betrifft, so ist bekannt, daß sie alle durch ihre Teilnahme am Kampfe sich solche Gebiete erworben haben, auf die sie nationalen Anspruch besitzen und deren Erwerb vorher ungerechte Lösungen in natürlich begründete umgewandelt hat. Zwei neue Nationalstaaten – die Slowakei und Kroatien – haben im Zuge dieser Entwicklung nach langer Zeit der Unterdrückung ihre Freiheit und Selbständigkeit wiedererrungen. In jedem dieser Vorgänge sah und sieht das deutsche Volk neidlos und befriedigt wirkliche Beiträge zur europäischen Ordnung.

Die gleiche verständnisvoll fördernde Einstellung zu den Problemen aller europäischen Völker bewährte sich nicht nur gegenüber den Verbündeten und Kampfgenossen, sie kam auch gegenüber den besiegten und besetzten Ländern weitergehend zum Ausdruck, als dies jemals zuvor in der Geschichte eines Krieges noch während des Fortganges der Kampfhandlungen der Fall gewesen ist. Nirgends ist das von unseren Feinden so oft verkündete Wort "Rache" in den Mund genommen worden – überall hat sich die deutsche Besatzung durch mustergültiges Verhalten und verständnisvolles Eingehen auf die Bedürfnisse des besiegten Volkes, soweit dies nur in etwa mit den Erfordernissen des Krieges vereinbar war und ist, besondere Autorität gesichert. Daß die unglückliche Beteiligung am Kriege für jedes dieser Völker ein schweres Los darstellt, ändert nichts an der unbestreitbaren Tatsache, daß von deutscher Seite aus alles unternommen wird, die in Versailles geborene These vom Sieger und Besiegten nicht wieder neu erstehen zu lassen. Gerade der Lebenskampf Europas im Osten und das gemeinsame Schicksal, das dabei alle verbindet, auf welcher Seite immer sie auch vorher gestanden haben, ist heute zur Brücke geworden, die die aufgerissenen Kluften überwindet und die am Ende des Krieges manche Ereignisse aus seiner Anfangszeit vergessen lassen wird.

Aber nicht nur diese Chance, Autorität und Anerkennung im Kreise der europäischen Völker sich noch während des Krieges zurückzugewinnen, ist denen geboten worden, die uns vordem entgegentraten; dort, wo es not tat, hatten wir auch nicht gezögert, ihnen Vorausleistungen zu bieten. Die mitten während härtester militärischer Anspannung erfolgte Wiedereinführung nationaler Selbstverwaltungskörper in zahlreichen besetzten Ländern, der systematische Abbau bolschewistischer Wirtschaftsmethoden in den früheren Sowjetgebieten – ein infolge der vorangegangenen tiefen und brutalen Eingriffe der Moskauer Herrschaft in das zivile Leben für unsere Kriegswirtschaft nicht einfaches Unternehmen –, alles das geschah und geschieht nicht aus einem aktuellen Kriegsbedürfnis heraus, sondern eher im Gegensatz hierzu; es geschieht, damit am Tage des beginnenden Friedens die europäischen Völker ohne Rücksicht auf ihr erstes Kriegsschicksal auf Leistungen und Taten zum Nutzen der Gemeinschaft zu verweisen vermögen und damit das Wort vom "Besiegten" in dem dann beginnenden europäischen Zusammenleben ausgelöscht bleiben kann.

Ein solches Gemeinschaftsgefühl der tüchtigen Völker unseres Kontinents zur Grundlage seiner künftigen Existenz zu machen, ebenso wie ihre Rettung vor der bolschewistischen Bedrohung heute eine Gemeinschaftsleistung aller zu werden beginnt – das, glaube ich, dürfen wir als die Grundsätze bezeichnen, die die deutsche Politik sehr im Gegensatz zu den Thesen der Versailler Siegerstaaten verfolgt. Sie haben den Charakter einer neuen Ordnung vor allem deshalb, weil die alte Ordnung nach den Grundsätzen der britischen Politik ausgerichtet war, die mit dem Schlagwort vom "Gleichgewicht der Kräfte" eine solche Einigung der europäischen Nation verhindern wollte und jahrhundertelang verhindert hat. Die Aufspaltung Europas in verschiedene, rivalisierende Mächtegruppen ist nicht nur die Quelle immer neuer innereuropäischer Kriege gewesen, sie muß im Zeitalter großer kontinentaler Auseinandersetzungen, wie wir sie heute erleben, zur sicheren Vernichtung aller führen. Es kann zu den großen, glücklichen Entwicklungen dieses Krieges zählen, daß es möglich war, diese Zusammenschweißung Europas durch nur kurzdauernde Erschütterungen innerhalb des Kontinents herbeizuführen, und daß eine große kämpferische Bewährung gegenüber ernsterer Gefahr und blutigster Bedrohung an den Beginn des neuen Zusammenlebens getreten ist.

Seit das geifernde Schüren europäischen Zwistes nur noch aus der Entfernung der britischen Insel betrieben werden kann und in dem Bewußtsein der europäischen Nationen die reale Tatsache des Kampfes um Sein oder Nichtsein in den Vordergrund getreten ist, hat unser Kontinent einen neuen Standpunkt gewonnen – einen Standpunkt, der von gemeinsamen Interessen ebenso bezeichnet wird wie von der Erkenntnis, daß die Vielfalt der Methoden des inneren Lebens, der Fähigkeiten und Leistungen, der Neigungen und Leidenschaften des einzelnen Volkes niemals den Zusammenhalt in der Verteidigung und das Zusammenwirken im späteren wirtschaftlichen Wiederaufbau hindern müßte oder auch nur könnte.

Und wer nach solchen Erfahrungen und Erkenntnissen ankommt und den Völkern unseres geplagten Kontinents die Wiederkehr der alten, von außerhalb dirigierten Rivalitäten, der geistlosen Händel und der naturwidrigen Landkartenvergewaltigung anempfiehlt, der wird erleben, daß dieser Kontinent aus seinen harten und blutigen Erfahrungen gelernt hat, daß er nicht mehr daran denkt, das alte, mit schweren Mühen abgeschüttelte Joch wieder aufzunehmen, und daß er, wenn er erst einmal sich des Bolschewismus endgültig erwehrt hat, auch stark genug sein wird, sich jene vom Halse zu halten, die ihm die alten giftigen Zaubertränke wieder einflößen wollen.

Daß wir Deutsche als die große Nation im Herzen Europas dabei tapfere Schwertführer dieser Verteidigung und hartnäckige Verfechter der Unabhängigkeit des Kontinents von allen außenstehenden Mächten sind, das ist unser Stolz. Daß wir dieser Aufgaben auch in Zukunft uns stets dann und überall dort gewachsen zeigen müssen, wo sie im gemeinsamen Interesse wahrgenommen werden müssen, das mag vielleicht als unser europäisches Programm bezeichnet werden.

VI.
DER GROSSE LEBENSKAMPF

Die große Stunde
(Juni 1941)

Die Machthaber im Kreml haben erfahren müssen, daß ihre politischen Pläne durchschaut und ihre militärischen Maßnahmen durchkreuzt wurden. Sie mögen geglaubt haben, daß die deutsche Führung einen plötzlichen Gegenschlag gegen die bolschewistische Bedrohung nicht führen könne und jedenfalls einer Vorbereitung des deutschen Volkes bedürfe, um im Osten zum Kampf anzutreten. Unser Schweigen haben sie als ein Zeichen gewertet, daß die deutsche Wehrmacht nicht bereit sei, ihnen rechtzeitig auf dem Schlachtfeld zu begegnen. Darin haben sie sich getäuscht und so bereits den ersten Waffengang verloren.

Der Disziplin des Schweigens – dieser wichtigen Voraussetzung des ersten Erfolges – haben wir uns ohne eine Sekunde des Zögerns fügen können. Für eine militärische Aktion bedurfte das deutsche Volk weniger einer vorhergehenden Aufklärung zu diesem Entscheidungskampf gegen den Feind im Osten.

Er ist kein Gegner, den wir erst kennenlernen müßten. Wir haben mit ihm schon manchen harten Kampf geführt. Auf unseren deutschen Straßen ist er marschiert und aus deutschen Häusern hat er heimtückisch auf die Kämpfer *unserer* Revolution geschossen, hat mit seinem Terror Millionen deutscher Menschen verführt und das Reich in den Jahren des inneren Kampfes zu einer wilden Stätte eines latenten Bürgerkrieges entwürdigt.

Als England den Weg des Krieges beschritt, um die geistige Erneuerung Europas zu verhindern, da war es allen *Deutschen* klar, daß dieser

Kampf um das freie Lebensrecht der deutschen Nation erst dann zum endgültigen Siege führen kann, wenn auch der Moloch im Osten zu Fall gebracht ist, denn es konnte kein Zweifel sein, daß er eines Tages auftreten würde, um mit Waffengewalt erneut zu versuchen, was ihm mit den Mitteln des Bürgerkrieges mißlungen war: die Bolschewisierung des europäischen Kontinents, die Unterjochung der Nationen dieses Erdteils unter die [redacted] Ausbeutung des Moskauer Völkerbetruges.

Wer, wie wir *Parteigenossen*, einmal diese Menschheitsgefahr erkannt hat, der wußte, daß der Kampf einmal kommen mußte, und er ist heute beruhigt darüber, daß er zu einer Stunde kommt, die die bolschewistischen Weltverbrecher zwar herbeigeführt haben, die aber wir rechtzeitig bestimmen konnten und in der wir mit der ganzen Gewalt einer sieggewohnten Millionenarmee die Entscheidung zu erzwingen vermögen.

Ein Alpdruck geheimer Sorge ist von jedem *Parteigenossen* genommen, seit die deutschen Flugzeuge den bolschewistischen Gegner in seinen Schlupfwinkeln aufsuchen können und der deutsche Infanterist seinen Befreiungsmarsch zu den unterdrückten Völkerschaften im Osten angetreten hat. Unsere Herzen schlagen höher in dem Bewußtsein, daß jetzt die Fronten dieses Krieges klar und vollständig geworden sind – hier die erwachenden Nationen Europas, jener stolzen Wiege menschlicher Größe – dort die zusammenbrechende Welt [redacted] und seiner giftigen Zwillinge, [redacted]

Wie der *parteipolitische* Sieg im Innern nur denkbar war durch den Zusammenbruch sowohl der kapitalistischen Parteien wie des Sowjet-Gangstertums, so schlägt auch die Siegesstunde des neuen Europas erst dann, wenn mit den Bastionen der Plutokratie auch der Herd des bolschewistischen Völkerbetruges ausgeräuchert ist.

Das Bewußtsein, nunmehr in die entscheidende Phase des Kampfes um die Größe des Reiches, um Freiheit und Lebensrecht unseres Volkes eingetreten zu sein, verleiht uns allen die besondere Kraft zu diesem großen Ringen mit den gleichen heimtückischen Verrätern, die wir bereits einmal im Innern niedergeschlagen haben; die fanatische Überzeugung, daß wir hier als Vorkämpfer aller Kulturnationen dem [redacted] Weltherrschaftstraum als Antwort auf einen heimtückischen Plan den entscheidenden Schlag versetzen, gibt uns jene innere Sicherheit, die das letzte Geheimnis aller großen Taten ist.

Dieser gewaltige Kampf wird von der ganzen inneren Begeisterung beseelt, deren wir *Parteigenossen* fähig sind! Es ist unsere Stunde, die geschlagen hat und unsere Herzen erheben sich bei dem Gedanken an die Größe der Entscheidung, die jetzt heranreift.

Um Sein oder Nichtsein
(August 1941)

Erinnern wir uns des August 1939: Die Absicht Englands, Polen gegen das Reich ins Feld zu führen, wurde offenbar; die Entschlossenheit der Londoner Machthaber und ihrer [redacted] Hintermänner, der Wiedererhebung des deutschen Volkes nunmehr entgegenzutreten, stand so fest, daß auch das Zögern der Sowjets, sich sofort zu beteiligen, ihn nicht mehr änderte. Bis in die letzten entscheidenden Tage, ja, bis nach dem ersten Zusammenstoß der deutschen und polnischen Armeen gab es Wege zum Frieden. Aber England wählte den Krieg. Es wollte ihn, weil es nicht bereit war, das geeinte Deutschland anzuerkennen und dem deutschen Volk ein anderes Lebensrecht zuzusprechen, als in Versailles beschlossen war. Mit ernster Entschlossenheit nahmen wir damals den Londoner Entschluß zur Kenntnis. Es gab niemand, der sich des Ernstes der Entscheidung nicht bewußt war, und vielen bei uns gab erst die Schnelligkeit des deutschen Sieges in Polen Gewißheit über die Stärke, mit der wir in diesen Kampf traten.

Gedenken wir des August 1940: Der Frankreichfeldzug war siegreich beendet. Die Kriegsentscheidung in Westeuropa war gefallen, und ein neuerlicher Ruf des *Kanzlers* an die Vernunft hatte in der ganzen Welt Widerhall gefunden. Wir wissen heute, warum man nur in London nicht hören wollte. Es war die Sowjetkarte, auf der die plutokratischen Machthaber ohne Rücksicht auf ihr Volk und ohne jedes Bedenken gegenüber den Gefahren, die aus einem Eingreifen der Sowjets für Europa erwachsen würden, ihr kriegerisches Spiel weiterhin aufbauten. Ihr Haß gegen Deutschland ließ sie alle Vernunft vergessen und skrupellos eine Entwicklung vorbereiten, von der sie eine Wandlung des Schicksals erhofften – und sei es auf Kosten des ganzen europäischen Kontinents.

Jetzt schreiben wir August 1941: Der Plan der Briten ist inzwischen zum Tragen gekommen, wie vor zwei Jahren ihr Entschluß zum Kriege.

Freilich ist es auch dabei anders gekommen, als London hoffte. Der Entschluß des *Kanzlers*, der aufmarschierten Sowjetarmee wenige Wochen vor dem beabsichtigten Überfall auf das Reich zuvorzukommen, hat uns die Gefahr von der Grenze fortgeschlagen. Die Überraschung des Gegners, der uns schon durch die Drohung eingeschüchtert glaubte, hat uns die Vernichtung der riesigen zum Angriff bereitgestellten Sowjetarmeen, die Besetzung Rigas, Weißrutheniens und Bessarabiens ermöglicht und den Kampf weit in die Sowjetunion hineingetragen.

Daß die gleichen gewaltigen Kämpfe, die jetzt im Raume von Smolensk, Kiew und anderen, fast tausend Kilometer vom Reich entfernten Orten stattfanden, auf den Schlachtfeldern des Jahres 1914 in Ostpreußen oder vor den Toren Wiens, in Ungarn oder Rumänien geschlagen werden müßten, wenn der sowjetische Angriff planmäßig stattgefunden hätte – diese Gedanken nur auszusprechen heißt, die britisch-amerikanischen Pläne gegen Europa in ihrer ganzen skrupellosen Verworfenheit enthüllen.

Sie wollten den Bolschewismus in das Herz Europas hineintragen! Erst spätere Generationen werden die ganze Bedeutung des *Kanzler*entschlusses ermessen, durch eine kühne Tat den Schauplatz des unausweichbar gewordenen Kampfes von den Kulturstätten Europas fernzuhalten und ihn in Gebiete zu verlegen, in denen nichts anderes zerstört werden kann als der Bolschewismus selbst.

Der soldatische Einsatz freilich ist dadurch größer und heldischer geworden. Fern von der Heimat kämpfen unsere Truppen. Die Marschleistungen allein müßten ihnen Einhalt gebieten, würde sie nicht das Bewußtsein erfüllen, daß dieses Ringen, mehr als in allen den Feldzügen bisher, ein Kampf um Sein oder Nichtsein unseres Volkes und der menschlichen Kultur ist. Sie durchkämpfen die Urwälder des Ostens und sind glücklich in dem Gedanken, daß es nicht die deutschen Wälder sind, in denen die Sowjethorden streifen; unter Aufbietung aller Kräfte marschieren sie zäh auf den grundlosen Straßen des bolschewistischen ”Paradieses”, und sie denken daran, daß der ganze motorisierte Aufbau des Sowjetheeres darauf berechnet war, auf u n s e r e n Straßen zu operieren; sie kampieren in den Trümmern der von den Sowjets niedergebrannten Städte und erinnern sich des Jahres 1914, als die Städte des deutschen Ostens von den brennenden und sengenden Horden der damaligen russischen Armee durchzogen wurden.

Diese Gedanken, die unseren Soldaten an der kämpfenden Front das schwere Ringen erleichtern und ihre Siegesentschlossenheit immer neu entfachen, sind die gleichen, die auch die Heimat erfüllen und stärken.

Im Osten – das ist die Überzeugung, die uns heute alle verbindet – hat eine Entscheidung begonnen, wie sie seit dem Jahrhundert der Hunnenkriege für die Zukunft Europas nicht mehr zu schlagen war. Daß die [redacted] demokratische Welt diesen Kampf heraufbeschwor, wird sie nicht retten, aber allen Völkern der Erde die Augen öffnen, über das wahre Gesicht der Macht, die sich anmaßt, über die Kontinente zu herrschen, und die sich nicht scheut, die Flut der bolschewistischen Vernichtung auf die Länder zu lenken, in denen die Menschheit eine Wiege ihrer Kultur verehrt.

Das alte Europa aber ist mit dem *heutigen* Deutschland wieder jung geworden. Es wirft sich den Horden der Zerstörung entgegen und hat den Kampf der Menschheit aufgenommen. Tief im Osten steht der deutsche Soldat, und wo er steht, da hält er, und wo er hält, da schöpft er Kraft zu neuem Ansturm. In diesem Ansturm aber wird die Welt der Vernichtung zerbrechen und die Welt des Lebens entstehen.

Der Duce an der Sowjetfront (August 1941)

Stets sind die Stunden und Tage denkwürdig, an denen *Hitler* und der Duce sich treffen, um gemeinsam die Probleme des Kampfes zu erörtern, der um die Zukunft Europas und das Schicksal der jungen Völker seit langen Jahren politisch und seit 1939 auch militärisch entbrannt ist.

Schon erscheinen uns viele der Zusammenkünfte im Nimbus historischer Erinnerung. Ob es das erste Treffen der beiden großen Führer ihrer Völker in Venedig, ob es die stolzen Festtage der Achsenfreundschaft während des Duce-Besuches im Reich und der *Hitler*fahrt nach Rom gewesen sind, die wiederholten Treffen in München, am Brenner, auf dem Obersalzberg oder in Florenz – jedes der Ereignisse haftet nicht nur in der Erinnerung derer, die es als Zeuge miterlebten, sondern hat auch seinen Platz in der politischen Geschichte unserer Zeit. Als besonders markantes und hervorragendes Ereignis aber wird den Völkern das in diesen Tagen abgeschlossene erste Treffen der beiden großen Männer nach Ausbruch des europäischen Krieges gegen den Bolschewismus in Erinnerung bleiben.

Fern vom Jubel der Massendemonstrationen, ohne die Feierlichkeit offizieller Empfänge und unbelastet von der Veranstaltungsfülle amtlicher Staatsbesuche stand diese Zusammenkunft allein im Zeichen des großen Ringens, das heute alle europäischen Völker eint.

Der kleine Bahnhof einer Nebenbahn war Zeuge dieses Wiedersehens des Duce mit dem *Kanzler* nach dem Ausbruch des großen Kampfes im Osten und die nüchterne Atmosphäre des Hauptquartiers war der äußere Rahmen der Besprechungen, über die das amtliche Kommuniqué so bedeutsame Mitteilungen macht.

Seine besondere Note erhielt der Besuch des Duce durch die großen Frontfahrten, die ihm einen unmittelbaren Eindruck von dem Kampf im Osten vermitteln. Die Weite der Räume, die hier von unseren Truppen erobert werden, wird deutlich, wenn man bedenkt, daß es etwa 3000 km waren, die der *Kanzler* und der Duce bei diesen Fahrten mit Eisenbahn, Flugzeug und Kraftwagen zurückgelegt haben.

Der erste der Flüge führte zur Stätte eines entscheidenden Einzelkampfes, in dessen Verlauf eine wichtige Festung bezwungen wurde. Ein weiterer Frontflug führte tief hinein in altsowjetisches Gebiet und vermittelte dem Duce einen erschütternden Einblick in das namenlose Massenelend, das der Bolschewismus auch über die Bevölkerung reichster und fruchtbarster Landstriche gebracht hat. Mit ganz besonderer Aufmerksamkeit nahm der Duce diese Eindrücke eines Landes auf, dessen verbrecherisches Regime er seit mehr als zwei Jahrzehnten klar durchschaut und unerbittlich bekämpft hat. Als erster europäischer Staatsmann hat der Duce bekanntlich schon im Jahre 1922 in Italien die Giftsaat der bolschewistischen Völkerverhetzung rücksichtslos ausgetreten. Die Erinnerung daran macht diesen Ducebesuch im Lande des Bolschewismus besonders eindrucksvoll.

Wie unvergeßlich waren dabei die stundenlangen Flüge, die über die Schlachtfelder der letzten zwei Monate führten und die Größe der Entscheidungen deutlich machten, die hier für Europa gefallen sind! Manche Spuren harter Kämpfe, manche zerschossenen Sowjetpanzer und zusammengekrachten Sowjetjäger konnten vom Flugzeug aus beobachtet werden. Und die Ruinen niedergebrannter Städte und Dörfer erinnerten an das Schicksal, das die Länder Europas getroffen haben würde, wären unsere Soldaten nicht dem sowjetischen Überfall zuvorgekommen, hätten sie nicht die zum Angriff angetretenen Armeen zusammengeschlagen und in die Ferne des Ostens gejagt.

Vorträge hoher deutscher Generäle erläuterten auf den Zwischenstationen der Flüge diese großen Operationen des Feldzuges. Schilderungen tapferer Offiziere ließen an Ort und Stelle kühne Einzelheiten lebendig werden, auf allen Fahrten aber begleiteten uns die begeisterten Kundgebungen der Soldaten und die freundlichen Grüße einer

Bevölkerung, der das Glück über die endgültige Befreiung vom zwanzigjährigen Terror aus den Augen strahlte.

Dieser Jubel der Soldaten, die Zeichen spontaner Freude befreiter Völkerschaften ebenso wie die gewohnte Atmosphäre der Vertrautheit sind die äußeren Momente dieses Besuches gewesen – schon dadurch praktisch unterschieden von den Umständen, unter denen sich in fernen finsteren Atlantikbuchten jene Politiker zusammenschleichen, die ein bolschewistisches Europa lieber sehen als die Befreiung dieses Kontinents von ihrer plutokratischen Diktatur.

Die helle Sonne des späten Nachmittags, in der *Hitler* am vierten Tage nach der Rückkehr von einem langen Fluge sich vom Duce verabschiedete, schien uns demgegenüber ein rechtes Symbol der Welt zu sein, für die wir kämpfen: klar die Ziele, klar die Gedanken, weithin sichtbar strahlend die Zukunft, die sie ihren und den Völkern Europas nach dem Siege über die Mächte der Zerstörung eröffnen werden.

Nach dem ersten Winter
(Juni 1942)

Die Härte des ersten Ostwinters liegt nun schon seit Wochen hinter uns. Aber noch sind die Gespräche nicht verstummt und die Berichte nicht beendet, die von manchem Schweren erzählen, das unter den besonderen Unbilden der Monate gerade des letzten Winters überwunden werden mußte. Die Erinnerung, die das Einzelgeschehen in einer größeren Schau zusammenfaßt, läßt erst die wahre kämpferische Leistung dieser Monate des Ausharrens in einer widrigen Natur in ihrer vollen Bedeutung erkennen. Von einer wahren heldischen Größe sprechen die Berichte über die harten Einzelkämpfe der Front im Osten, bei denen der Gesamterfolg jedes einzelnen so entscheidend bestimmt wurde, daß die Heimat daran ein Vorbild für alle Zukunft gewinnen wird.

Nur die Gläubigen hatten in den Härten dieses Winters eine Hoffnung zu bestehen, weil sie über die Schwere des Tages hinübersahen auf eine fernere Zukunft. Nur die Entschlossenen hatten eine Chance, all der Schwierigkeiten Herr zu werden, weil das höhere "es muß" in ihnen ihre Kraft verstärkte, nur die Tapferen konnten das Schwere überwinden, weil der Weg zum Durchhalten durch alle Prüfungen des Mutes führte. Weil es diese Millionenzahl der Gläubigen, der Entschlossenen und Tapferen im deutschen Soldatentum gab – deshalb hat die Front nicht nur gehalten, sondern trotz all dem Schwierigen mit der aufsteigenden Sonne des Sommers wieder den alten Angriffsgeist und die gleiche Stoßkraft bewahrt, der den Marsch der deutschen Wehrmacht so unbezwingbar macht. Welche Opfer aber wären gefordert worden, wenn etwa feige Flucht, schwächliches Zaudern oder auch nur mutloses Nachgeben unsere Front im Osten geschwächt hätten? Weil unser Soldatentum der Härte trotzte, das Schwierige meisterte und dem Feind entschlossener denn je entgegentrat, ist aus dem Angriff der Sowjets ein Sieg unserer Welt geworden!

Das ist die Lehre, die die Heimat aus dem Vorbild ihrer Soldaten immer wieder ziehen mag: Feigheit und Schwäche sind die Stufen in das dunkle Reich des Todes und des Chaos, im Kampf um Sein oder Nichtsein hilft nicht allein das bessere Recht, es muß verbunden sein mit dem Mute, auch Schwerem zu begegnen und mit der fanatischen Entschlossenheit, den Weg zum Siege zu erzwingen.

Unsere Soldaten haben uns in diesem Winter gezeigt, welche Schwierigkeiten der Tapfere zu meistern vermag. Sie haben recht behalten mit ihrer Entschlossenheit, dem Feind auch unter härtesten Bedingungen rücksichtslos zu trotzen und sie haben bereits mit zwei neuen Vernichtungsschlägen der Welt bewiesen, daß der Tapfere durch Härte nicht schwächer, sondern stärker wird.

Diese geschichtliche Beweisführung für eine Haltung, die jeder auch in der Heimat in anderer Form, aber mit dem gleichen charakterlichen Inhalt bewahren kann, mag manchem derer zu denken geben, die den Forderungen des Krieges bisher mehr passiv als aktiv, mehr duldend als handelnd gegenüberstanden. Alle die Schwachen, die seufzten, statt zu rufen, können an dem Beispiel unserer Winterkämpfer, das sich in den ersten großen Siegen dieses Jahres so wunderbar vollendete, lernen, was es heißt, Deutscher und *Parteigenosse* zu sein. Die vielen, vielen Starken in unserem Volke aber, die wie ein festes stählernes Gerüst unsere Nation durchziehen, mögen sich in einer stillen Stunde sagen, daß ihr tapferes Herz ihnen den rechten Weg gewiesen hat, und daß sie seiner Stimme frohen Mutes weiter folgen dürfen.

Am Mius, nicht an der Oder
(Februar 1943)

Die neuen ernsten und opfervollen Winterkämpfe im Osten haben nicht nur das deutsche Volk zu höchster Kraftanstrengung aufgerüttelt, sie haben auch in der Welt manchen von den Leuten zu denken gegeben, die keineswegs freundschaftlich auf Deutschland blicken, aber immerhin nicht so verständnislos sind, um nicht zu erkennen, was ein Näherkommen der bolschewistischen Flut für die Länder des europäischen Kontinents im Gefolge haben müßte.

Uns überrascht dieses aufdämmernde Verständnis nicht. Es sind Reaktionen, die sich bei all denen einstellen müssen, die den Bolschewismus und seine bisherige blutige Spur auch nur einigermaßen kennen. Es gab bisher manche, die das keinesfalls zugeben wollten und sich den Anschein gaben, als sei ein deutscher Sieg ein schreckliches Ereignis, der Bolschewismus aber eine "abgetane Angelegenheit". Solchen Thesen lauschte der britenhörige Bürger Neutraliens oder der [redacted] Untertan Britanniens befriedigt, solange er die bolschewistische Armee im östlichen Kaukasus wußte. Seit sie aber unter Anstrengung aller ihrer Machtmittel und Reserven sich wieder nach Westen geworfen hat und statt am Terek gegenwärtig am Mius steht, kommt manchem wieder die Wahrheit über den Bolschewismus, seine Ziele und seine Methoden in Erinnerung.

Es ist eine sehr nützliche Gedächtnisauffrischung, die bei denen, die es nötig haben, stattgefunden hat – und es wird gut sein, die Pfade der Erinnerung noch einige Schritte weiter zurückzuwandern, um eine bemerkenswerte Perspektive für das gegenwärtige Geschehen zu erhalten.

Gesetzt den Fall, wir würden zu diesem Zwecke in alten Zeitungen blättern und die Ereignisse studieren, die dem Ausbruch des Krieges vorausgegangen sind, so würde sich das berühmte Bild der britischen Unterhändler in Moskau von 1939 – die mit Hilfe einer Kette gesicherte Aktentasche am Handgelenk – darstellen, das von den damaligen heftigen Bemühungen der britischen Kriegstreiber zeugte, Stalin als Bundesgenossen Polens zu gewinnen und die bolschewistische Armee bei Schneidemühl und Küstrin aufmarschieren zu lassen!

An diese nüchterne und unbestreitbare Tatsache müssen wir denken, wenn wir den rechten Standpunkt gewinnen wollen, um die politische und militärische Lage von heute zu beurteilen. Daß die britischen Pläne von damals nicht zum Ziele kamen, das gehörte zu den überraschendsten politischen Vorgängen der Monate vor Kriegsausbruch. Die Erklärung findet sich, wenn wir in Rechnung stellen, daß die Briten spätestens im Winter 1938/39 den festen Entschluß zum Kriege gegen Deutschland gefaßt, und diese Absicht dem Kreml keineswegs verheimlicht haben. Aus der Gewißheit heraus, daß England und Frankreich vorangingen im Kampf gegen das Reich, konnte es für Stalin nützlich erscheinen, diesen Waffengang und seine Entwicklung abzuwarten. Daß freilich die überschlaue Berechnung dem Bolschewistenhäuptling keinen Vorteil brachte und Deutschland nach dem Sieg im Westen stark genug war, um den Verteidigungsschlag im Osten zu führen – an dieser den Kontinent rettenden Entwicklung hat die britische Regierung gewiß keinen Anteil! Denn sie war zu jedem Zugeständnis bereit gewesen und hatte alle Schritte unternommen, um im Sommer 1939 den Bolschewismus mitten nach Europa hereinzuziehen und die Nationen dieses Kontinents zertrampeln zu lassen.

An all das muß man denken, um zu wissen, daß die zahlreichen Kundgebungen der britischen Kriegshetzer für die Rote Armee und alle ihre sonstigen, dem gesunden Menschenverstand so schwer begreiflichen Proklamationen keinerlei Neuigkeitswert besitzen. Der infernalische [redacted] Haß gegen Deutschland hat diese Kriegsverbrecher damals angetrieben und er ist heute genauso Triebfeder ihrer Handlungen. Ob das britische Volk den Wahnsinn dieses Weges und seine Gefahren erkennt, ist dabei eine belanglose Frage, denn es hat ebensowenig zu bemerken wie vor drei Jahren, als die Kriegsmacher ihr blutiges Werk begannen.

Soviel zur politischen Seite des Problems; die militärische ist nicht minder bedeutsam. Daß der Lebenskampf Europas fern im Osten und nicht im Herzen unseres Lebensraumes ausgekämpft werden kann, daß er am Mius und nicht an der Oder tobt – das ist ebenfalls nicht das Ergebnis britischer, sondern der Erfolg deutscher Kriegführung. Gewiß sind die Opfer und Verluste auch des Winters 1942/43 hart und schwer gewesen, und sicherlich ist es im Hinblick auf die heutigen großen Anstrengungen der ganzen Nation weder nötig noch richtig, irgend etwas Beschönigendes zu sagen, aber die Tatsache ist unbestritten, daß der Kraft des bolschewistischen Ansturms von unserer Wehrmacht auf Kampffeldern entgegengetreten wird, die so weit vom Kern des Kontinents entfernt sind, daß auch der Raum selbst als Schutz unserer Völker in Erscheinung tritt. Eine monatelange sowjetische Offensive, für die sicherlich alle Möglichkeiten und Reserven des seit Jahrzehnten ganz auf Kriegführung organisierten Bolschewistenstaates aufgeboten worden sind, hat sich in Gegenden entfalten müssen, die dem Europäer bisher nur aus Schulbüchern bekannt waren.

Das richtig bedenken, heißt gewiß nicht, nachzulassen in der Anstrengung aller Kräfte. Zu deutlich wissen und erkennen wir nicht nur, was der Bolschewismus bedeutet, sondern auch, daß sein Kampf gegen uns nicht nur im Osten, sondern auch von den Kriegshetzern in Washington und London geführt wird.

Aber schon der Gedanke, was hätte geschehen können, wenn es nach den Plänen von Roosevelt und Churchill gegangen wäre, was Europa bereits würde erlebt haben, wenn die Bolschewistenflut über die Straßen Polens sich auf ein am Rhein bedrohtes Deutschland gewälzt hätte – all diese Erinnerungen werden in uns den Dank an *Hitler* und das feste Vertrauen auf unsere eigene Kraft befestigen! Manchem sonstigen Vernunftbegabten in Europa und anderswo aber wird es bei solchen Gedanken kalt über den Rücken laufen und insgeheim wird er einem Schicksal danken, das alles so ganz anders geschehen ließ, als die Roosevelt, Churchill und Stalin es sich gedacht hatten.

VII.
DIE PARTNER DES BOLSCHEWISMUS

Churchill
(Januar 1941)

Als sich vor einiger Zeit der englische Ministerpräsident wieder einmal in der Öffentlichkeit sehen ließ, verbreitete das Reuterbüro darüber einen rührseligen Bericht. Die Churchillschen Hofberichterstatter hielten dabei die Behauptung für passend, die Menschenmenge sei in den Ruf ausgebrochen "Good, old Winston" – Guter, alter Winston! Es mag verständlich sein, wenn die britische Propaganda einen gewissen Wert auf den Eindruck legt, als ob dem britischen Ministerpräsidenten heute die Herzen des einfachen Volkes zugewandt seien. Denn gerade die Eigenschaft des abgeklärten und sympathischen Staatsmannes hat der jetzige Premierminister im Verlaufe seiner heute bereits etwa 45jährigen politischen Laufbahn nachweislich bisher nicht entwickelt.

Aber vielleicht ist gerade dies der Grund, warum das Reuterbüro in solcher Richtung bemüht wird. Es soll dem englischen Volk einen anderen Churchill vorgaukeln, weil mit dem Churchill, den England bisher gekannt hat, keine Zuversicht und keine Hoffnung im Volke geweckt werden kann. Der gleiche Churchill nämlich, der jede Gelegenheit so gerne benutzt, um mit dummen Schimpfereien die Staatsmänner zu beleidigen, gegen die England den Krieg entfesselt hat, hat allen Grund, seine eigene Person und ihre merkwürdige Vergangenheit dem Lichte der Erinnerung zu entziehen. Und ein gut Teil des Hasses, der ihn verblendet, mag darin seine Erklärung finden, daß seine überragenden Gegner als einfache stolze Kämpfer ihre Völker sich zu dem Ringen, das sie geführt, zu den Gedanken, die sie geformt, und zu den Taten, die sie vollbracht haben, offen zu bekennen vermögen – während der kleine Wicht von der Themse den Schleier des Vergessens über all das zu breiten gezwungen ist, was bisher sein merkwürdiges Dasein ausmachte.

Es liegt das Dunkel eines seltsamen Spiels mit dem Schicksal über diesem Weg durch vier Jahrzehnte. Eines Spiels, dem nachzugehen sich lohnt, weil dieser Mann heute diktatorisch Englands Geschicke bestimmt und weil deshalb ihn zu erkennen den Schlüssel gibt zum Urteil über das Unverständliche, das auf der Insel jenseits des Kanals sich zur großen Tragödie entwickelt.

Dieser fast 70jährige Sohn aus der Ehe eines Lords mit einer Amerikanerin, dieser Sproß aus dem Hause der Herzöge von Marlborough und Enkel eines Vizekönigs von Irland, vollbrachte schon als 18jähriger seine erste aufsehenerregende Tat – aufsehenerregend vor allem heute, weil sich in ihr ein Charakterzug widerspiegelt, den er in der Gegenwart erneut unter Beweis stellt: Während eines jugendlichen Spiels mit zwei Kameraden ergibt es sich, daß Winston sich auf die Brücke über einer Schlucht verläuft, während die Spielgefährten auf beiden Seiten ihn abgeschnitten haben. Er ist gefangen, sein Spiel nach normalem Ermessen verloren. Er aber weigert sich, dies einzusehen, und springt die dreißig Meter in die Tiefe, im Vertrauen darauf, daß eine hohe Fichte seinen Fall auffangen und mildern würde. Die Hoffnung erwies sich als trügerisch, und der junge Churchill lag drei Tage bewußtlos und bedurfte eines ganzen Jahres und der Bemühungen der teuersten medizinischen Autoritäten zu seiner Wiederherstellung!

Diese Begebenheit ist nicht das einzige Merkmal, das schon in der Jugend dieser seltsamen Persönlichkeit zur Beurteilung ihres künftigen Lebensweges beiträgt.

Dem Mangel an Besonnenheit reiht sich schon damals ein bemerkenswertes Versagen geistiger Fähigkeiten gegenüber bestimmten Anforderungen an. Er wird freilich auf den teuersten Schulen des victorianischen England erzogen, aber er vermag in Harrow jahrelang nur die allerletzten Plätze zu belegen. Als er, da jeder Gedanken an ein Hochschulstudium von vornherein aussichtslos erscheint, Kadett in Sandhurst werden soll, fällt er bei der Aufnahmeprüfung zweimal durch und wird erst bei der dritten Prüfung mit Mühe den geringen Anforderungen gerecht, die man damals in geistiger Hinsicht an zukünftige Offiziere stellt. Auch das gelingt nur, weil er sich gegen den Willen des Vaters zur Aufnahme in die Kavallerie meldet, bei der die Aussicht auf ein Bestehen der Prüfung größer war. "Der Wettbewerb für die Infanterie – so schreibt er selbst in seinen Erinnerungen 'Weltabenteuer im Dienst' – war schärfer, da die Kavallerie weit kostspieliger war."

Mit diesem Eintritt in die Kadettenschule beginnt erst eigentlich seine Entwicklung, jetzt erst hat er eine Plattform, auf der er zu wirken versteht. Er stürzt sich die nächsten Jahre, wie er selbst erklärt, in "Trubel und Treiben der Feldzüge und Poloturniere" – wobei nach seinen eigenen Schilderungen die letzteren Ereignisse ihn ernster beschäftigen, während er an Feldzügen als Zeitungsberichterstatter in Diensturlauben teilnimmt. Aber zweifellos gilt seine ganze Liebe dem Krieg. "Wie schön, sich vorzustellen" – so ruft er damals aus – "man wäre 1793 erst 19 Jahre alt gewesen und hätte noch mehr als 20 Jahre Krieg vor sich gehabt!"

Nach mancherlei kleinen militärischen Abenteuern landet Churchill seinen großen Schlager im Burenkrieg, bei dem er ebenfalls als Korrespondent der "Morningpost" tätig ist und von den Buren gefangen wird. Es gelingt ihm – in einem Güterzug unter Reissäcken versteckt –, auf portugiesisches Gebiet zu fliehen. Über seine "Heldentaten" bei Gefangennahme und Flucht hat er gleich selbst in der "Morningpost" mit so großem Nachdruck berichtet, daß der Londoner "Star" damals ironisch schrieb, man müsse im Zweifel sein, "ob eigentlich Feldmarschall Roberts oder Winston Churchill den Sieg über die Buren erfochten hatte!"

Bereits vor dem Burenkrieg war er aus dem Heer ausgeschieden. Er hatte nämlich für das Jahr 1899 beschlossen, "nach Indien zurückzukehren und das Poloturnier zu gewinnen; meine Papiere einzureichen und meinen Abschied zu nehmen; ... und mich schließlich nach einer

Möglichkeit zum Eintritt ins Parlament umzusehen." So stellt sich bei Churchill der Beschluß "Politiker zu werden", dar!

Dieser Abschluß seiner militärischen Laufbahn war wie ihr Inhalt: er sieht im Soldatentum keine Aufgabe, sondern einen Sport; an Feldzügen nimmt er nicht teil aus einem Pflichtgefühl, nicht um etwa für sein Land zu kämpfen, sondern aus Abenteuerdrang, und aus einem ebenso ungewöhnlichen wie unnatürlichen Bedürfnis, Blut zu sehen.

Für seine politische Laufbahn hat er dank der Beziehungen seines Vaters, der jahrelang konservatives Unterhausmitglied war, gute Vorbedingungen.

Nach der Rückkehr vom Burenfeldzug, als er seine Fluchtgeschichte zu einer nationalen Sensation emporzulügen verstanden hat, gelingt es ihm, einen Sitz im Unterhaus zu erobern.

Groß ist sein Respekt vor den Wählern nicht. Über die vierzehn Wahlkämpfe, die er im Laufe seines Lebens geführt hat, erklärt er freimütig: "Es hat etwas Trauriges zu denken, daß man nicht weniger als vierzehn Monate seiner knapp bemessenen Daseinsfrist damit verbracht hat, leeres Stroh zu dreschen!"

Eine allgemeine Charakteristik des Politikers Churchill aber wird damals in einem Prozeß der englischen Krone gegen Lord Douglas anläßlich der Zeugenvernehmung Winstons von einem Anwalt ausgesprochen: "Er ist ein Nichts, wenn man ihm seine hochtrabenden Titel abnimmt. Er ist weiter nichts als ein Berufspolitiker, und einen Berufspolitiker hat man definiert als einen Mann mit der Haut eines Rhinozeros, dem Farbenspiel eines Chamäleon und der Frechheit eines Teufels."

Ein wahrhaft treffender Ausspruch, der den Churchill von damals ebensogut charakterisiert, wie den von heute.

Nach verschiedenen ministeriellen Verwendungen wird er 1911 Erster Lord der Admiralität mit dem Auftrag, die Flotte für die kommende Auseinandersetzung mit Deutschland schlagkräftig zu machen. Das ist eine Aufgabe nach seinem Geschmack. Wie hatte er sich doch schon als Offizier ausgedrückt? "Schließlich ist das Bekämpfen der armen Inder im Vergleich mit der Teilnahme an einem richtigen europäischen Krieg doch etwa nur so, wie wenn man eine Schnitzeljagd anstatt des großen Derbys reitet."

Diesem "großen Derby" gilt jetzt sein ganzes Trachten. Im Kriege, glaubt er, wird seine Stunde kommen. Die Stunde, in der er mit anderen Einsätzen spielen kann – nicht mehr mit dem Einsatz eines Zuges Soldaten, eines Sitzes im Unterhaus, eines Ministerpostens oder einiger Polizeiabteilungen, sondern mit großen Armeen, vielleicht mit dem Einsatz des ganzen Britischen Reiches. Sein rasender Ehrgeiz läßt ihn der Stunde des Krieges entgegenbrennen und im Kabinett Asquith läßt er keine Gelegenheit vorübergehen, um den Lauf der Dinge zu beschleunigen. "Mr. Churchill war der Führer der Kriegspartei im Kabinett Asquith" – mit diesen lapidaren Worten beginnt Lord Beaverbrook in seinen Erinnerungen das Kapitel über den Kriegsausbruch.

Als dann der Juli 1914 kommt, kann er den Ausbruch des Krieges gar nicht mehr erwarten. Bereits am 29. Juli – also sechs Tage vor der englischen Kriegserklärung, erläßt er das "warning telegram" an alle Geschwaderchefs, sich zum Kriege bereitzuhalten. Am 30. Juli – während noch zwischen Deutschland und Rußland verhandelt wird – teilt er schon den Kommandanten der Seestreitkräfte im Mittelmeer mit: "Unsere erste Sorge muß sein, Frankreich beim Transport seiner Truppen aus Afrika zu helfen."

Der damalige französische Präsident Poincaré berichtet in seinen Memoiren, wie sehr diese Maßnahmen Churchills die französische Regierung beeindruckt und zum Krieg in diesem Zeitpunkt entschlossen gemacht haben. Es überrascht uns die Mitteilung Beaverbrooks nicht, der mit Churchill am 1. August 1914 zusammensaß, und als die Meldung einer angeblichen deutsch-russischen Entspannung eintraf, zu seiner Überraschung von Churchill dies als eine schlechte Nachricht erläutert bekam. Am gleichen Tag hat Churchill bekanntlich gegen den ausdrücklichen Beschluß des Kabinetts auf eigene Verantwortung die Mobilmachung der Marinereserve angeordnet. Es liegt auch die Schilderung der Lady Asquith vor, die in ihren Erinnerungen den Augenblick des Beginns des deutsch-englischen Kriegszustandes – in der Nacht vom 3./4. August um die Mitternachtsstunde – beschreibt und erzählt, "wie Winston Churchill mit einem glücklichen Gesicht auf die Doppeltüren des Kabinettsraumes zuging."

Das "große Derby" hatte begonnen – und es wurde die Enttäuschung seines Lebens. Er hatte nur einen Ehrgeiz, sich hervorzutun, koste es, was es wolle, und er diente diesem Ehrgeiz nicht nur mit Skrupellosigkeit, sondern auch mit einer Verworrenheit, die dort unfehlbar zu Fehlschlägen führt, wo die eherne Sprache der Waffen gesprochen wird. Die großen militärischen Experimente Churchills haben Hunderttausenden von Soldaten das Leben gekostet, diese Opfer aber waren umsonst, denn die Geschichte war gerecht genug, dem Abenteurer Churchill nicht den Ruhm zu geben, Entscheidendes im Kriege geleistet zu haben. Er strebt offen nach einem militärischen Kommando, er hält den Krieg nach wie vor für die Chance seines Lebens und ist – ohne Rücksicht auf Opfer – entschlossen, sie zu nützen. Der damalige englische Ministerpräsident Asquith berichtet in seinem Tagebuch eine Episode aus dem Oktober 1914, die das wahre Gesicht Churchills treffend kennzeichnet:

"Winston Churchill ... flehte mich förmlich an, seine Zukunft nicht in konventioneller Art und Weise zu betrachten. Nachdem er – wie er sich selbst ausdrückt – in Antwerpen Blut geleckt hat, beginnt er jetzt wie ein menschenfressender Tiger nach mehr Blut zu schreien und bittet mich, ihn ... von seinem Amt an der Spitze der Admiralität zu entheben und ihm ein militärisches Kommando anzuvertrauen. Er behauptet, daß die Marineseite dieses Krieges praktisch schon erledigt und dort keine Lorbeeren mehr zu erringen seien ... Er erklärte, daß eine politische Karriere für ihn nichts bedeute im Vergleich mit militärischem Ruhm."

In den gleichen Tagen berichtet der englische Feldmarschall Wilson lakonisch: "Sah Winston für fünf Minuten, aber er redete solchen militärischen Unsinn, daß ich sofort mit ihm ins Streiten kam."

Jedoch der "menschenfressende Tiger" ruht nicht. Er muß an dem Spiel teilhaben, das mit so hohen Einsätzen gespielt wird, er will das

Schicksal herausfordern, er ist ganz von Sinnen auf seiner Jagd nach dem Lorbeer. Jetzt oder nie. Dieses "Jetzt oder nie" kostet diesmal dreißigtausend englischen Soldaten das Leben: sie fallen bei dem Dardanellenunternehmen, das Churchill während des ganzen Winters eifrig vorbereitet und im Frühjahr 1915 beginnt. Es wird zu einer der größten Katastrophen der Alliierten im Weltkrieg und muß nach mehrmonatigem ergebnislosen Ringen abgebrochen werden. Die krankhafte Sucht Churchills, etwas Außergewöhnliches zu tun, hatte England ein neues, schweres Opfer gekostet.

Während seiner Tätigkeit in der Admiralität hat Churchill auch eine andere Eigenschaft mit Vollendung entwickelt, auf die er heute seine ganze innere Politik aufbaut: die Täuschung der Öffentlichkeit über die eigenen Verluste. Mit Stolz hatte er schon vor dem Krieg von der "großen und fraglos hilfreichen Rolle" gesprochen, der "der Schwindel im Dasein derjenigen großen Völker spielt, die sich des Zustandes demokratischer Freiheit erfreuen". Für ihn ist gerade jetzt im Kriege die Lüge nicht nur ein Notbehelf, sondern ein Requisit, mit dem große Politik gemacht wird.

Abgesehen von dem propagandistischen Großangriff, der mit der "belgischen Greuel"-Kampagne gegen Deutschland unter seiner lebhaftesten Förderung gestartet wurde, hat er es verstanden, die Verluste der Flotte so geheim zu halten, daß England von zahlreichen und ernsten Katastrophen erst im Jahre 1919 erfuhr. Schon bald nach Kriegsbeginn hat er dem erstaunten Lord Ridell im Tone beleidigter Unschuld erklärt: "Wir sagen stets die Wahrheit. Wir haben einen Anspruch darauf, daß man uns vertraut. Wir haben bisher nichts verheimlicht als den Verlust des 'Audaceous' und den einiger U-Boote."

Bei den Verlusten an den Dardanellen freilich scheitert diese Kunst Churchills, und in England findet man, daß der Krug jetzt lange genug zum Wasser gegangen ist. Churchill wird seines Postens als Erster Lord der Admiralität enthoben, und es findet sogar eine Untersuchung gegen ihn statt, um die öffentliche Erregung zu beruhigen. Unnötig zu betonen, daß diese "Untersuchung" im Sande verläuft.

Nachdem die Karriere als Feldherr ein klägliches Ende gefunden hat, taucht Churchill plötzlich als Oberst in Frankreich auf, Ruhmestaten werden von seiner dortigen Anwesenheit nicht berichtet, wohl aber zwei Aussprüche, die er in Ansprachen vor englischen Truppen getan hat: "Na, habt Ihr den Krieg nicht gerne?" – mit dieser Frage begrüßt er die Tommies in Flandern. Und den Scotts-Füsilieren verkündet er: "Der Krieg ist ein Spiel, das man mit lächelndem Antlitz spielt."

Wahrhaftig, ein schönes Wort im Munde des Mörders von den Dardanellen. Sein englischer Biograph, der sonst an Bewunderung nicht spart, bemerkt mit Schaudern: "Je mehr dieser seltsame Mensch vom Kriege sah, desto mehr Gefallen fand er daran!"

Der Spaß am Krieg hat ihm aber die Freude an der Politik nicht genommen, und schon im Jahre 1917 holt ihn Lloyd George wieder in das Kabinett trotz des entrüsteten Widerstandes führender englischer Politiker. Aber Lloyd George gibt als Begründung, daß es noch gefährlicher sei, wenn Churchill gegen das Kabinett sei, als wenn er im Kabinett säße. Bonar Law meint zwar lakonisch: "Mir wäre es lieber, wenn ich ihn immer und überall gegen uns wüßte" –, aber es bleibt dabei, Churchill ist wieder Minister, freilich nicht mehr mit der Möglichkeit, strategische Experimente zu machen, sondern als Munitionsminister mit organisatorischen Aufgaben betraut. Erst kurz vor Beendigung des Krieges gelingt ihm wieder der ersehnte Sprung ins Kriegsministerium. Kurz darauf aber ist "das große Derby" zu Ende, und er hat keinen Preis geholt, sondern war nur unter "Ferner liefen". Der "menschenfressende Tiger" hat zwar "Blut geleckt", aber er hat seinen Durst nicht stillen können. Die Enttäuschung läßt ihn nicht ruhen.

Kaum ist der Weltkrieg beendet, da hält dieser merkwürdige Mann emsig Ausschau nach neuen Möglichkeiten, einen Brand zu entfesseln, oder wenigstens ein Feuerchen zu entfachen, an dem er seiner Leidenschaft wieder frönen kann. Wer sucht, der findet. Und während in Versailles der sogenannte Frieden gebraut wird (den er als Einrichtung verachtet und deshalb über die Friedenskonferenz den an sich treffenden Ausdruck findet: sie sei "ein ungestümer Zusammenstoß verwirrter Demagogen"), beschließt er, die Gelegenheit des russischen Bürgerkrieges zu nützen. "Rettet Rußland" – so verkündet er – "noch ist es Zeit, noch sind seine Armeen nicht durchorganisiert, helft General Denikin, helft General Koltschak in Sibirien."

Als sich erweist, daß die Armeen dieser Generale noch viel mehr desorganisiert sind als die der Sowjets, scheut er in der nervösen Hoffnung, doch noch zu seinem Krieg zu kommen, nicht vor der Parole zurück: "Schafft eine deutsch-französisch-englische Militärallianz." So geschehen im Jahre 1919! Auch das russische Unternehmen, für das er keinen Eifer scheut, wird ein Fehlschlag. Das Wort Krieg ist sein Leitstern. Aber dieser Stern führt ihn von Niederlage zu Niederlage.

Aber noch gibt er das Rennen nicht auf. Im Jahre 1922 bietet sich wieder einmal eine Gelegenheit. Als Kemal Pascha damals in einem kurzen energischen Feldzug die Griechen, die sich in Kleinasien festgesetzt hatten, von dort vertrieb, behauptet Churchill plötzlich, die Früchte des englischen Sieges in Mesopotamien und in Palästina seien in Gefahr. Sofort erteilt er an die damals in Konstantinopel und Tschanak stehenden britischen Streitkräfte den Befehl, "die Türken zurückzuschlagen, koste es, was es wolle." Gleichzeitig sendet er ein Telegramm an die Dominions mit der Frage, ob sie bereit seien, im Falle eines Krieges Truppenkontingente nach Europa zu entsenden. Das Abenteuer war im besten Rollen, als eine glatte Weigerung des in Konstantinopel stehenden englischen Generals eintraf, der angesichts der türkischen Entschlossenheit eine Niederlage in einem solchen Kampf für sicher hielt und als das überraschte britische Kabinett in schärfster Weise den wildgewordenen Kriegsminister zurückpfiff. Die Dominions antworteten empört. Man warf Churchill vor, er wolle seine Kriegspolitik dem Empire aufzwingen, und Beaverbrook erklärte kurz und sachlich: "Dieser Mann bedeutet Krieg."

In wutentbrannter Enttäuschung wirft sich Churchill nun wieder in die Innenpolitik. Er arbeitet eifrig am Sturze Lloyd Georges – auch ein Dank dafür, daß dieser ihn trotz allen Widerstandes in das Kabinett zurückgeholt hatte. Der Fall Lloyd George freilich kostet auch ihn das Ministeramt. Auf der Suche nach Möglichkeiten, ins Kabinett zurückzukehren, gewinnt er den Eindruck, daß die Zukunft wieder der Konservativen Partei gehört. Und er scheut sich nicht, nachdem er vor dem Weltkrieg um eines Ministerpostens willen zu den Liberalen übergegangen war, nun zum zweiten Male die Partei zu wechseln und im Jahre 1924 stellt er sich der erstaunten Öffentlichkeit wieder als konservativer Abgeordneter vor! Der Lohn folgt auf dem Fuße: im zweiten Kabinett Baldwin, im November 1924, ist er wieder Minister. Diesmal als Schatzkanzler, ein Amt, das er bis 1929 ohne rechte Neigung verwaltet. Dann hält sich Baldwin für stark genug, den intriganten Winston endlich auszubooten.

Es hat den Anschein, daß es dabei bleibt. Er spielt nur noch die Rolle eines Unikums, niemand nimmt ihn mehr ernst. Aber er ist entschlossen, die Flinte noch nicht ins Korn zu werfen. Er weiß, daß er im Frieden nie wieder eine Rolle zu spielen vermag. Er glaubt immer noch an den Krieg als seinen Stern. Die Feldzüge der victorianischen Zeit haben ihm die Chance des Bekanntwerdens geboten, in der Vorbereitung des Weltkrieges hat er seine erste große Aufgabe erhalten, im Kriege selbst war er auf dem Weg zum Posten des Ministerpräsidenten. Ein Krieg – und nur ein Krieg – wird verhindern, daß er sang- und klanglos aus der englischen Geschichte verschwindet. Krieg – das ist ihm die letzte Befriedigung, das ist das größte Spiel mit dem Schicksal. Wie ein Besessener arbeitet er dem Ziele zu.

Wir haben noch keine Schilderung darüber, wie Churchill die Stunde des Kriegsbeginnes im Jahre 1939 begangen hat, aber wir können ahnen, was es für ihn bedeutet haben wird, nach zehnjähriger Arbeit für dieses Ziel, erneut seine Stunde gekommen zu sehen. Diese Stunde hat ihm wieder ein Amt gebracht, und die Entwicklung hat es ihm ermöglicht, sogar den heißersehnten Posten des Premierministers, die Macht, die diktatorische Macht an sich zu reißen!

Jetzt ist er am Ziel: die britischen Armeen marschieren, wohin er will: nach Norwegen, nach Holland, nach Belgien ... Und es gibt niemand mehr, der ihn aus dem Kabinett verweisen kann, wenn die

Armeen wieder geschlagen zurückkommen oder an den Stätten der Niederlage zu Zehntausenden verbluten. Und es darf sich niemand mehr erheben und ihm wie einst Zorn und Empörung ins Gesicht schleudern.

Und wenn er die Verlustlisten seines Krieges studiert – "der Krieg ist ein Spiel, das man mit lächelndem Antlitz spielt."

Und wenn Millionen Betrogener die Fäuste ballen – pah – "habt ihr den Krieg nicht gerne?"

*

Das Spiel des Winston Churchill mit dem Schicksal ist auf dem Höhepunkt angelangt und nähert sich dem Abschluß. Von dem Sprung in die Schlucht im Jahre 1892 bis zur höhnischen Absage an den *Kanzler nach dem Zusammenbruch Frankreichs im Jahre 1940 und zum Bündnis mit dem Bolschewismus führt der lange, verschlungene und meist unsaubere Weg, der oft die Bahnen der Vernunft verlassen hat.*

Damals aber wie diesmal hat er die Grenze des Wahnsinns überschritten. Einst sprang ein bedeutungsloser dummer Junge, heute reißt er ein Reich mit in die Tiefe.

Roosevelt
(Mai 1941)

Als der nordamerikanische Präsident Roosevelt in einer seiner unvermeidlichen "Pressekonferenzen" dieser Tage wieder einmal über praktische Fragen der Englandhilfe sich recht allgemein zu äußern beliebte, prägte das britische Reuterbrüo zum Zwecke der Beruhigung seiner Leser den Ausdruck vom "Rätsel Roosevelt".

Es mag richtig sein, daß für englische Beobachter, die mit kaltem Angstschweiß auf der Stirn nach dem Weißen Hause wie nach einem Bethlehem schielen, von dem sie ein überirdisches Wunder erwarten, sich mancherlei Rätselhaftes in der gegenwärtigen Politik der Vereinigten Staaten darbietet.

Wir Deutsche aber haben gelernt, hinter die Kulissen zu sehen, wir hören tönende Proklamationen nicht mehr mit staunendem Munde, sondern beurteilen nüchtern die Machtmittel, die dahinterstehen, wir sehen nicht nur die Schauspieler an, sondern kennen auch die Regisseure und durchschauen deren Triebkräfte und Absichten, – wir vielfach gewitzigten Deutschen stehen auch den nordamerikanischen Problemen der Rooseveltschen Ära nicht mehr zweifelnd gegenüber, sondern wir besitzen den Schlüssel der Erkenntnis zu dem Geheimschrank der Washingtoner Regierungskünste, wie sie sich gegenwärtig der Welt darbieten.

Schon der lange Anschauungsunterricht, der uns bis zum Jahre 1933 über die "Grundsätze" und die "staatsmännische Weisheit" der Kategorie sogenannter Berufspolitiker zuteil geworden ist, bewahrt uns beispielsweise davor, mit der Person des Herrn Präsidenten Roosevelt einen irgendwie mystischen Glanz zu verbinden, den die beflissene britische Propaganda seit Kriegsbeginn um ihn zu verbreiten versucht – und der nur bei Politikern vom Formate der Rydz-Smigly,[11] der Reynaud,[12] Simowitsch[13] und Tsoderos[14] zu Sinnestäuschungen führen konnte.

Wir vermögen gar nichts Überirdisches in einem Manne zu entdecken, der als Sohn reicher Eltern nach einer verwöhnten Jugend sich als Rechtsanwalt der Wallstreet betätigte und dann – als braves

11 Edward Rydz-Smigly (1886-1941), polnischer Marschall und Generalinspekteur der polnischen Streitkräfte bei Kriegsausbruch.

12 Paul Reynaud (1878-1966), französischer Politiker, seit März 1940 Ministerpräsident und Außenminister, ab Mai auch Verteidigungsminister; Rücktritt am 16.6.1940; Gegner der Vichy-Regierung, von der er 1942 nach Deutschland ausgeliefert wurde.

13 Duschan Simowitsch, jugoslawischer General und Politiker, Oberbefehlshaber der Luftstreitkräfte, stürzte am 27.3.1941 die deutschfreundliche jugoslawische Regierung; als neuer Ministerpräsident führte er sein Land auf Kollisionskurs mit der deutschen Außenpolitik.

14 Emanuel Tsoderos, nach dem Selbstmord des griechischen Ministerpräsidenten Koryzis wurde er am 18.4.1940 dessen Nachfolger; nach der Kapitulation der griechischen Armee versuchte er, den Widerstand von Malta aus fortzusetzen.

Mitglied der Demokratischen Partei mit Hilfe eines wohlassortierten Bankkontos und der Zugehörigkeit zur [redacted] – eine lange Zeit recht bescheidene politische Karriere absolvierte, bis er in der Krise von 1932 als aussichtsreicher Kandidat gegen den damaligen Präsident Hoover[15] entdeckt wurde.

Die geistige Heimat des Kandidaten Roosevelt war das Großkapital, das sich in jenen Jahren nach der Riesentäuschung der "prosperity" in einer Krise befand, die das amerikanische Volk zu dem Ruf nach einer Revolution gegen das gesamte System veranlaßte. In der Tat schienen die ersten Maßnahmen des nach leichtem Wahlkampf Gewählten umwälzend zu sein. Wir alle erinnern uns, daß damals in einer Zeit, in der in Deutschland tatsächlich eine völlig neue, auf dem schaffenden Volke ruhende Wirtschaftsform zum Durchbruch kam, die Nachricht aus den Vereinigten Staaten ermutigend für den Aufbau einer gerechten sozialen Ordnung in der Welt lauteten.

Was aber in Deutschland eine echte Revolution war, erwies sich in den Vereinigten Staaten bald als großangelegtes Propagandamanöver, um die Kritik der Massen zu beruhigen und die Herrschaft der "sechzig Familien" – zu deren Bereich auch die Roosevelts gehören – über die Krise hinwegzuretten. Herr Roosevelt sagte "Sozialismus" und sprach von dem "New Deal" – einer neuen Verteilung der Reichtümer des Landes, aber er *meinte* den Fortbestand der Wallstreet und er handelte nach den Wünschen der New Yorker Bankiers, die ihn zwar zuerst demonstrativ bekämpften, aber sich dann rasch zu seinen engsten Beratern gesellten. Dies war um so weniger verwunderlich, als Roosevelt ja ein Kind der – [redacted]– New Yorker demokratischen Parteimaschine und vor seiner Präsidentenwahl Gouverneur der Goldmetropole war.

---

15 Herbert Clarke Hoover (1874-1964), 31. Präsident der USA von 1929-1933, dessen Politik im Ggensatz zu einem Nachfolger Roosevelt auch gegenüber Deutschland auf Ausgleich bedacht war (Hoover-Moratorium: Stundung aller Kriegsschulden und Reparationsleistungen auf ein Jahr).

Zu den Dingen, die nur "im Lande der unbegrenzten Möglichkeiten" möglich sind, gehört die Methode, mit der Herr Roosevelt später über die sozialistisch angehauchten Gesetze zur Tagesordnung überging, nachdem es ihm gelungen war, die Interessen seines Volkes auf außenpolitische Probleme abzulenken: aufgrund einer Klage, die ein [redacted] Geflügelhändler aus New York, mit dem schönen Namen Aaron Schechter, beim Obersten Gerichtshof der Vereinigten Staaten einbrachte, wurde im Jahre 1935 das Kerngesetz des "New Deal", das Industriegesetz, durch das eine Reihe von Fragen der Arbeitsbedingungen (Kinder- und Frauenarbeit, Arbeitszeit- und Mindestlohnregelungen) und der Preispolitik geregelt worden war, durch Gerichtsbeschluß außer Kraft gesetzt! Das war der Anfang vom Ende des "New Deal", von dem heute nur noch ein Beamtenapparat mit statistischen Aufgaben übriggeblieben ist.

Mit dem großangelegten Taschenspielertrick seiner "sozialen Reformen", die zuerst die Aufregung der empörten Massen beruhigte und dann doch alles beim alten beließ, hat sich Herr Roosevelt das volle Vertrauen seiner Auftraggeber gesichert, und er hat seitdem keine Mühe gescheut, um sich auch weiterhin als treuer Diener seiner Herren zu erweisen.

Als es den Anschein hatte, daß eine rechtzeitige Zerschlagung des wiedererstarkten Reiches ein ebenso risikoloses wie nützliches Unternehmen sei, das für die Wallstreet [redacted] nicht nur ein sicheres Geschäft, sondern vor allem auch die Zerstörung des unbequemen, sozialen Beispiels und ein Ende der verhaßten [redacted] Aufklärungszentrale bedeuten würde, haben die Roosevelt-Botschafter ihren ganzen Ehrgeiz darein gesetzt, den europäischen Brand zu entfachen. Als die Dinge sich völlig programmwidrig entwickelten, war für Roosevelt jedes Mittel recht, um wenigstens das eben begonnene Rüstungsgeschäft zu retten und eine Fortsetzung des Krieges durchzusetzen. Mit einem Schwall von Versprechungen half er Churchill, übertönte die Stimmen der Vernunft in England und veranlaßte dieses Land, stur den Weg zur Katastrophe weiter zu beschreiten.

Mit gewaltigen Phrasen von "Demokratie" und "Freiheit" überschüttete der nordamerikanische Präsident seitdem eine Welt, die ganz genau weiß, daß unter dieser "Volksherrschaft" nur die [redacted] und unter dieser "Freiheit" nur die kapitalistische Freiheit zur schrankenlosen Ausbeutung der Schaffenden gemeint ist , und von der "Rettung Englands" spricht ein Mann, dem es um die Erhaltung des britischen Commenwealth genauso wenig zu tun ist, wie einst um die sozialen Reformen, die er vor acht Jahren verkündete und dann kaltlächelnd über Bord warf.

Nichts von dem, was Herr Roosevelt "retten" will, ist in seinem künftigen Bestande wirklich bedroht – nur die Geisteswelt der [redacted] wird nach dem Siege Deutschlands der erwachenden Erkenntnis der Völker nicht mehr standzuhalten vermögen –, nicht Washington, sondern Wallstreet wird wanken, wenn das Reich des Sozialismus als Sieger aus dem Kriege hervorgeht, der angezettelt wurde, um es zu vernichten. Und Herr Roosevelt ist ebensowenig der "edle Freund des englischen Volkes" und mag er noch so viele Tropfen auf den heißen Stein der britischen Niederlage träufeln, wie der "Vorkämpfer der westlichen Hemisphäre" – er ist nichts anderes als das, was er schon als Fünfundzwanzigjähriger im Jahre 1907 war – der Advokat des Kapitals, der Bevollmächtigte derer, die es besitzen und die mit diesem Besitze herrschen wollen!

Daß den Präsidenten Roosevelt bei seinem Handeln auch ein ganz persönlicher, neiderfüllter Haß gegen *Hitler* verblendet, hat seiner Politik nicht genützt und ihr immer wieder den Stempel einer Unüberlegtheit aufgedrückt. Der Neid freilich mag verständlich erscheinen: mit nur wenigen Wochen zeitlichen Unterschiedes sind *Hitler* und Herr Roosevelt im Jahre 1933 an die Spitze ihrer Völker getreten. Was ist in dieser Zeit nicht in Deutschland geschaffen worden – und wie schal ist dagegen der Geschmack der Phrasen, die das einzige sind, was der Politiker Roosevelt durch all die Jahre hindurch gerettet hat!

Der amerikanische Überfall
(November 1942)

Daß der Presse unserer Gegner die Gabe der Erkenntnis des Wichtigen und der klaren Scheidung zwischen einschneidenden Ereignissen und den übrigen Geschehnissen des Kriegsverlaufes nicht verliehen ist, bedarf angesichts der zahllosen lächerlichen Thesen und sinnlosen Prophezeiungen, mit denen sie seit Kriegsbeginn operierte, kaum mehr einer Beweisführung.

Wir dürfen es deshalb auch heute ruhig dem bolschewistischen Bundesgenossen überlassen, kräftig Wasser in den amerikanisch-britischen Wein des publizistischen Enthusiasmus über Nordafrika zu gießen – einer Begeisterung, deren Überschwang verständlich ist, wenn man bedenkt, wie wenig unsere Gegner bisher Gelegenheit hatten, über Ereignisse des gegenwärtigen Krieges Freude zu äußern.

Wir Deutschen stehen diesem Thema von vornherein nüchterner gegenüber, weil wir uns in langen Jahren daran gewöhnt haben, die ernsten Schwerpunkte der großen Auseinandersetzung zu erkennen. So hat die deutsche Presse in unentwegtem ernsten Hinweis auf die gewaltige militärische Macht des Bolschewismus schon Jahre vor dem großen Krieg die Augen nicht nur unseres Volkes, sondern auch aller europäischen Nationen auf die große gegenwärtige Hauptaufgabe unseres Kontinents gelenkt. Auch die imperialistischen Absichten und Ziele des für den Ausbruch dieses Krieges hauptschuldigen USA-Präsidenten Roosevelt sind von uns so drastisch beleuchtet worden, daß all die Ereignisse des amerikanischen Überfalles auf Nordafrika, in ihrem Kern eine Überraschung für das deutsche Volk nicht darstellen.

Um so leichter fällt es dem deutschen Journalisten, die Fragen zu erörtern, die sich mancher Volksgenosse unter dem Eindruck der Nachrichten über diese Ereignisse stellen mag. Es gilt dabei zuerst eine Fehlerquelle unseres Urteils auszuschalten, die darin liegt, daß

Entwicklungen, die sich in dem unserem geographischen Denken naheliegenden Mittelmeerraum abspielen, für unsere Begriffsbildung sich von vornherein deutlicher abzeichnen als etwa die Ereignisse im Osten. Marokko, Algier, Tunis, Tripolis sind für den im Herzen Europas lebenden Deutschen heute noch weitaus geläufigere und bekanntere Begriffe als etwa Kertsch, Taganrog und Mariupol.

Im Osten wird der Lebenskampf unseres Volkes, der Schicksalskampf unseres Kontinents, die große Entscheidung unseres Jahrhunderts ausgetragen! Hier liegt das Schwergewicht der großen Auseinandersetzung, hier rollen die Würfel der Weltgeschichte! Kein Casablanca, kein Oran, kein nordafrikanisches Kampfgeschehen wird die Zukunft Europas entscheiden! Die amerikanischen und britischen Generale wiederum dürfen ihrerseits ohne sonderlichen Stolz den schäbigen Lorbeer betrachten, den die Kriegsgeschichte für Eroberer bereithält, die ihren Einzug auf der Brücke des Verrates halten.

Neben diesen Erwägungen militärischer Art mag auch die Überlegung angestellt werden, was wohl die Mütter und Frauen der amerikanischen Soldaten, die im Stillen Ozean oder im Mittelmeer oder auf der Fahrt dorthin ihr Leben lassen, über die Notwendigkeit solcher Operationen denken, die Abertausende von Kilometern von ihrer Heimat entfernt für nichts anderes sterben als für Roosevelts Eroberungswahnsinn.

Mit den deutsch-italienischen Sicherungsmaßnahmen in Frankreich und auf Korsika ist jedenfalls der wichtigsten strategischen Absicht, die das nordafrikanische Unternehmen verfolgen konnte, eine Schranke gesetzt. Der zweite Traum von dem – wenn nicht die Generale, so doch wenigstens die Journalisten unserer Gegner – faseln, ist zu plump und zu töricht, um ernsthaft erörtert zu werden. Er zielt auf eine Einschüchterung des italienischen Volkes ab und ist für die Verständnislosigkeit der Plutokraten gegenüber der europäischen Revolution bezeichnend wie ihr seinerzeitiger fester Glaube, daß in Deutschland spätestens vierzehn Tage nach Kriegsausbruch ein innerer Zusammenbruch erfolgen würde! Daß Weltanschauungen nicht Zierate sind, die sich die Völker umhängen und die sie wieder ablegen können, sondern daß der Faschismus wie unsere eigene *Ideologie* eine gewaltige Mobilmachung aller starken Elemente unserer Nationen bedeutete und damit ganz neue, unverrückbare Gewalten entstanden –, das werden unsere internationalen Gegner erst erkennen, wenn sie sich die Schädel an diesen granitenen Blöcken des Selbstbehauptungswillens und der Siegesentschlossenheit eingerannt haben!

Gibt es noch weitere Standpunkte, von denen aus die gegenwärtige Situation im Mittelmeer beleuchtet zu werden verdiente? Es scheint nur noch nötig zu sein, die Bedeutung des Umstandes recht zu würdigen, daß mit diesem Unternehmen die Vereinigten Staaten Roosevelts ganz offen ihre Angriffswünsche auf Europa dokumentiert haben. Man muß diesen Gedanken ganz zu Ende denken, um die Ungeheuerlichkeit solchen Beginnens richtig zu beurteilen und zu ermessen, daß mit dieser Dokumentation des wahnsinnigen Kriegshetzers im Weißen Haus ein neues geistig einigendes Moment für den gemeinsamen Kampf unseres Kontinents in den Vordergrund getreten ist. Der Kampf gegen den Bolschewismus einigt die europäischen Nationen, weil es dabei um die natürlichste unmittelbarste Selbsterhaltung aller geht, der Kampf gegen die imperialistischen Herrschaftsansprüche Roosevelts aber verbündet uns in dem Bewußtsein, daß hier der Widerstreit zwischen Nationalismus und Internationalismus, zwischen europäischer Kultur und nordamerikanischer [redacted], zwischen völkischer Selbständigkeit und internationaler [redacted] – ein Kampf von geschichtlichem Format für die ganze Zukunft der Menschheit auszutragen ist.

Nicht die militärischen Eigenschaften sind es deshalb, die das Wort unserer Gegner von einer "neuen Lage" im Zusammenhang mit den Ereignissen in Nordafrika begründen könnten – die großen entscheidenden Gewichte dieses Krieges stellen sich ebenso dar wie bisher. Neu ist nur das Sichtbarwerden der amerikanischen Angriffsabsicht auf Europa! Daß die Front, die in Wirklichkeit besteht, seit der gegenwärtige Kampf, von Roosevelts Sendboten emsig vorbereitet, ausbrach, heute vor die Augen der ganzen Welt getreten ist, das ist das neue und bedeutsame Faktum, das wir in das Hauptbuch dieses großen Weltkrieges eintragen wollen in der Gewißheit, daß die geschehene Mobilisierung des kontinentalen Widerstandsgeistes gegen den USA-Angriff in der Endabrechnung für Europa zu Buche schlägt.

Bombenkrieg
(März 1943)

Die britische Presse ist sehr stolz und selbstbewußt ob der Angriffe, die ihre Bombenflugzeuge gegen Wohnviertel deutscher Städte durchführen. Sie nehmen sogar das anspruchsvolle Wort "Offensive" in den Mund, um den wahllosen Kampf gegen Frauen, Kinder und Greise zu bezeichnen.

Wir wissen, was wirklich eine Offensive ist und was das Wort bedeutet. Als wir im Mai 1940 die französische Kriegserklärung mit einer Offensive beantworteten, da war das ein Ereignis, bei dem Millionen von Soldaten in Bewegung gerieten, um andere Millionen von Soldaten auf der Gegenseite anzugreifen, einzukesseln, in die Flucht zu schlagen. Als wir im Juni 1941 antraten, um der bolschewistischen Bedrohung zu begegnen, da wälzte sich eine gewaltige Macht über das Land, zertrümmerte Zehntausende von Panzern, befreite riesige Gebiete von der Bolschewikenherrschaft, trieb Armeen vor sich her, begeistert empfangen von einer Bevölkerung, die nur dort den Krieg verspürte, wo eine entscheidende Kampfhandlung abrollte.

So war, so ist das Bild einer wirklichen Offensive und so wird es für den Soldaten immer bleiben: das entschlossene Aufgebot männlicher Energien, um Widerstand zu brechen und Entscheidungen zu erzwingen.

Sehen wir uns demgegenüber die Überfälle der britischen Bombenflieger an: sie fallen irgendwo ein, ohne klaren Sinn, ohne ersichtlichen Zweck, sie greifen Menschen an, die ihnen keinen Widerstand entgegensetzen können und vermögen deshalb auch keinerlei Entscheidungen zu erzwingen, weil diese ja doch nur dort eintreten, wo die konzentrierte Kraft von Machtmitteln eingesetzt ist und sich zum Kampfe stellen kann.

So wenig diese Art von Luftkrieg militärischen Wert besitzt und die Stärke des deutschen soldatischen Widerstandes zu beeinträchtigen vermag, so sehr entspricht sie der Geisteshaltung der Briten und vor allem den Vorstellungen, die sich die britischen Verbrecher von dem von ihnen angezettelten Kriege machen. Sie haben an dem denkwürdigen 12. Januar 1940 durch den Angriff auf die Stadt Westerland auf Sylt den zivilen Luftkrieg begonnen, sie haben ihn als ihren hauptsächlichen Beitrag zum Westfeldzug durch wahllose Angriffe auf deutsche Städte, ohne jede militärische Bedeutung systematisch fortgesetzt. Erst am 19. Juni 1940 – also sechs Monate nach dem ersten britischen Überfall – hat sich die deutsche Kriegführung entschlossen, die dauernden Angriffe energisch zu erwidern und die Herausforderung zum zivilen Luftkrieg anzunehmen, dessen Verbannung aus dem Bereich der Kriegführung der *Kanzler* nicht nur in den Jahren vor dem Krieg, sondern auch im Kriege selbst immer wieder vorgeschlagen hat; dies war freilich vergeblich gegenüber denen, die an einer solchen Art der Kriegführung sich um so interessierter zeigten, als sie schon einmal – im Ersten Weltkrieg – einen Sieg durch systematischen Kampf gegen Frauen und Kinder errungen haben.

Die Absicht des Bombenkrieges von heute ist die gleiche wie die des Blockadekrieges von damals und er rückt in der Kriegführung, wie sie den Briten geläufig ist, in dem Maße in den Vordergrund, in dem deutlich wird, daß die Hoffnung auf den Hunger diesmal trügerisch ist.

Der Erfolg des Bombenkrieges aber ist ein genau entgegengesetzter. Gegen den Hunger gab es kein Mittel, er war wie ein schleichendes Gift, das still und langsam, aber sicher tötete. Ja, die Tatsache, daß es sich um einen von den Briten bewußt gelenkten und kaltblütig betriebenen Vorgang handelt, ist großen Teilen des deutschen Volkes erst nach Schluß des Krieges und aufgrund zynischer britischer Geständnisse klargeworden. Mit dem Bombenkrieg ist es anders bestellt. Gegen ihn gibt es nicht nur vernichtende militärische Abwehr und wirkungsvollen offensiven Gegenschlag, gegen ihn führen wir auch *weltanschaulichen* Gemeinschaftsgeist und entschlossene Willenskraft ins Feld – beides Waffen, die jedem und überall zu Gebote stehen und mit denen wir nicht nur die unmittelbare Wirkung jedes der Überfälle und ihre weiteren Folgen überwinden können, sondern auch das Hartwerden lernen und das Starksein erproben.

Die Briten haben sich in diesem Kriege schon oft geirrt, noch nie aber so sehr, wie in diesem ruchlosen Kampf gegen die zivilen deutschen Menschen. Der jahrzehntelange Kampf ums Leben, der auf Versailles folgte, das innere Ringen mit Bolschewismus und [redacted] haben uns abgehärtet. Wir wissen auch die neuen Verbrechen zu ertragen, die sich nur in der Form, nicht in ihrer Zielsetzung und in ihrem Inhalt von den früheren unterscheiden.

Die unbekannten Opfer des Hungerkampfes im Weltkrieg sind kaum bemerkt gestorben, die Hunderttausende deutscher schaffender Menschen, deren Existenz durch den Zusammenbruch und die Ausplünderung des Reiches vernichtet wurden, sind still aus dem Leben gegangen – die Wunden derer aber, die aus dem Schutt bombardierter Wohnhäuser geborgen werden, sind dem ganzen deutschen Volke sichtbar und gelten ihm als eine blutige Aufforderung zum Kampf gegen jene, die nicht nur den gegenwärtigen Krieg, sondern auch diese Art des Krieges gewollt und heraufbeschworen haben und denen das Handwerk gelegt sein muß, bevor es einen wahren Frieden unter den Völkern geben kann.

Und die Ruinen der zerstörten Kulturstätten, die nicht nur dem deutschen Volk, sondern auch der zivilisierten Menschheit heilig sind, werden einmal als Mahnmal britischer Schuld aufgesucht und gezeigt werden, und wir werden daran denken, daß alles, was es in Europa an Schönem und Erhabenem gibt, ebenso in Trümmer zusammenfallen würde, wenn der Bolschewistensturm nicht vom deutschen Soldaten im Osten aufgehalten würde. So sehen wir in den Briten die Sendboten ihres Bundesgenossen in Moskau und das Erlebnis ihrer feigen Verwüstungstaten wirkt auf uns nur als ein großes Memento, das uns zu stärkstem Widerstande strafft im Kampfe um das Leben unseres Volkes und die Existenz unseres Kontinents.

Mit solchem Wissen begegnen wir den Briten: Die größere Bewährung des Gemeinschaftsgeistes unseres Volkes, ein großartiges Aufleben des Zusammenhaltens und Einanderhelfens aller ist die Antwort, die wir ihnen geben, ist der Wall, an dem sie scheitern werden.

Die zweite Front
(Juli 1942)

Erinnern wir uns der Wochen, in denen die britisch-amerikanischen Bemühungen, aus der Danzig- und Korridorfrage einen europäischen Konflikt zu entfesseln und einen planmäßigen Angriff gegen Deutschland in die Wege zu leiten, ihren Höhepunkt erreichten. Schon fühlten sich damals die Kriegstreiber sicher und mit aller zynischen Offenheit gingen ihre publizistischen Trabanten daran, der immerhin etwas mißtrauischen britischen und sonstwie beteiligten Weltöffentlichkeit die Aussichten und Chancen des beschlossenen Waffenganges in verlockenden Farben darzustellen. Das Hauptargument ihrer Propagandaweisheit war dabei der Zwei-Fronten-Krieg, der – wie sie prophezeiten – Deutschland nunmehr ebenso bevorstände wie einst im Jahre 1914. Den Gegner sowohl von vorne wie auch im Rücken zu haben, das ginge über Deutschlands Kraft, das sei sein sicheres Ende.

Es dauerte nach Ausbruch der Feindseligkeiten genau 18 Tage, bis dieses so schöne Thema der zweiten Front zum ersten Male in diesem Kriege auf britisch-amerikanisches Verlustkonto gebucht werden mußte! Als dann das Frühjahr 1940 herannahte, als damals alle Briten eine erlösende Tat forderten und die Londoner Kriegsurheber ein dringendes Bedürfnis empfanden, nach dem Erlebnis des Polenfeldzuges und nach einem Winter des Wartens endlich die Initiative zu übernehmen, da fiel zum wiederholten Male das Wort von der zweiten Front. Anfang April 1940 schlug die herbeigesehnte große Stunde, und es wurde nach der polnischen nun die norwegische zweite Front errichtet. Sie ist in der Geschichte dieses Krieges als ebenso kurzes wie für die Briten dramatisches Vorspiel des französischen Zusammenbruchs eingegangen, ähnlich der dann ein Jahr später gestarteten neuerlichen britischen Initiative in Jugoslawien und Griechenland, die ebenfalls als Errichtung einer Front geplant und mit größten Hoffnungen begonnen, erneut zum jämmerlichen Schauspiel wurde und in nichts den Ablauf der geschichtlichen Ereignisse im Osten zu verändern mochte.

Mit dem 22. Juni 1941 hat sich nun das Thema der zweiten Front in seinem Wesen insofern geändert, als seit dem nicht mehr britische Kriegstreiber, Abenteurer und Leitartikler dieses Wort in die Debatte warfen – ihr Feuereifer war durch dreimalige blutige Erfahrungen abgekühlt – sondern der zuerst so lange gepriesene "mächtige Freund" Stalin und die Sowjetunion in immer gröberen Tönen die Forderung nach einem neuen kriegerischen Experiment Englands auf dem Kontinent erhoben.

Den aufgeregten englischen Journalisten, die sich stets mit lautem Geschrei gebärden, als ob die zweite Front ihre eigene und eine strategisch geradezu erleuchtende Erfindung wäre, seien die sachlichen Feststellungen in das Gedächtnis zurückgerufen, die die britische "Sunday-Times" schon am 4. August 1941 über die Frage getroffen hat. Es heißt da: "Selbst wenn die Errichtung einer zweiten Front den Engländern Zehntausende von Toten und Verletzten kosten würde – so bemerkt man in Moskau – dürfte eine derartige entlastende Offensive trotzdem nicht unterlassen werden."

Es scheint uns, daß in den einzelnen Formulierungen dieses Satzes theoretisch so ziemlich alles ausgesprochen ist, was auch heute noch zum Thema "Zweite Front" zu sagen ist und immer dazu zu sagen sein wird.

Noch ein weiteres: Die ersten Rufe nach der "Zweiten Front" kamen nach den Sowjetzusammenbrüchen in der Gegend von Bialystok und Lemberg – heute ertönen sie aus dem Bereich des Donez! Und es zeigt sich nun, daß Moskau es doch fertiggebracht hat, sich im Verlaufe eines Jahres in den Ländern seiner Verbündeten einen Einfluß auf die Presse und die Öffentlichkeit zu verschaffen, der die Bolschwistenhäuptlinge in die Lage versetzt, regelrechte Blätterstürme und Propagandawellen über England und Amerika hinwegbrausen zu lassen. Was uns gegenwärtig aus den angelsächsischen Ländern berichtet wird, zeigt sie Spuren eines organisierten Massenwahns – eine Feststellung, die uns insofern erfreulich erscheint, als aus solchen Zuständen selten Vernünftiges geboren wird, und es ein Merkmal des Krieges ist, daß die Unvernunft des einen in der Regel Nutzen für den anderen bedeutet.

Es liegt uns ferne, diese Erinnerungen an die vielgestaltigen Phasen des Themas "Zweite Front" etwa durch Prophezeiungen für die Zukunft zu ergänzen. Wir bedürfen dafür keinerlei Spekulationen, weil wir über nützliche Erfahrungen und die Briten über nicht minder deutliche Lehren aus der Geschichte dieses Krieges verfügen. Mögen diese die Lehren vergessen, wir jedenfalls bekennen uns zu den gleichen Grundsätzen der unerschrockenen und unerschreckbaren Entschlossenheit, mit der das deutsche Soldatentum in diesem großen Kampf den Erfolg zu erzwingen gewohnt ist.

VIII.
VON DER HALTUNG DES VOLKES

Die Starken und die Schwachen
(November 1941)

In diesen Monaten, da der dritte Kriegswinter anbricht, tritt wieder einmal in den Betrachtungen der internationalen publizistischen Berufspropheten der Begriff der "inneren Front" in den Vordergrund und wird zum Gegenstand ebenso phantasievoller wie durchsichtiger Elaborate.

Was die Meinungen betrifft, die zu diesem Thema über die Haltung und Stimmung des deutschen Volkes geäußert werden, so drängt sich bei ihrer Beurteilung zuallererst die Erinnerung daran auf, daß die "Sachverständigen", die auch heute wieder ihre Federn wetzen, die gleichen sind, die seit dem Jahre 1933 niemals müde wurden, der Welt eine Meinung von den inneren Verhältnissen in Deutschland aufzuschwätzen, die in ihrer maßlosen Dummheit dem Reich beträchtlich genützt hat, weil sie seine Feinde täuschte.

Die Quelle der Weisheit dieser Sorte von Publizisten waren die Emigranten, die mit schlechtem Gewissen das Reich verließen und deren einzige Beschäftigung es war, es mit geiferndem Haß zu beschimpfen. Und wenn wirklich einer von den "Deutschlandkennern" der Weltpresse den Fuß über die deutsche Grenze setzte, so begab er sich nicht zum deutschen Bauern oder zum deutschen Arbeiter, nicht zu den Millionen, die das neue Reich schufen, sondern zu den paar Existenzen, die es fürchteten. [redacted], bei entlassenen Zuchthäuslern oder in moderigen Salons gestürzter Parlamentarier und anderer berufsmäßiger Gegner unserer *Ideologie* ergründeten sie die "wahre Meinung des deutschen

Volkes". Sie taten dies so erfolgreich, daß es im Jahre 1939 nicht nur harmlose Zeitungsleser, sondern auch verantwortliche Staatsmänner gegeben hat, die ernsthaft glaubten, schon die englische Kriegserklärung würde das *heutige* Deutschland in seinen moralischen Grundfesten erschüttern.

Wie sollten sie nun jetzt plötzlich begreifen, was sie in den Jahren des näheren Kontaktes nie erkannten – oder erkennen wollten: daß die Stimmung des deutschen Volkes nicht mehr wie einst von [redacted] Hetzern, bezahlten Kreaturen oder Hintertreppenschwätzern bestimmt wird, sondern daß heute ganz andere Menschen es sind, denen das deutsche Volk sein Vertrauen geschenkt hat und auf deren Wort es hört. Ihre Stimme stärkt jene, die der Ermunterung bedürfen, ihr Arm hilft denen, die Stütze begehren, und ihr Rat leitet solche, die in Sorge sind.

Es ist mit der Stimmung eines Volkes wohl ähnlich bestellt, wie etwa mit der Kampfesfreude einer Kompanie Soldaten. Wer je Infanterist gewesen ist, weiß um die Scheidung der Geister, die eintritt, wenn Strapazen ertragen, Opfer gebracht werden müssen. Da gibt es immer einen, der über seinen eigenen kleinen Beschwerden alles andere vergißt, dessen ganzes Denken und Reden mit der Schwere seines Gewehres, mit dem Druck seines Gepäcks, mit den Blasen seiner Füße beschäftigt ist. Und während er so den Schwall seiner Kümmernisse laut verkündet, da mögen dann manch andere auch ihr Gewehr, ihr Gepäck und ihre Füße schmerzlicher spüren als bisher – aber nur so lange, bis dann jene sonst oft so schweigsamen Dritten, die es um keinen Deut leichter haben, dazwischenfahren und – sei es mit einem ernsten oder mit einem heiteren Wort – alle an den Sinn erinnern, um dessentwillen sie auf dem Marsche sind und an die Pflicht, die sie ruft. Wie fortgeblasen ist dann aller Kleinmut. Und der winzige Meckerer, der sich gehen ließ, tappst verärgert seiner Wege, denn seine Stimme verhallt leer im Winde, wenn die Tapferen das Wort ergreifen.

Im Weltkrieg haben sie schweigsam ihre Pflicht getan, dann aber haben sie sich gesammelt und ihre Stimme erhoben – und Deutschland hat sie gehört, es ist erwacht und kann seitdem nicht wieder vom Geschwätz von Kleinmütigen oder Schlechten betört werden. In diesem Kriege steht keine schwache Heimat hinter einer starken Front, sondern sie sind eins geworden – einig im Denken und einig im Tun. Wie an der Front der *parteipolitische* Soldat für den Bestand des Reiches kämpft, so ist es der soldatische *Parteigenosse* und die nicht minder tapfere *Parteigenossin*, die in der Heimat mit harter Entschlossenheit für den Sieg arbeiten und opfern, von dem sie wissen, daß er die Zukunft ihres Volkes entscheidet!

Dieser gemeinsame geballte Wille ist es, der die innere Stärke des Reiches ausmacht. Er ist der Motor des Wiederaufstieges unseres einst zusammengebrochenen Volkes zur stolzesten Entfaltung des Reiches geworden – erleichterten Herzens sieht er heute die härteste Strecke Weges hinter sich und belebt sich zu entscheidender Kraft in dem Bewußtsein, daß das Tor zu einem neuen Leben bereits aufgeschlossen ist. Dieses Öffnen war schwerer als es das Durchschreiten sein wird, das noch vor uns liegt.

Wie kümmerlich aber muß es um den Geist derer bestellt sein, die da glauben, daß die tapferen Deutschen gerade jetzt zu schweigen begännen, wo sie anfangen dürfen, mit stärkerem Recht als jemals zuvor vom größeren Morgen zu sprechen!

Das tapfere Herz
(März 1942)

Was bringt der Krieg nicht an abertausend wunderbaren Heldentaten mit sich, von denen die Heimat spricht und die die Welt bewundert. Der kühne Mut entschlossener Männer ergreift täglich Situationen, packt Gelegenheiten beim Schopf, überrennt den überraschten Feind, wendet zähen Kampf zum Sieg. Eine fast unübersehbare Reihe kühner Taten ist in den zweieinhalb Jahren dieses Krieges schon in die Geschichte des deutschen Soldatentums eingegangen, eine Fülle von Namen sind als leuchtende Sterne aufgestiegen und weisen einer tatendurstigen Jugend den Weg. Jeder der großen Feldzüge dieses Krieges hat eine neue Seite in dem Buche der kühnen Einzelleistung aufgeschlagen und ruhmreich beschrieben.

Dieser Seite gegenüber aber steht ein anderes Blatt, das vielleicht keine so spannende Sprache spricht, das aber dennoch das tiefste Geheimnis des Siegeszuges der deutschen Wehrmacht enthüllt: das Heldentum des kriegerischen Alltags, die namenlose, millionenfache Tapferkeit all derer, die als deutsche Soldaten, als feldgraue Marschierer einer Millionenarmee Tag für Tag, Monat für Monat und nun schon Jahr für Jahr ihre Pflicht mit der gleichen Bereitschaft zum heldischen Handeln tun. Jeder aus dieser grauen Front kann morgen vor einer Aufgabe stehen, die seine Haltung, seinen Mut und seine Entschlossenheit vor eine gleiche Prüfung stellt, wie sie die großen Helden der Nation bestanden haben. Den meisten wird wohl kaum eine solche Stunde schlagen, aber daß sie alle, ohne ein Wort darüber zu verlieren, diesen Geist im Herzen tragen – das ist es, was unsere Soldaten in ihrer Gesamtheit unüberwindlich macht. Das tapfere Herz ist es, das in ihnen allen schlägt, ihnen die Kraft gibt, sei es ohne jedes Zaudern anzugreifen und nochmals anzugreifen, oder auch im unerbittlichen Ringen mit Sturm und Eis gegen einen hinterhältigen Gegner hart und fest ihren Mann zu stehen.

Wem dieses tapfere Herz nicht in der Brust schlüge – wie könnte er über all die Härte und all die Opfer so triumphieren, wie es der deutsche Soldat in den gewaltigen Kämpfen getan hat und tut, die uns mit diesem großen Kriege aufgezwungen worden sind? Immer, wenn der Körper schwach zu werden scheint, oder der Verstand sich vor einem Schrecknis sieht – dann ist es dieses tapfere Herz, das zu pochen beginnt, die Kräfte zusammenreißt und den Instinkt wachruft, auf daß er den Weg durch die Finsternis zeige. Und wie es kein Gefecht gibt, in dem nicht der Soldat während mancher Minute dieser Hilfe bedarf, so gibt es auch keine Schlacht, die nicht vor allem durch dieses Fluidum des tapferen Herzens zum Siege gewendet würde.

Was aber von den Schlachten der Front gilt, hat es nicht gleiche

Bedeutung für das Ringen der Heimat? Gewiß – sie marschiert nicht wie der Soldat auf dem Wege zwischen Leben und Tod, sie hat es um vieles leichter als er, aber doch gibt es auch im Leben des einzelnen zu Hause manche Stunde, in der es gut ist, wenn er sich des Gleichnisses erinnert, die kleinen Beschwernisse des Tages vergißt und der Stimme der Tapferkeit allein das Wort überläßt. Wieviel Trübsal wird vergessen, wieviel unnütz düstere Gedanken werden verjagt, wenn jeder Volksgenosse bemüht ist, sich ebenso tapferen Herzens zu zeigen, wie dies der Soldat draußen täglich tut!

Auch der Kampf der Heimat für das Leben unseres Volkes und den Sieg seiner Waffen ist millionenfach und namenlos. Gerade deshalb bedarf sie des ununterbrochenen Antriebs aus eigener Kraft, eines Antriebs, der ohne die Spannung des Kampfes, ohne das aufpeitschende Mitwirken eines gegenüberstehenden Feindes dennoch alle Schwäche überwindet und die Kräfte zur letzten Wirkung entfaltet. Nicht Verordnungen allein, nicht nur die leitende Kraft der Volksführung sichern der kämpfenden Front diesen letzten Einsatz der Heimat – der millionenfache Schlag aller tapferen Herzen der Nation ist es, der das Blut durch unseren Körper jagt, die Sinne anspornt, die Muskeln steift und die Fäuste bewegt und der die Hirne mit jenem glühenden Fanatismus erfüllt, der allein die Heimat mit ihren Soldaten Schritt halten läßt!

Unsere Antwort ist die Tat
(Februar 1943)

Daß im Kriege schwere Stunden, ernste Augenblicke auch dem Stärksten und Tapfersten nicht erspart bleiben, das weiß jeder, der nur einen kurzen Blick in die Vergangenheit getan hat. Nicht der Umstand, daß solche Momente kommen und gehen, ist für die schließliche Entscheidung eines großen Kampfes von Bedeutung, erst die Art, wie ein Mann, eine Truppe, ein Volk sich dem Zugriff des Schicksals gegenüber verhalten, bestimmt letztlich darüber, mit welchen Vorzeichen das Ereignis schließlich im Buche der Geschichte verzeichnet wird.

Ein gleiches Ereignis mag den einen zermürben, weil er sich beugt und schwach wird – es wird den anderen stärken und emporheben, weil es ihn hart und entschlossen macht, weil es in ihm den leidenschaftlichen Willen entfacht, das Schicksal zu meistern.

Wir Deutschen, die wir als *Parteigenossen* eine wahre Wiedergeburt erlebt und das feste Vertrauen zu uns selbst neu gefunden haben – wir sind in diesem Krieg bereits durch manche Prüfung gegangen, angefangen von der festen Haltung, mit der wir in den ersten Monaten des Krieges uns geweigert haben, trotz der damals hart an unseren engsten Grenzen versammelten feindlichen Macht an eine Parallele mit dem verlorenen Ersten Weltkrieg zu glauben. Ganz allein standen wir damals – und glaubten an den Sieg.

Wir haben auch die weitere – vielleicht die schwerste – Prüfung bestanden: Die Prüfung des großen Erfolges. Auch in den Monaten der schnellen Siege sind wir nicht übermütig und damit weich geworden, wir sind hart geblieben für den größten Kampf, der uns bevorstand. Wir haben ihn aufgenommen in dem Wissen, daß er überaus schwer, aber auch unvermeidlich sei. Nicht jeder hat damals gewußt, was heute alle, sogar unsere Feinde zugeben müssen: Daß im Osten eine Macht auf ihre Stunde wartete, die militärisch und zahlenmäßig um ein Vielfaches Deutschland und Europa überlegen war. Sie anzupacken und im Sturm des Angriffs in den Osten zu werfen – das war die einzige Rettungschance für unsere Welt.

Trotz dieser Überzeugung war es eine neue harte Stunde der Prüfung für unser Volk, sich nach den schnellen Siegesläufen in Polen, im Norden, Westen und Südosten am Beginn eines wahrhaften Weltkampfes zu sehen. Das deutsche Volk und seine Soldaten haben auch diese Prüfung nicht nur bestanden – mit einer fanatischen Entschlossenheit sind wir angetreten und haben so Entscheidendes in einer, gemessen an der Größe des Kampfes, überaus kurzen Zeit erreicht.

So war es nicht die erste Prüfung, in der das deutsche Volk zu zeigen hatte, welchen Geistes es ist, als der Ostwinter 1941/42 mit seinen so harten Kämpfen eine neue Seite im Buche der Leistungen des deutschen Soldaten aufschlug. Wieder war die Antwort des deutschen Volkes die Tat, mit der es seinen hart bedrängten Soldaten leidenschaftlich half, der Härte eines furchtbaren Winters zu trotzen.

Auch die weiteren Prüfungen, die uns noch bevorstehen mögen, werden vielleicht anders in ihrer Art, aber gleich in ihrem Ergebnis sein: Das *heutige* Deutschland nimmt sie entgegen nicht wie einen Schlag, sondern als einen Befehl des Schicksals. Es führt nicht Klage, sondern es fragt nur: Was ist zu tun?

Dies ist die Haltung, die den Aktivisten auszeichnet, und solchen Aktivismus zum Grundgesetz des deutschen Lebens gemacht zu haben, das war und das ist die wichtigste all der großen Wandlungen, die *unsere Weltanschauung* in Deutschland herbeigeführt hat.

Als Deutschland in tiefster Erniedrigung lebte und darbte, da war es der gleiche aktivistische Geist, von dem die wenigen ergriffen waren, die schon damals, der Ermahnung *Hitlers* folgend, im nationalen Unglück nichts anderes als eine Forderung an jeden einzelnen sahen und die dann schließlich im deutschen Wiederaufstieg den stolzesten Triumph ihrer Unbeugsamkeit erlebten.

Wie schwer war dies damals, wie unmöglich erschien es – und wieviel näher und greifbarer liegt heute das strahlende Ziel des deutschen Sieges! Keine Prüfung des Schicksals wird ihn uns entreißen können, solange wir ihr so begegnen wie bisher: als Deutsche, die sich zum Leben restlos bekennen und damit zur Tat, die dort hart werden, wo andere wanken, die dort stehen, wo andere weichen, die dort handeln, wo andere klagen – und als *Parteigenossen*, denen ihr Volk alles ist, die unerschütterlich an seine Zukunft glauben und die den Sinn ihres Lebens darin sehen, für sie zu kämpfen.

Worte an den Volksgenossen
Die innere Front
(September 1939)

Nicht nur die Soldaten stehen bereit zum Gefecht, alle unsere Frauen, unsere Kinder, unsere Greise fühlen sich genauso aufgerufen, in großer Zeit zu den Entscheidungen über das Leben unseres Volkes beizutragen. Sie bilden eine Front der Hilfsbereitschaft, der Tatkraft, der Opferwilligkeit, sie verwandeln das ganze innere Leben unseres Volkes zu einer großen Kameradschaft der Nation, die jede Stunde des Opfers leichter tragen, jede Stunde der Arbeit fruchtbarer, jede Stunde des Sieges glücklicher werden läßt.

*

Wenn einst im großen Kriege die Soldaten mit Schaudern an die Heimat dachten, so sollen sie es jetzt mit Stolz tun. Die Front nach außen steht – mutig und siegesbewußt –, erfüllt von der großen Tradition deutschen Heldentums. Die Front im Innern wird ihre Mission darin sehen, mit ihrem Fanatismus und ihrer Opferwilligkeit der deutschen Nation zweite Schutzstellung zu sein, angetreten nach dem Befehl *Hitlers*, erfüllt von den Ideen der *ideologischen* Bewegung – ein unerschütterlicher Wall des deutschen Lebenswillens!

Der Schritt in den Krieg
(Oktober 1939)

Das gleiche Volk, das vor 20 Jahren an der Tragik einer unfähigen Führung zerbrach, hat den Schritt in den uns aufgezwungenen neuen Krieg mit einer seelischen Stärke vollzogen, von der einmal die

Geschichte berichten wird. Die deutschen Männer und Frauen mußten den Begriff des Krieges in dem Licht der schweren Zeit von 1918 sehen – nicht mit den hellen Siegeserinnerungen, die unser Volk im Jahre 1914 beim Eintritt in den Weltkrieg begleitete, sondern mit dem düsteren Gedanken an Deutschlands schwerste Zeiten! Daß trotzdem unsere Soldaten bei ihrem Marsch gegen den Feind aus der Heimat begleitet wurden und von einer fanatischen Zuversicht, einem stolzen Kraftgefühl und den Zeugnissen einer heroischen Einsatzbereitschaft – das allein schon war ein lebendiger Beweis von der Glaubenskraft, die die Überzeugung des rechten Weges in unserem Volk geweckt hat.

Die Rüstung des Geistes
(November 1939)

Der Krieg von 1939 hat sein eigenes Gewicht – es ist der Krieg mit neuen Methoden, neuen Kräften, neuen Forderungen. Nichts wird in diesem Krieg der gewinnen, der auf alten Wegen Wiederholungen anstrebt. Sieger wird sein, wer den Geist dieses Krieges vorausgeahnt hat und seinem Volk die Rüstung, die es in diesem Kriege braucht, gegeben hat: die Rüstung nicht nur der Waffe und der Wirtschaft, sondern auch die *Rüstung des Geistes*, der jene Volkskraft mobilisiert, die heute auf der ganzen Front vom Bunker bis zur Drehbank, vom U-Boot bis zum Bauernhof den modernen Krieg führt.

Diese Rüstung freilich schaffen einem Volk nicht Parlamente, nicht Paragraphen. Das lebendige Gesetz des modernen Krieges ist die Persönlichkeit, die Führung, die diese neuen Machtmittel aufbaut, einsetzt und mit ihnen die Entscheidung herbeiführt.

In allen großen Stunden der Geschichte hat der lebendige Geist großer Männer über Gewohnheiten, Umstände und Widerstände, ja über angebliche Erfahrungen und scheinbare Erkenntnisse triumphiert, weil sich in ihnen Gedanke und Wille vereinigt. Ihre Taten werden nicht von der Erinnerung an Vergangenes, sondern von der Ahnung des Kommenden geleitet. Sie zwingen das Schicksal, weil sie seine Spuren kennen, es aufsuchen und es herauszufordern den Mut haben, wenn die Stunde der Entscheidung gekommen ist.

Das Verzichten[16]
(Januar 1942)

Den Sinn der Verzichtens erkennen, mit tapferer Entschlossenheit sich darauf einstellen – das bedeutet in Wirklichkeit den Begriff des "Verzichtes" auslöschen und an seine Stelle den Sieg eines freien, mutigen Willens setzen. Wer ihn besitzt, wird glücklich dabei sein, denn er fühlt sich hoch über den kleinen Unbilden des Lebens im Kriege stehend, während sie jene bedrücken, die sich nicht über sie zu erheben vermögen.

Deutscher sein aber heißt nicht: sich selbst nachgeben, sondern das Leben zwingen, und deshalb "verzichten" wir auch nicht, sondern zeigen uns auch dort entschlossen, wo es um die kleineren Dinge des Lebens geht.

Gerade hier können wir beweisen, daß wir mit der Anstrengung, die der Krieg von uns fordert, in unseren Kräften wachsen, weil uns unser Wille stärkt.

16 Auch das vorausgehende Kapitel über "Deutschland und die Juden" aus dem Januar 1940 kann wegen juristischer Bedenken nicht nachgedruckt werden.

Hart sein, härter werden[17]
(Januar 1943)

Keine andere Nation hat im Laufe ihrer Geschichte so viel Schweres zu bestehen gehabt wie die unsere. In all diesen Prüfungen und durch die geschichtlichen Lehren, die wir dabei erfahren haben, haben wir einen festen Bestand an innerer Härte in diesem Krieg mit auf den Weg bekommen. Auch das Schicksalsgeschenk des so raschen und entscheidenden Siegeslaufes unserer Wehrmacht in West und Ost hat uns im Herzen nicht schwach werden lassen; wir ahnten in jeder dieser Stunden, daß eine so große geschichtliche Entscheidung, eine solche Umwälzung, wie sie sich in unserem Zeitalter vollzieht, uns nicht zu schnell geschenkt werden würde, sondern daß wir sie uns schließlich doch schwer und ernst erringen müßten.

Dieses Wissen hat uns hart erhalten. Wir wollen dafür dankbar sein; denn nur wer hart ist, ist stark, und nur wer stark ist, kann in diesem größten Ringen aller Weltgewalten siegreich bleiben.

Das Hartsein ist aber auch der Schutzwall für die seelischen Kräfte des Volkes, und diesen festen Panzer weiter zu verstärken, das soll der feste Entschluß sein, den wir fassen wollen. Ein Entschluß, der jeden einzelnen und jeden für sich angeht, weil er eine Sache des Charakters ist. Ein Entschluß freilich, der sich auch nach außen kundtut; denn härter werden heißt, eine Stufe höher steigen über die kleinen Dinge des Lebens, heißt Verzicht und Opfer, heißt vieles von sich selbst vergessen und in Einsatz und Schaffen über das Maß dessen hinauswachsen, was bisher als Grenze erschien!

Das zu lernen: durch Schweres stets härter zu werden, das scheint mir die höchste und stolzeste Bewährung jedes deutschen Mannes, jeder deutschen Frau zu sein, und ich glaube, daß auch dieses Können

17 Der voranstehende Beitrag "Die Generation Adolf Hitlers (April 1942)" mußte aus juristischen Gründen gestrichen werden.

schließlich in der Waagschale der Entscheidung einen bedeutungsvollen Ausschlag für den Sieg des deutschen Volkes im größten Lebenskampfe seiner Geschichte geben wird.

IX.
VOR UNS EINE NEUE WELT

Es ist der Beruf des Journalisten, mitten im Tagesgeschehen zu stehen und sowohl zum Volke wie auch für das Volk zur Welt zu sprechen. Für Millionen anderer greift er zur Feder, seine schönste Aufgabe erkennt er darin, für sie zu sehen, zu hören, zu erleben und schließlich aus der Fülle des Geschauten und Erkannten der Mitwelt jene Bilder zu entwerfen, die der Zeit und ihren Forderungen gerecht werden.

In dem dramatischen Geschehen des Krieges hasten die Eindrücke und Erlebnisse vorüber, kommen Situationen und entfalten sich, bahnen Entwicklungen sich an, reifen die Entscheidungen und werden schließlich fallen – die verwirrende Fülle des ewig Neuen immer wieder zu klären und das Volk sicher hindurch zu geleiten, dabei aber nicht blutleerer Chronist zu sein, sondern am Kampfe teilzuhaben, auf welchem Felde immer er geführt wird: das ist dem *ideologisch ausgerichteten* Journalisten leidenschaftliches Bedürfnis. Sein Wort ist nicht das Ergebnis kühl rechnender Forschung oder in sich versunkener Betrachtung, aber es mag als Zeugnis der Zeit gewertet werden und der Stürme, die sie bewegen, der Pläne und Gedanken, die sie erfüllen. Der Journalist will nicht Geschichte schreiben – aber als eine Stimme im großen Chor der Zeit nimmt er seinen Anteil, wann und wo immer sie gemacht wird.

Dort freilich, wo aus der Betrachtung der Vergangenheit oder auch aus der gedanklichen Spekulation über die Zukunft der Sinn der Gegenwart erkennbar wird und sich erläutern läßt: dort ist der Punkt, an dem auch der Mann des Tages zurücktritt von den grellen Farben des aktuellen Geschehens und prüfenden Auges den Versuch unternimmt, über das hinauszusehen, was der Augenblick fordert, und das zu überblicken, was zwischen dem Gestern und Heute und was zwischen heute und morgen liegt.

Wie aus einem gewaltigen chemischen Prozeß der Läuterung treten aus den vielgestaltigen und wechselvollen Geschehnissen des großen Krieges die klaren Fronten hervor, zwischen denen die Entscheidung ausgetragen wird.

Wir wissen aus den Lehren der geschichtlichen Tatsachen, daß beide Weltkriege, deren Zeuge wir waren und sind, mit kühl rechnendem Menschenverstand planmäßig vorbereitet und herbeigeführt worden sind, – der von 1914 noch mit rein machtpolitischen Argumenten gegen ein Reich, das England zu stark zu werden drohte, im Jahre 1939 zwar mit ähnlichen Argumenten, aber doch mit dem umfassenderen Gedanken, eine revolutionäre Entwicklung auszulöschen, die beginnt, als Fanal zu wirken und die der Welt zeigt, daß sie morsch geworden ist.

Der Krieg freilich ist das große Naturgeschehen im Leben der Völker – sein Verlauf läßt sich nicht in Formeln und Berechnungen zwingen; er mag planmäßig vorbereitet sein und mit Absicht ausgelöst werden, aber wenn dann die Gewalten entfesselt sind, treten ganz neue Faktoren auf den Plan, die die Entwicklungen lenken und die die Ereignisse gestalten. Um einen Krieg zu entfesseln, dazu mag die intrigante Geschicklichkeit einiger weniger genügen, aber einen Krieg zu führen und ihn siegreich zur Entscheidung zu bringen – das ist im zwanzigsten Jahrhundert zur Sache großer Persönlichkeiten und gleichermaßen zur Willensprüfung von Millionen und Abermillionen Menschen geworden.

Hier findet sich nicht nur der dramatischste Berührungspunkt von menschlichem Willen und nationalem Schicksal, denn dieses ist im Geschehen eines totalen Krieges unmittelbar abhängig von der Stärke des ersteren – hier bietet sich das Problem "Persönlichkeit und Masse" von einem neuen Blickpunkt aus dar: Wie der Krieg des 20. Jahrhunderts vom einfachen Soldaten die Eigenschaften fordert, die das Bild der entschlossenen Persönlichkeit ausmachen, so wird im Zuge der totalen Einfügung der Völker in das Kriegsgeschehen von ihnen ein Gleiches erwartet. Und es bedarf keiner Sehergabe, um zu erkennen, daß die siegreiche Kriegsentscheidung in einem so allumfassenden

Kampf wie dem gegenwärtigen, letzten Endes den Völkern sicher sein wird, die die innere Kraft aufbringen, sich in vollkommenster Form aus der "Masse Mensch" zu einer Summe von Persönlichkeit zu entfalten und zu einem festen Block von Wille, Tatkraft und Entschlossenheit zu werden!

Diese Entwicklung ganzer Völker hoch hinaus über die Gedankenlosigkeit des früheren Massendaseins ist mit eines der revolutionärsten Ereignisse unserer Zeit, das weit über den Krieg hinaus seine Wirkung haben wird, weil es die Stellung der Nationen im Weltbilde von Grund auf ändert.

Denn nur in den Formen, nicht im Kern hatte sich das Leben der Völker bisher von der Welt des Mittelalters und der des Absolutismus entfernt. An die Stelle der Büttel des Duodezfürsten waren die milderen, aber wirksameren Formen geistesverwirrender Agitation getreten, an die Stelle der Kanzel die Rednertribüne, an die Stelle des Hexenaberglaubens demokratischer Massenwahn, und an die Stelle des sichtbaren Fürstengeschlechts der nicht so deutlich erkennbare [redacted] Aber die Teilnahme der Nationen an ihrem ureigensten Schicksal war und blieb ein Trugbild! An die Stelle der sichtbaren war eine unsichtbare, an den Platz einer unnationalen eine internationale Herrschaft getreten.

Zwar haben die Völker in wachsendem Maße Anteil am kriegerischen und am Friedensgeschehen genommen, weil die größeren Dimensionen aller Ereignisse und Entwicklungen die Beteiligung der Millionenmassen erheischten – aber der wirkliche Eintritt der Völker in die Weltgeschichte hat erst in unserer Zeit begonnen, seit in Europa Revolutionen emporwuchsen, die an die Wurzel der Dinge rührten, die aus Massen handelnde Nationen, Träger millionenfacher Willenskraft und Entschlossenheit werden ließen. Erst seitdem beginnt die alte Welt zu stürzen und eine neue aufzuerstehen.

Die alte Welt: sie ist die Welt jener unnatürlichen Gegensätze, die wir einst als Grafschaftsgrenzen und später als "Klassen" bezeichneten, eine Welt nationaler Zwietracht und internationaler Verflechtung, der Reibungen zwischen dem Zusammengehörigen und der künstlichen Bindung des sich Fremden. In dieser Welt herrscht der Zweifel, ob die Verschiedenheiten innerhalb eines Volkes nicht etwa stärker seien als die Gemeinsamkeit des Blutes, der Vergangenheit und der Lebensumstände. Der Blasbalg verwirrender Parolen, zersetzender Politik war und ist am Werke, um dem instinktiven Streben der Menschen zur natürlichen Ordnung entgegenzuwirken, ja Kriege wurden und werden entfesselt, wenn sich die Gefahr erhebt, daß ein Volk oder gar ein Kontinent selbstbewußt über alle Trennungen hinweg das Gemeinsame sucht und findet.

Die Wege jener, die diese alte Welt sich untertan gemacht haben, sind oft verschieden, aber ihre Ziele sind stets die gleichen: für unsere moderne Zeit ist es der Begriff "Wallstreet", der die Absicht einer wirtschaftlichen Diktatur über den Erdball, einer Herrschaft über Rohstoffe und Arbeitskraft, über Leistung und Lebensstandard verkörpert, unter der Parole "Moskau" sehen wir das nämliche auf dem Wege politischen Umsturzes und blutiger Drohung angestrebt. Hinter beiden Prinzipien aber steht – wie bei allen großen Entwicklungen – nicht ein unbestimmtes "Schicksal", sondern ein ganz bestimmter Wille; ein Wille, verkörpert durch Menschen von Fleisch und Blut, [redacted] Es ist an Zahl zu schwach, an eigener Leistung zu unfähig, um den offenen Kampf zu wagen. Es hat einst das feudale Zeitalter gestürzt, indem es die Parole der Demokratie, einer vorgetäuschten "Volksherrschaft" und den Bolschewismus, das Mordregime unter dem Vorwand eines "Klassenkampfes", ersann – und es hofft nun zu ernten, was es mit diesen Trugvorstellungen unter den Völkern gesät hat. Es sitzt auf dem Felsen und lockt willenlose Massen mit Sirenklängen in die Strudel der geistigen Verwirrung, in die Abgründe des nationalen Verderbens. Es weiß, daß seine Hoffnungen gescheitert sind, wenn der Massenwahn endet und an seine Stelle Erkenntnis und Wille der Völker tritt.

Was aber das Ende dieser Welt des Wahnes, des Truges und des

Verderbens ist, das ist der Anfang der unsrigen –, der Welt, die wahrhaft neu ist, weil sie den Eintritt der schöpferischen Völker als handelnde Faktoren in die menschliche Entwicklung mit sich bringt und damit ein neues Kapitel im Buche der Geschichte aufschlägt: durch das Wissen um das gemeinsame Schicksal und durch den Willen, es zu meistern, erheben sich aus den gedankenlosen "Massen" von bisher, die natürlichen Gemeinschaften der selbstbewußten Völker von heute und morgen, die ihre Werte in sich tragen und sie nur in sich entfalten können. Vielgestaltige Methoden der inneren Ordnung mögen sie unterscheiden – das gemeinsame Kennzeichen aller aber ist die Geschlossenheit, mit der sie ihren Beitrag in der Gemeinschaft der Nationen leisten. Und wie die einzelnen im Innern das Gemeinsame finden und entwickeln, so wird dies auch untereinander, im Bereich des größeren, kontinentalen Lebensraumes der Fall sein: auch hier wird das Ende fremder politischer Einmischung, [redacted] Zersetzung, international-kapitalistischer Erpressung den Anfang der wahren Freiheit, den Beginn schöpferischer Entwicklung bezeichnen.

Erst auf solcher Grundlage tritt sowohl der Begriff der "Nation" wie der weitere des "Kontinents" aus der Sphäre der Dialektik und der Phrase in den Bereich der Wirklichkeit und Wirksamkeit: nur als geschlossenes Ganzes, ohne innere Vorbehalte und Gegensätze, stellt eine natürliche Gemeinschaft jene Fülle von Kraft und Willen dar, daß sie ihr Leben nicht nur in Stürmen behaupten, sondern auch im Sonnenschein des Friedens ihren Fähigkeiten und Bedürfnissen gemäß einrichten kann, kurz: daß sie zum Herrn ihres Schicksals wird.

Und erst in dem Augenblick, in dem jedes tüchtige Volk dies von sich sagen kann, beginnt die Zeit seiner vollen Entfaltung. Soviel der Begrenzungen – der Disziplin im Innern und der Rücksicht auf andere nach außen – auch stets sein und bleiben müssen, frei ist dann die Startbahn für die Entfaltung der Ideen und Leistungen, und gewiß ist dann, daß der Preis des schöpferischen Wirkens für alle eingebracht wird und den Ansporn bildet für eine weitere glückhafte Entwicklung des nationalen und kontinentalen Schaffens.

Noch vermögen wir nur zu ahnen, was diese neue Welt, die sich mit dem Eintritt der jungen, schöpferischen Nationen auf die Bühne des Menschheitsgeschehens öffnet, für die Zukunft an menschlichen Entwicklungen und Entfaltungsmöglichkeiten in sich birgt, zu welchen neuen Formen des Daseins wir uns zu erheben vermögen, wenn einmal die ganze Kraft dieser schöpferischen Nationen in gemeinsamer Anstrengung und befreit von [redacted]-kapitalistischer Destruktion sich ganz auf die Höherentwicklung der menschlichen Lebensbedingungen konzentriert.

Wir Deutsche wissen jedenfalls, daß wir – über das Bisherige hinaus – der Welt noch unendlich viel zu sagen und zu geben haben, wenn wir nur endlich den Platz an der Sonne, das freie Atmen errungen haben – Güter, von denen wir glauben, daß sie auf dem Erdball für alle tüchtigen Völker zur Verfügung stehen werden, wenn nur endlich das Monopol überlebter internationaler Mächte gebrochen sein wird. Aus unserem eigenen Beispiel erkennen und fühlen wir am überzeugendsten, was es nicht nur für uns, sondern auch für alle anderen bedeuten wird, wenn der Geist und die Tatkraft unserer Nation sich nicht mehr darin erschöpfen müssen, den Bestand unseres Volkes gegen immer neue kriegerische Bedrohung und gegen eine Not zu verteidigen, die internationale fremde Gewalten uns aufgezwungen haben. Welch eine Fülle von Schaffensfreude und Schöpferglück wird unser tätiges Volk erfüllen, wenn es einmal in diese neue Welt eingetreten sein wird, in der die Leistung das Feld ist, auf dem der Wettstreit der Nationen sich vollzieht.

Noch ringt eine längst für den Zusammenbruch reife alte Welt mit der aufsteigenden neuen, aber für uns ist es nicht zweifelhaft, wie dieses Ringen enden wird, wenn nur wir jungen Nationen die Lehren beherzigen und uns der Wahrheiten bewußt bleiben, deren Bewährung wir schon einmal in kurzen Friedensjahren erlebt haben und die uns den Blick in eine große und stolze Zukunft geöffnet haben.

Um diese neue Welt zu erkennen und den Kampf um sie zu führen, dazu bedurfte und bedarf es der großen revolutionären Persönlichkeit, wie wir Deutschen sie in unserem *Kanzler* gefunden haben. Sie zu erringen fordert den selbstverleugnenden Einsatz einer ganzen Generation, das Errungene dann zu bewahren und zu entwickeln – dazu wird neben dem unvergänglichen Erbgut der *ethnischen* Tüchtigkeit die Lehre und die Verpflichtung ausreichen, die aus unserer Zeit in die kommende hinüberführt.

Der starke Glaube an diese Zukunft läßt uns alle die Opfer des großen Kampfes ertragen, läßt uns auch Schweres meistern und facht unseren Willen mit jener glühenden Leidenschaft an, die dort entsteht, wo eine Zeitenwende erkämpft wird.

Unser deutsches Volk ist vorangegangen, es hat sein Schicksal fest in die Hand genommen, und es wird es sich nicht mehr entreißen lassen. Es steht am Tore der neuen Welt, einer Welt der Männer und der Völker, des schaffenden und schöpferischen Lebens.

Wir sehen sie vor uns liegen, und wir fühlen uns stark und entschlossen, uns den Eintritt vollends zu erzwingen.

X. KOMMENTARE VOM FEBRUAR 1943 BIS MÄRZ 1945

Die Briten und der Bolschewismus (26. Februar 1943)

Es wird später einmal zu den größten Merkwürdigkeiten der Menschheitsgeschichte gerechnet werden, daß das britische Weltreich in den letzten Stadien seiner Existenz sich Halt und Rettung von einer Macht versprach, von der es wissen mußte, daß deren bloßes Dasein für England keine geringere Gefahr darstelle als für die übrige Kulturmenschheit, und deren beabsichtigter Überfall auf Europa auch für England nur katastrophale Perspektiven haben konnte.

Solche Betrachtungen vom Standpunkte des späteren Urteils der Geschichte aus sind heute freilich müßig, und wir Deutsche sind die letzten, die Anlaß haben, sich den Kopf der Engländer zu zerbrechen. Wir sehen nur die Tatsache der britisch-bolschewistischen Ehe, und wir wissen, daß sie nicht während dieses Krieges eingegangen wurde, sondern bereits lange vorher von seiten Englands mit vollem Bewußtsein und mit Eifer betrieben worden ist.

Schon in den Jahren vor Ausbruch des Krieges war die seltsame Bemerkung zu machen, daß die systematische Aufrüstung der Sowjets in England in gleichem Maße Befriedigung hervorrief, in dem von Deutschland aus mit Ernst auf sie aufmerksam gemacht wurde. Und als Herr Eden im Jahre 1936 seine berühmte Rundreise nach Moskau und Berlin unternahm, war bereits unverkennbar, auf welcher Seite seine Sympathien standen, und auf welchem Grunde er den Anker des britischen Staatsschiffs auszuwerfen gedachte. Als es dann zum ersten Kampf zwischen Europa und dem Bolschewismus kam – in Spanien –, fanden diese angeknüpften Bande der Sympathie schon praktische

Bewährung. Solange die Roten auch nur eine Stadt der Iberischen Halbinsel noch ihr eigen nannten, waren sie der Anerkennung und Unterstützung der Regierung Seiner Majestät gewiß und die spanischen Freiheitskämpfer für die britische Presse nichts anderes als "Aufständische" und "Rebellen", die bolschewistischen Mordbrenner aber figurierten als "rechtmäßige" und "demokratische" Regierung. Und als dann schließlich die Einkreisung Deutschlands ihren Schlußstein finden sollte, erwiesen sich britische Lords als ausdauernde Bittsteller am Hofe des roten Zaren, die sich auch durch zeitweilige Absagen nicht entmutigen ließen. Im Gegenteil – die sichere Erwartung eines Sowjetsturmes gegen Europa war der Stab, auf den sich die britischen Kriegshetzer nach dem Frankreichfeldzug stützten, war die stille Gewißheit, mit der sie ihre Kriegsspekulation weiterführten.

An all dies mußte sich erinnern, wer die gegenwärtige Phase des Krieges beurteilt und wer die Stellung einer Kritik unterzieht, die Großbritannien gegenwärtig gegenüber den Staaten des Kontinents einnimmt. Diese haben heute erkannt, wie recht der *Kanzler* hatte, als er Europa Jahre hindurch eindringlich an die Gefahr erinnerte, die aus dem Osten droht, und es kann keinen noch so Verblendeten mehr geben, der nicht auf der Stirn der britischen Kriegshetzer den Stempel verbrecherischen Wahnsinns bemerken würde. Er wird jedoch in seinem Urteil über die Kriegsurheber insofern eine gewisse Unterscheidung machen, als er im Falle Roosevelts das Interesse der Vereinigten Staaten und ihrer [redacted] Regenten an einer Vernichtung des europäischen Kontinents als mit den Absichten der Sowjets gleichlaufend in Rechnung stellt, während er in den Churchill und Trabanten die haßverfinsterten Amokläufer erkennt, die bereit wären, selbst unterzugehen, wenn sie nur das deutsche Volk ausgerottet wüßten.

Wer gegenwärtig britische Zeitungen liest und ihre propagandistischen Vorbereitungen und Anstrengungen für das Jahr 1943 studiert, gewinnt den Eindruck, als ob die Londoner Agitatoren in Erkenntnis solcher nüchternen Urteile in Europa das Bedürfnis empfänden, über die aus der britisch-bolschewistischen Bündnisstrategie resultierenden, zwingenden, logischen Schlüsse hinwegzureden. Nur so wird zum Beispiel die überraschende Gesprächigkeit über die harten Schläge erklärlich, die der U-Boot-Krieg den Briten versetzt. Jahrelang haben sie sich darüber ausgeschwiegen, jetzt plötzlich öffnen sich die Schleusen ihrer Beredsamkeit. Freilich – sie übertreiben ganz gewiß nicht in dem, was sie zu diesem Thema sagen, sondern sie dosieren ihre Mitteilungen peinlich genau und verkünden nichts, was uns und der Welt nicht schon seit Monaten bekannt wäre. Doch die gegenüber dem früheren Schweigen besonders auffällige Beflissenheit in der U-Boot-Publizistik ist doch zu auffällig, um nicht von einem bestimmten Plan geleitet und mit der festen Absicht betrieben zu sein, im vierten Jahr nach der britischen Kriegserklärung an Deutschland und im siebenten Jahre der Freundschaft mit Moskau Europa die Phantasie eines Verteidigungskampfes vorzugaukeln. Es mag dabei vielleicht auch die Überlegung eine Rolle spielen, daß dem englischen Volk die schweren Verluste, die ihm bei jeder Art von Unternehmung gegen den Kontinent bevorstehen, unter einer mit dem U-Boot-Krieg verbundenen Parole sinnvoller erscheinen als unter dem Eindruck der nackten Tatsache, daß es sich um Abenteuer handelt, die von Moskau gefordert und für Moskau durchgeführt werden.

Solche agitatorischen Mätzchen mögen für einen sachkundigen Beobachter keineswegs uninteressant sein – aber sie können das Urteil, das die europäischen Völker über England gesprochen haben, nicht mehr beeinflussen. Der Krieg Englands – als haßerfüllter Vernichtungskrieg gegen Deutschland begonnen – ist zu einem bewußten Kampf für die Bolschewisierung Europas geworden. Dies ist eine Tatsache, die unsere Tatkraft und Entschlossenheit beflügelt. Wie der amerikanische, so ist auch der britische Soldat, der versuchen sollte, seinen Fuß auf den Boden des Kontinents zu setzen, der gleiche Feind Europas wie der bolschewistische Kommissar, der im Osten seine Sklaven gegen unseren Schutzwall der deutschen Wehrmacht anrennen läßt. Mit der Verbissenheit, die uns der Ostkrieg gelehrt hat, wird denen geantwortet werden, die etwa auf Abenteuer ausgehen sollten, und die sich dabei in Europa täuschen werden wie niemals zuvor.

Der Tag wird kommen, an dem das britische Spiel mit dem Feuer, an dem der jahrelange Kampf seiner Kriegsverbrecher gegen den Kontinent eine gerechte Sühne finden wird. Wer sich dem Bolschewismus verbunden hat, wird mit ihm fallen. Er aber muß stürzen, wenn Europa leben will!

Europa wird ein Kontinent
(Juni 1943)

Zu keiner Zeit der europäischen Geschichte haben sich in der kurzen Frist weniger Jahre so tiefgreifende Veränderungen auf dem politischen Gesicht unseres Erdteils abgezeichnet wie während des letzten halben Jahrzehnts. Noch 1937 war der Begriff "Europa" nichts anderes als die Bezeichnung für ein Feld internationaler Politik, in dem auf kleinstem Raum die Großmächte der ganzen Welt ihr Spiel trieben; Wien, Prag, Warschau, Paris, Belgrad – dies waren die Plätze, an denen vor allem britische, amerikanische, sowjetische Interessen angemeldet und geltend gemacht wurden. Dazu der spanische Bürgerkrieg, in dem der Bolschewismus unter wohlwollender britisch-amerikanischer Duldung seinen ersten Versuch zum militärischen Eindringen nach Europa unternahm. Es schien eine unabänderliche Tatsache zu sein, daß Europäertum Trabantendasein für fremde Mächte bedeutete, daß die europäische Politik das Versuchsfeld für militärische und diplomatische Abenteuer der ganzen Welt, die europäische Wirtschaft der Ramschmarkt für alles Überflüssige der anderen Kontinente, die europäische Kultur aber nichts weiter als ein Museumsgegenstand aus vergangener Zeit sei.

Es war ein Zustand erreicht, in dem die europäischen Völker ohne jede Ausnahme vor einer unausweichlichen Entscheidung standen: vor dieser Entwicklung zu kapitulieren, die seit langem begonnen hatte und zur staatlichen Auflösung, zum wirtschaftlichen Ausverkauf und zu kultureller Mumifizierung führen mußte, oder in einem großen Prozeß der Selbstbesinnung einen Ausweg aus dem Dschungel jahrhundertelanger kleinstaatlicher Verstrickung zu suchen und einen Ansatzpunkt neuer Belebung, eine europäisch-kontinentale Idee zu finden. Bevor solche Überlegungen reifen konnten, haben dann die Ereignisse des Jahres 1938 und schließlich der Krieg von 1939 – von seinen Urhebern nicht zuletzt herbeigeführt, um eine innereuropäische Einigung zu verhindern – dramatisch in das Rad der europäischen Geschichte eingegriffen. Die politische Initiative der Achsenmächte und dann die Gewalt der Waffen, der sich das Verständnis der Völker anschloß, haben eine europäische Front rascher hergestellt, als dies je erwartet werden konnte. Fast über Nacht waren die Brandherde ausgelöscht, die den fremden Gewalten so oft zur Entfesselung blutigen Streites unter den Völkern gedient hatten.

Diese neue innereuropäische Stabilität, die geistig am Alten haftende Elemente nur noch stören, aber nicht mehr ins Wanken bringen können, wurde alsbald vor die große gemeinsame Kampfaufgabe gestellt, dem Ansturm des Bolschewismus zu begegnen. Dieses gewaltige Ringen ist zu einer europäischen Bewährungsprobe weitgreifendster Ausmaße geworden. Die tapfere Jugend nahezu sämtlicher europäischer Völker – auch solcher, die nicht als kriegführend im staatsrechtlichen Sinne an die Seite des Reiches getreten sind – hat sich unter den Fahnen des Lebenskampfes gegen den Osten gesammelt und beginnt mit ihrem Einsatz eine ganz neue, feste psychologische Grundlage für die neugewonnene politisch-militärische Front Europas zu schaffen. Ein junges Geschlecht wächst heran – unter Taten und Erlebnissen, die dem gemeinsamen Schicksal gewidmet sind. Diesem kämpferischen Einsatz der Jugend schließt sich der Arbeitsbeitrag der Schaffenden der europäischen Völker an, der durch eine wirtschaftspolitische Verflechtung nie gekannten Ausmaßes in besonderer Weise die Entwicklung eines neuen Gemeinschaftsgefühles fördert.

Heute freilich stehen wir nun bereits in einer weiteren bedeutsamen Phase der europäischen Entwicklung: war die Ausräucherung der feindlichen Krankheitsherde am europäischen Körper ein Akt politischer Initiative der Achsenmächte, das gemeinsame Antreten gegen den Bolschewismus ein Kampfentschluß aus allgemein menschlichem Instinkt heraus, dem die Sympathie jedes selbstbewußten Volkes auch ohne besondere geographische Bestimmung gewiß sein müßte, so läßt der jetzige Zeitpunkt des Krieges, im dem sowohl die Briten wie auch die Amerikaner sich mit lauten Worten zu einem Überfall auf die Küsten Europas vorbereiten, ein kontinentales Interesse der europäischen Nationen noch ausgesprochener in den Vordergrund treten. Die Wahnsinnspläne der internationalen Mächte, die sich in Wallstreet wie in Moskau gleichermaßen auf das [redacted] gründen, und die mit alttestamentarischer Verblendung eine "bedingungslose Übergabe" Europas erstreben, um es zerschlagen und seine Völker ausrotten zu können – diese Tollhausabsichten gemeingefährlicher Irrer sagen den europäischen Völkern deutlicher, als es politische Thesen oder diplomatische Protokolle vermöchten, worum es bei dieser spezifisch kontinentalen Kampfaufgabe geht.

Trotz aller Versuche der hinausgewiesenen [redacted] Giftmischer, aus der Ferne immer wieder mit ihren schmutzigen Fingern in das europäische Leben hineinzugreifen, hat auch diese Situation die noch so junge europäische Front nicht zu verwirren vermocht: Die Küsten Europas sind heute zur Lebenslinie für alle Völker dieses Kontinents geworden, zu einer Linie, an der sich erweisen wird, daß diese "alte Welt" wieder jung und stark geworden und in ihren Soldaten und Arbeitern Träger fester und klarer Überzeugungen ist.

Ihr innerer Antrieb ist dabei das Bewußtsein, diesen Angreifern gegenüber, ähnlich wie im Osten einen Lebenskampf zu führen – denn die Zerstörung alles dessen, was Europas eigenes Leben begründet, steht auf dem Panier der Amerikaner und Briten nicht weniger als auf dem ihrer sowjetischen Genossen –, wenn freilich auch Zweifel daran erlaubt sind, ob die amerikanischen und englischen Untertanen von der Notwendigkeit eines Kampfes recht überzeugt sind, [redacted]. Die Erfahrungen jedenfalls, die ihnen bei jeder Art von militärischem Experiment bevorstehen, werden für diese verblendeten und als Kanonenfutter mißbrauchten Völker sicher blutig und schmerzlich sein, aber sind sie deshalb auch in einem höheren Sinne heilsam. Für Europa und seine innere Einheit jedenfalls bringt die gegenwärtige Situation und die Art, wie wir ihr begegnen, eine Vollendung der Entwicklung zum Kontinent und die Erfüllung dieses Begriffes nicht mit einem aktuellen militärischen, sondern auch mit bleibendem politischen und geistigen Inhalt.

Was uns heute als Erschwerung dieses geschichtlichen Prozesses erscheint: daß er mit der Härte eines Weltkrieges, mit blutigen Opfern nicht nur der Soldaten, sondern auch der von Bomben bedrohten Zivilbevölkerung, mit den schwierigen und ernsten Gesetzen einer totalen Kräftemobilisierung verbunden ist – das wird eine spätere Geschichtsschreibung ganz anders werten, denn sie wird erkennen, wie viele Fragen des Zusammenlebens sich leichter und angemessener lösen, wenn eine solche harte und von jedem getragene Bewährungsprobe vorausgegangen ist; sie wird würdigen, was es bedeutet, daß jedes Volk Europas die Chance erhielt, durch tapfere Bewährung, durch entschlossene Leistung unabhängig von den politischen Sünden einstiger Machthaber und von Irrwegen vergangener Zeiten sich den ihm würdigen Platz in der Völkerfamilie des Kontinents zu sichern. Nach bestandener Gefahr wird Europa erst voll erkennen, was es einst entbehrt hat und dann besitzen wird: die Sicherung eines tätigen Lebens, frei von britischer Bevormundung, amerikanischer Wirtschaftsdiktatur, von sowjetischer Bedrohung, frei von der Furcht vor [redacted] Vergewaltigung, Ausbeutung und Kriegshetze; den Anteil an Gütern, die dem zerrissenen Europa versperrt waren, aber dem geeinten offenstehen werden; die freie Entfaltung und den Wettbewerb der Leistung unter allen Völkern des Kontinents ohne die Trabantenpflichten chaotischer Koalitionen und schließlich all die Perspektiven, die wir heute nur als Bilder einer lichten Zukunft zu ahnen vermögen.

Wer das Geschehen unserer Tage in dem Rahmen solcher Erkenntnisse und Ausblicke beurteilt, erhält den rechten Maßstab für die geschichtliche Entwicklung, die auf dem europäischen Kontinent unaufhaltsam ihren Weg geht, und die uns zum Vollstrecker ihrer Forderungen gemacht hat – in dem Kampf gegen jene, die im Banne eines [redacted] Weltherrschaftswahnes uns niedertreten wollen und dabei nach blutiger Erfahrung erkennen werden, daß Europa nicht nur ein Eckpfeiler der bisherigen menschlichen Kulturentwicklung war, sondern daß seine schöpferische Leistung auch die Zukunft der Menschheit bestimmen wird und erst am Anfang ihrer größten Entfaltung steht.

Die vier Freiheiten
(25. Juni 1943)

Der nunmehr zu Ende gehende Kongreß[18] war "das erste politische Ereignis im Leben des europäischen Kontinents, an dem alle Völker dieses Erdteils Anteil genommen und damit einen Beitrag geleistet haben zu einer Demonstration, die sowohl der Vergangenheit wie der Gegenwart, wie auch der großen Zukunft Europas gewidmet ist." Es war der Zweck des Kongresses, vor dem Forum und aus dem Kreis der europäischen Journalisten heraus jene Gedanken und Überzeugungen auszusprechen, die den Völkern dieses Kontinents gemeinsam sind.

"Es ist die eindrucksvolle Erkenntnis unseres Kongresses, daß Europa in seinem heutigen größten Lebenskampf auch von einer klaren Kontinentalidee erfüllt ist. Europa ist nicht nur ein geographischer, nicht nur ein politischer Begriff, es ist nicht nur Geschichte und Vergangenheit, es stellt ein Programm dar, es ist eine Mission."

Wenn der Gegner von "vier Freiheiten" phantasiert, so seien aus den

18 Kongress der UNION NATIONALER JOURNALISTENVERBÄNDE in Wien 1943

Erklärungen des Kongresses ebenfalls vier Freiheiten herauszulesen, die die notwendige Grundlage jeder menschlichen Zukunftsentwicklung sind.

"Unsere vier Freiheiten freilich sind keine nebelhaften Propagandasprüche für das leichtgläubige Publikum, sondern sie sind die Parole für reale Befreiungstaten, das Ideal für den kämpferischen Einsatz von Millionen tapferer Soldaten:

Die Befreiung der Völker von der Geißel der [redacted] Weltvergiftung, das ist die erste der Befreiungstaten, die uns aus den Bekenntnissen des Kongresses als Forderung emporleuchtet.

Die Befreiung der Welt vom Alpdruck des bolschewistischen Mordsystems ist die zweite Freiheit, für die wir mit dem Mute dessen kämpfen, der erfahren hat und weiß, daß jeder menschliche Wert in diesem Kampf auf dem Spiele steht.

Die Befreiung der schaffenden Menschen von der kapitalistischen Ausbeutung, das ist nach den Bekenntnissen dieses Kongresses die dritte Freiheitstat, die im Dienste der schöpferischen Entfaltung aller Tüchtigen errungen werden muß und wird.

Und schließlich wurde uns die Befreiung der Welt vom anglo-amerikanischen Imperialismus als die notwendige Voraussetzung jedes friedlichen Zusammenlebens der Völker überzeugend dargetan.

Diese großen Freiheitsforderungen sind das Bekenntnis unseres Kongresses, aber sie sind keine Entdeckung unserer Zusammenkunft, denn seit Jahren kämpfen und sterben unsere Soldaten für die Verteidigung dieser Ideale in dem Wettkampf, den das [redacted] mit seinen Trabanten gegen die schöpferische Kraft des europäischen Kontinents entfesselt hat.

Das Eindrucksvolle dieses Kongresses aber war, daß diese überzeugenden Ideen unseres weltweiten Befreiungskampfes, auch aus so verschiedenem Munde in so verschiedenen Sprachen, aber doch mit so gleicher Überzeugungskraft zum Ausdruck gebracht wurden.

So waren diese Tage ein Bekenntnis ebenso wie ein Kampfruf, ein Fanal der Entschlossenheit wie eine Demonstration unseres gemeinsamen Willens, einer wahren Befreiung der Völker den Weg zu bahnen, die mit Worten, mit Ideen und Argumenten uns diesen europäischen Weg aufgezeigt haben."

Zum 22. Juni 1944: Der Bolschewismus und seine Steigbügelhalter – Methoden des Moskauer Weltbetruges (22. Juni 1944)

Das politische Bild, das sich heute in Nordafrika und in den von den Anglo-Amerikanern besetzten italienischen Gebieten darbietet, gibt für jeden, der auch nur eine gewisse Vorstellung vom Bolschewismus und seinen Umsturzmethoden besitzt, besonderen Anlaß zu nachdenklicher Beurteilung und entschlossener Stellungnahme.

Fragen, die schon längst beantwortet sind, treten hier plötzlich wieder in den Vordergrund. Wer sind die Bolschewisten eigentlich? Was haben sie mit den Völkern zu tun, was mit der Arbeiterschaft? Welches sind die Argumente, deren sie sich bedienen und wie stellen sich die Mittel und Methoden dar, mit denen sie ihrer Diktatur zustreben? So und ähnlich lauten die Punkte, die im Jahre 1944 in bezug auf die Mittelmeer- und manche andere Länder neu ins Gespräch kommen, obwohl eine mehr als 25jährige allgemeine Erfahrung im Umgang mit dem Bolschewismus darüber bereits längst erschöpfende Vorstellungen und restlose Klarheit vermittelt haben sollte.

Als erstes drängt sich die Feststellung auf, daß der Bolschewismus weder jemals eine Volksbewegung war noch in irgendeinem Lande eine solche geworden ist. Als er in Rußland die Macht an sich riß, verfügte die bolschewistische Partei in diesem riesigen Lande über genau 23.600 Mitglieder. Als die ersten Räterevolten in Deutschland,

Ungarn und anderswo organisiert wurden, war es ursprünglich nicht mehr als ein Haufen [redacted] Intellektueller, freigelassener Zuchthäusler und meuternder Matrosen, die diese Unternehmen vorbereiteten und durchführten.

Das klassische Beispiel dafür, wie wenig der Bolschewismus aus sich selbst heraus eine völkererfassende Kraft besitzt – trotz aller [redacted] Propagandakniffe und trotz Moskauer Rubelsegen – bietet seine parlamentarische Entwicklung im Deutschland der Systemzeit: Als die "Kommunistische Partei" – nach der Wiedervereinigung der USP[19] mit der SPD – erstmals 1924 bei den Wahlen zum Reichstag in Erscheinung trat, erhielt sie 3,7 Millionen Wählerstimmen. Als sie neun Jahre später zum letztenmal, am 5. März 1933, auf den Wahllisten vertreten war, erhielt sie 4,8 Millionen Stimmen. Als die NSDAP 1928 zum erstenmal sich zur Reichstagswahl stellte, fand sie 0,8 Millionen, schon vier Jahre später – im Juli 1932 – 13,7, im März 1933 dann 17,2, im November 1933 39,6 Millionen und schließlich 1938: 48,8 Millionen Wähler in allgemeiner geheimer Abstimmung. So sieht eine wirkliche Volksbewegung aus.

Im Laufe des gegenwärtigen Krieges haben wir dann ja auch in überzeugender Weise erfahren, wie wenig tatsächliche Wirkung sich die bolschewistischen Machthaber von der Zugkraft ihrer kommunistischen Parolen sogar nach 25jähriger Alleinherrschaft im eigenen Lande versprechen: Als der Ernst des Krieges begann, holten sie schleunigst die alten Schlagworte vom "Mütterchen Rußland" aus der Mottenkiste und sogar die Popen wurden wieder in Dienst gestellt, um im "Lande der Werktätigen" den nötigen nationalen Kriegsgeist zu erwecken. Mit zaristischen Achselstücken und patriotischen Liedern feierte eine bis dahin systematisch ausgerottete Gei-

19 Die Unabhängige Sozialdemokratische Partei Deutschlands spaltete sich als Linkspartei im April 1917 von den Mehrheitssozialisten der SPD ab. Im Dezember 1920 kam es über der Frage eines Beitritts zur KPD zur Spaltung des USPD; der linke Flügel vereinigte sich mit der KPD, der parlamentarisch ausgerichtete Teil der USPD trat am 24. September 1922 wieder der SPD bei.

steswelt in eilig betriebener Weise wenigstens agitatorische Urständ.

So grotesk die Berufung der kommunistischen Umsturzorganisation auf "das Volk" ist, so schwindelhaft ist auch ihr Anspruch, eine "Arbeiter-Bewegung" zu sein. Der [redacted] Versuch, auf dem Wege über den Bolschewismus die breiten Massen der Schaffenden für sich zu reklamieren, ist ein längst entlarvter Weltbetrug, den nur Allerdümmste noch nicht durchschauen. Es gibt kein politisches oder wirtschaftliches Prinzip, das den Arbeiter mehr entrechtet als die bolschewistische Theorie und die sowjetische Praxis. Sie nimmt dem Schaffenden sein wertvollstes Vermögen, sein wichtigstes Lebenselement: die Chance des Tüchtigen, die Verfügung über die eigene Leistung. Die Slums und Hinterhofquartiere, das sogenannte "graue Arbeiterelend", die die Folgeerscheinungen kapitalistischer Mißwirtschaft sind, werden im bolschewistischen Staatsaufbau zum Standard des Daseins aller Staatsbürger. Das Schlagwort von der "Diktatur des Proletariats" bedeutet in Wahrheit das Gewaltregiment einer [redacted] Clique zur Ausbeutung aller Schaffenden. In keinem Lande der Welt ist der Arbeiter so zum willenlosen Statisten volksfremder Gewalthaber herabgewürdigt, nirgends ist der Alltag der Schaffenden vom Zustand sozialistischer Freiheit so weit entfernt wie im Lande der sog. Rätediktatur. Unter den Millionen deutscher Soldaten, die auf dem Boden der Sowjetunion kämpfen und weit in dieses "Arbeiterparadies" eingedrungen sind, mögen gewiß einige Hunderttausend gewesen sein, die einst in Deutschland den Parolen der KPD Glauben geschenkt haben. Die Wirklichkeit, die sie zu sehen bekamen, hat ihnen die letzte Illusion über die [redacted] Schwindelmanöver genommen, mit denen der Bolschewismus den Arbeiter sein eigenes Grab schaufeln läßt.

Man ist sich in Moskau auch gar nicht im unklaren darüber, daß weder mit bolschewistischer Praxis noch mit marxistisch-leninistischen Theorien irgendwo ein größerer Anhang zu gewinnen und damit eine Machtergreifung nach parlamentarischen Spielregeln zu ermöglichen ist. Man hat deshalb andere Methoden entwickelt, um dennoch zum Ziel zu kommen: Die eine dieser Methoden sieht jeweils die Propagierung ganz allgemein populärer Parolen vor, wobei es ganz gleichgültig bleibt, ob diese mit dem bolschewistischen Programm zu vereinbaren oder irgendwie zu verwirklichen sind. Es geht nur darum, in bestimmten Zeitpunkten die Gesamtheit eines Volkes wenn schon nicht zu gewinnen, so doch über die wahre Absicht der bolschewistischen Hetzer – die Errichtung ihrer eigenen Gewaltherrschaft – wenigstens hinwegzutäuschen. Auf der gleichen Linie liegen die bolschewistischen Versuche, durch getarnte Organisationen, Sportvereine, Sprachkurse, Studentenvereinigungen und Kulturbetriebe, wie dies z. B. in den USA geschieht, in hemmungsloser Weise jede Gepflogenheit der Leidenschaft eines Volkes zu nutzen, um eine Anhängerschaft zu gewinnen, die sie für ihre wahren bolschewistischen Ziele niemals versammeln könnten. Dienen solche Verfahren vor allem der Absicht, mögliche Widerstände aus dem Volke wenigstens zeitweise auszuschalten, so ist ein weiteres politisches Rezept aller Bolschewistenhäuptlinge ihr wichtigstes, denn es führt unmittelbar zum Ziel: zur Macht. Dies ist ihr Streben nach engster Verbindung mit einflußreichen, aber innerlich schwachen Kräftegruppen, deren Machtmittel benützt werden können, um schließlich die Führung aus ihrer in die eigene Hand zu nehmen.

Die geschilderten Methoden sind aus der Geschichte aller Sowjetrevolten nur allzu bekannt. In Rußland war es die Parole vom "allgemeinen Frieden", die sie aufstellten, um die Massen zu beruhigen, in München verkündeten sie 1919 einen "Donaustaat", der bessere Bedingungen erhalten würde,[20] in Ungarn erhob sich [redacted] Bela Kun zur Macht, indem er erklärte, die Sowjetarmee sei schon unterwegs, um die alten Grenzen Ungarns gegenüber den Diktaten der Entente

20 Kurt Eisner (1867-1919). Sohn eines [redacted] Fabrikanten, proklamierte am 7.11.1918 - noch vor dem Rücktritt des Kaisers - die Republik Bayern und übernahm als Ministerpräsident die Spitze einer Regierung aus SPD und USPD. Durch die Publikation einseitig Deutschland belastender Dokumente zum Kriegsausbruch erhoffte er sich auf Kosten des restlichen Reiches günstigere Friedensbedingungen für seinen "Donaustaat".

zu schützen. Daß die einzelnen politischen Lügen, deren sich die bolschewistische Organisation jeweils bedient, in der Regel grotesk dumm und völlig durchsichtig sind, spielt gar keine Rolle, denn der Zweck des Manövers ist erfüllt, wenn es in einem entscheidenden Augenblick gewirkt und die Bolschewisten an die Macht gebracht hat.

Man kann überzeugt sein, daß die Moskauer Organisatoren heute in Algier ebenso wie in Rom, in London wie in Chicago um agitatorisch passende, örtlich populäre, möglicherweise sogar nationalistisch getarnte Lügensprüche ebensowenig verlegen sein werden, wie sie es einst in Petersburg, in München, in Budapest, in Madrid und überall dort gewesen sind, so sie seit einem Vierteljahrhundert Revolten angezettelt haben. Die Kunst, solche zu beginnen und zum Erfolg zu führen, ist bekanntlich in Moskau seit Lenins Zeiten sogar wissenschaftlicher Lehrgegenstand. Das alte Wort vom "Zweck, der die Mittel heiligt", findet in der bolschewistischen Umsturzpraxis jedenfalls seine modernste, umfassendste und vielerorts auch wirkungsvollste Anwendung.

Der Tatbestand freilich, daß die militärische Macht einer angloamerikanischen Besatzungsarmee den Hintergrund des alten und doch immer neuen bolschewistischen Umsturzzieles abgibt, dürfte so außergewöhnlich sein, daß er auch in den kühnsten Lehrsätzen der Moskauer Revolte-Professoren bisher noch nicht vorgesehen war. Was ist schon das Spiel der "Volksfront", die Einspannung ahnungsloser bürgerlicher Parteien in den bolschewistischen Revoltenplan im Vergleich zur Mitwirkung echter Generale und bewaffneter Divisionen. Anglo-amerikanische Regimenter gewissermaßen als Vortruppen und als Seitensicherung in den politischen Angriff einbeziehen zu können – gibt es eine günstigere Situation für den Umstürzler, ein verlockenderes Signal zu raschem Handeln?

Zum mindesten sind sie nützlich zur Niederhaltung aller antibolschewistischen Regungen, die – ganz logisch – als "faschistisch" oder "nazistisch" bezeichnet werden; denn schließlich sind die nationalsozialistische, die faschistische und die ihnen befreundeten

Bewegungen die einzigen klar antibolschewistischen Faktoren des Kontinents.

Wir *Parteimitglieder* haben in den Jahren des inneren Kampfes die damaligen Sozialdemokraten und alle sogenannten "linksbürgerlichen" Parteien als die "Steigbügelhalter" des Bolschewismus bezeichnet, und dieser Ausdruck hat sich schon damals als der einzig richtige erwiesen. Unfähig durch eine echte Volksbegeisterung auf dem Wege über aufrichtiges Vertrauen breiter Massen die politische Führung zu erhalten, steht und fällt jede bolschewistische Revolte mit der Unterstützung, die sie von anderer, in der Regel von demokratisch-marxistischer und bürgerlicher Seite erhält. Schuldig an einer bolschewistischen Revolte sind deshalb überall jene rückgratlosen schwächlichen Erscheinungen, eben die "Steigbügelhalter", mit deren Hilfe sich die boleschewistische Clique in den Sattel schwingt.

In Rußland war es Kerenski,[21] in Ungarn hieß er Graf Károlyi,[22] in Nordafrika kennen wir seinen Namen auch bereits: de Gaulle, in den besetzten italienischen Gebieten hat die sich dort überstürzende Entwicklung jetzt einen 72jährigen Greis an die Spitze eines Staatswesens gestellt, auf das die Bolschewisten das Lasso bereits losgeworfen haben.

Wie die Methoden des bolschewistischen Machtstrebens in ihrem Kern stets die gleichen sind, so sind natürlich auch die Ergebnisse solch planmäßiger Vorbereitung und präziser Ausführung stets die nämlichen: die Schaffung einer sowjetischen Diktatur, die in schamlosester Weise die Herrschaft einer [redacted] Minderheit über ein machtloses Volk realisiert. Das Merkmal dieses Systems, das

21 Alexander Fjodorowitsch Kerenskij, (1881-1970), Russe mosaischen Glaubens seit Juli 1917 letzter kaiserlicher Ministerpräsident Rußlands, der sich für die von den westlichen Alliierten geforderte Offensive Rußlands gegen die Mittelmächte einsetzte, die zum Zusammenbruch Rußlands führen sollte. Floh in Frauenkleidern und lebte danach im westlichen Exil.

22 Mihály Graf Károlyi von Nagykárolyi (1875-1955), ungarischer Politiker, nach Ausrufung der ungarischen Republik am 31. Oktober 1918 deren Präsident; konnte die politische Radikalisierung nicht verhindern, trat am 31. März 1919 zurück und ging ins Exil.

sich nur durch Spiegelfechterei und Betrug installiert, ist es dann freilich, daß es nur im soldatischen Kampf, nur durch Blut und Wunden ganzer Armeen wieder beseitigt werden kann. Die letzten Beispiele für die Tatsache, daß ein bolschewistisches Regime im Handumdrehen an die Macht kommt, aber nur durch Waffengewalt wieder beseitigt werden kann, bieten die baltischen Staaten. Wäre dort nicht vor drei Jahren die deutsche Wehrmacht eingerückt, so würde inzwischen gewiß auch noch der Rest des estnischen Volkes verschleppt, die Letten und Litauer zu weiteren Zehntausenden massakriert worden sein,[23] ohne daß ein Hahn nach ihnen gekräht hätte. Durch die Hintertüre schleicht sich der Bolschewismus ein, aber das ganze Haus muß im blutigen Kampfe gestürmt werden, um ihn wieder zu vertreiben.

Wer an diese, in einem Vierteljahrhundert immer neu bestätigte Tatsache denkt, der wird sich klar darüber, nicht nur welche Gefahren, sondern auch welche kommenden Kämpfe jene Londoner und Washingtoner Steigbügelhalter des Bolschewismus heraufbeschören, indem sie in Süditalien und in Algier dem Moskowiter Verbrechertum Tore öffnen, die vordem durch das italienische wie auch das französische Volk verschlossen waren. Der heilige Zorn der Völker wird einmal beide im gleichen Maße treffen: jene, die eindrangen, wo sie nichts zu suchen hatten, und jene, die diese Lage nützten, um sich eine Macht anzueignen, die ihnen die Völker verweigern.

Den Steigbügelhaltern im Weißen Haus und an der Themse aber sei das folgende ins Stammbuch geschrieben:

" Alle eure Kriegsverbrechen überbietet ihr noch durch euren Handlangerdienst für den bolschewistischen Völkerbetrug.

Ihr selbst, [redacted]

---

23 Nach der Besetzung der drei baltischen Republiken Estland, Lettland und Litauen durch die Rote Armee am 15. Juni 1940 im Windschatten des deutschen Westfeldzuges wurden von der sowjetischen Geheimpolizei sofort Zehntausende politischer Gegner - Antikommunisten und Nationalisten - verhaftet und zumeist liquidiert. Wie hier vorausgesehen, wiederholte sich diese Tragödie 1944/45.

[redacted], werdet noch einmal vor der Natter zittern, die ihr an eurem Busen genährt habt. Denkt – diese Lehre wollen wir euch im Interesse eurer Völker weder heute noch jemals vorenthalten – aber auch dann daran, daß es gegen den Biß der Schlange das Mittel des harten Zupackens gibt. Sie ist ein Nichts, wenn man sie zertritt, aber sie vernichtet jeden, der sie gewähren läßt.

Die Stunde ist schon auf dem Marsch, wo euch das, was ihr heute als [redacted] verschreit, zur blutigen Wahrheit werden wird.

Denkt früher daran, als die Kerenski und Konsorten. Denkt daran, bevor es für euch zu spät ist."

*

Ein Nachwort für uns Deutsche: Die Probleme, die in diesem Aufsatz dargelegt sind, haben in unserem Lande vor 12 Jahren genauso bestanden, sie sind dann aber entschlossen gelöst worden. Daß der bolschewistische Betrug nun mit Feuer und Schwert uns von außen aufgezwungen werden soll, schreckt uns nicht, weil wir wissen, daß das Sowjetsystem trotz aller Machtentfaltung ein Koloß auf tönernen Füßen ist. Wer den Bolschewismus einmal erkannt und durchschaut hat, der ist nicht nur im Innern vor ihm sicher, sondern auch im Ringen eines gewaltigen Krieges. Die Erkenntnis dessen, was auf dem Spiele steht, vervielfacht die Kraft derer, die gegen Moskau um ihr nationales Leben und ihre freie Zukunft kämpfen.

Die große Alternative – Deutscher Sieg oder Sowjeteuropa?
(21./22. Oktober 1944)

Die heutige kontinentale Perspektive ist weder neu noch überraschend. Der Griff nach Europa ist das fanatisch erstrebte Ziel Moskaus seit den Zeiten Lenins. Dieser schrieb schon 1919: "Die Revolution in Europa muß kommen. Sie wird kommen. Darüber besteht kein

Zweifel. Alle unsere Hoffnungen, den Endsieg zu erleben, beruhen auf dieser Gewißheit und auf ihrer wissenschaftlichen Vorherbestimmung."

Die "wissenschaftliche Vorherbestimmung" hat sich freilich als peinlicher Irrtum erwiesen. Sie beruht vor allem auf der Erwartung eines bolschewistischen Umsturzes in Deutschland. Dort aber wuchs die nationale Volksbewegung empor und der moskowitische Spuk verflüchtigte sich im Handumdrehen. Daraufhin warfen sich die Sowjets auf die andere Seite, putschten ihre Aufrüstung in die Höhe, um durch Feuer und Schwert zu erzwingen, was mit Putsch und Lüge nicht zu erreichen war. Daß sie freilich die Mitwirkung der angloamerikanischen Armeen auf dem Wege zu ihrem Sowjeteuropa finden würden, dürften allerdings nur wenige [redacted] Machthaber des Kremls ernsthaft erhofft haben.

Eines war den Bolschewisten damals ebenso klar, wie es ihnen heute ist: der Hauptgegner war und ist Deutschland. Solange das Reich inmitten des Kontinents steht, solange das Hundertmillionenvolk der Deutschen in Freiheit lebt, mag es bolschewistische Machthaber in diesem oder jenem Lande geben, Europa als Ganzes ist dann immer noch ein selbständiger Faktor. Nur die Auslöschung des deutschen Lebenswillens würde das Tor dem "Endsieg" öffnen, wie ihn Lenin erträumte.

Dies müssen wir wissen, um die gegenwärtige europäische Alternative in ihrer ganzen weltgeschichtlichen Bedeutung zu erkennen. Es gibt nur zwei Möglichkeiten: Die Sowjetisierung Europas und zwar ganz Europas, wobei auch Britannien nicht lange eine Insel bleiben dürfte – oder die deutsche Behauptung in seinem Lebenskampf, den Sieg des Reiches als nationalen Faktor, als politischen Schwerpunkt des Kontinents.

Wer – wie wir – den bolschewistischen Völkerbetrug am eigenen Leibe verspürt und dann im sowjetischen "Paradies" seine ganze Nacktheit erblickt hat, der weiß, daß alles, was Europa war und ist, alles, was seine Völker zu Nationen machte, alles, was sie an Kraft und Leistung der Welt gegeben haben, ein blutiges Ende, den sicheren

Untergang finden müßte, wenn aus dem Kontinent ein sowjetischer Friedhof würde. Eine Schicksalsstunde von erbarmungsloser Schwere hätte für alle Völker der Erde in dem Augenblick geschlagen, in dem die [redacted] Lüge des Bolschewismus sich als Gesetz den Ländern aufzwänge, von denen drei Jahrtausende hindurch Geist und Tatkraft in alle Welt hinausstrahlte. Die Frage: Sowjeteuropa oder deutscher Sieg ist für alle Völker des Kontinents nichts anderes als die Frage: Tod oder Leben!

Wir Deutsche - die wir in diesen Monaten so oft erleben mußten, daß Verräter ihre Völker blind dem Gefängnis auslieferten, die wir die Anglo-Amerikaner in selbstmörderischem Wahn an unsere Grenzen anrennen sehen, können auch durch diese Erlebnisse nicht an der kontinentalen Verantwortung irregemacht werden, die auf unserem Kampfe lastet. Mögen manche, von einer Blindheit geschlagen, die sich schon oft als eine europäische Eigenschaft erwiesen hat, [redacted] Haßparolen nachbeten – auch ihre Zukunft ist auf dem deutschen Felsen, den wir mit Nägeln und Zähnen verteidigen, denn er ist die einzige Insel nationaler Freiheit und sozialistischer Ordnung, er ist der Platz, von dem aus allein schließlich das neue, wahrhaft kontinentale Leben eines in härtester Not wiedergeborenen Europas angehen wird.

Volkssturm und Volkskrieg
Der neue Faktor im Kampf um Deutschland
(24. Oktober 1944)

Im Lager unserer Feinde, im Getöse ihrer voreiligen Siegesfanfaren ist die Nachricht vom Aufgebot des Deutschen Volkssturmes, der Hinweis auf den bedingungslosen Widerstand, der den Angreifer erwartet, wo immer er seinen Fuß auf deutschen Boden setzt, als greller Mißton bemerkt worden. Die nüchterne Überlegung geht auch auf seiten unserer Feinde dahin, daß die Werte und Kräfte, die ein entschlossen um die Existenz kämpfendes Volk aus sich heraus entwickelt, unberechenbar und deshalb in der Kriegführung des 20. Jahrhunderts nicht weniger wichtig zu werten sind als in all den historischen Entscheidungen vergangener Zeiten.

Mit der Volkssturmorganisation und dem Volkskriegsgedanken treten neue Faktoren im Kampf um Deutschland auf den Plan. Schon die Festigung der Fronten, wie sie sich gegenüber den schwierigen Verhältnissen des Juli im Osten und des August im Westen heute bereits abzeichnet, ist zum Teil ein Ergebnis dessen, das wir als Volkskrieg verstehen: es war die erste Tat dieses von allen Volksgenossen für die Erhaltung der Nation geführten Kampfes, mit dem Spaten in der Hand der im Kampf den Grenzen des Reiches sich nähernden Truppen Auffangstellung zu bauen und ihr damit die Möglichkeit der Auffrischung und Neugliederung zu bieten. Schon an diesem Beispiel wurde damals deutlich, welche neuen Gesichtspunkte sich für den Kampf der Armeen dort eröffnen, wo die ganze Bevölkerung mit Herz und Hand sich einsetzt, um dem Feind Einhalt zu gebieten.

Aber auch die operative Bedeutung der Volksbewaffnung steht für jeden außer Zweifel, der die Kampfentwicklungen dieses Krieges mit Aufmerksamkeit verfolgt hat. Schnelligkeit und Überraschung, Durchbrüche und Luftlandungen sind die Merkmale moderner militärischer Operationen geworden. Beide Elemente können nicht entfaltet werden in einem Lande, in dem überall mit einem Widerstand zu rechnen ist, der infolge des möglichen Einsatzes ebenso einfacher wie wirkungsvoller Abwehrmittel und -waffen auch für den modern ausgerüsteten Angreifer unüberwindlich sein kann.

Schon dieser Hinweis zeigt, welche Bedeutung der entschlossene und organisierte Einsatz aller Männer, die in den Städten und Dörfern der Heimat arbeiten, im Falle einer Annäherung des Feindes gerade im modernen Krieg gewinnen kann. Mit dem Kampf an den Grenzen des Reiches wird tatsächlich ein neues Kapitel nicht nur des Krieges, sondern auch seiner Methoden eröffnet. Dies mögen die Briten, die sich schon voreilig am Ziele glauben, und die Amerikaner, die sich immer stürmischer fragen, was sie in Europa zu suchen haben, nicht gerne hören, aber sie werden es zu spüren bekommen!

Für den deutschen Volksgenossen in der Heimat bietet das Antreten des Volkssturmes keine Überraschung. Er ist nicht nur in vielen Gauen bereits dem Volksaufgebot gefolgt, indem er den Spaten in die Hand nahm. Im ganzen Reich hat er sich stets zum Gedanken des vollen Einsatzes bekannt, wo immer der Ruf an ihn erging. An der Flak, in der Landwacht und anderen Diensten hat er seinen Mann gestanden. Die deutschen Hände greifen deshalb heute ganz selbstverständlich zum Gewehr, zur Mine oder zur Panzerfaust.

Der Begriff des "Volkskrieges" – wie wir ihn verstehen – findet im Volkssturm seine wirkungsvollste militärische Organisation, aber er greift auch noch darüber hinaus, er umfaßt das ganze Lebens- und Arbeitsfeld des Volkes, soweit es unmittelbar vom Frontgeschehen erfaßt wird. Der kämpfende Soldat findet in der frontnahen Heimat opferbereite, nie erlahmende Hilfe, der Feind fanatischen Widerstandswillen. Wer immer mit ihm in Berührung kommt - Kind oder Greis, Mann oder Frau – wird stolz und leidenschaftlich daran denken, daß dieser Feind Reich und Volk vernichten will, daß kein Deutscher deshalb ihm Unterstützung bieten, keine Handlung für ihn unternehmen oder auch nur ein Wort zu seinem Nutzen sprechen kann. Jeder Handgriff für den Feind wäre Landesverrat, jede ihm dienliche Mitteilung ein todeswürdiges Verbrechen, jeder Schaden, der ihm zugefügt wird, aber ist eine Tat, die dem deutschen Soldaten und Kämpfer hilft, dem Eindringling aufs Haupt zu schlagen.

Alles, was der Feind sagt, ist dazu bestimmt, uns innerlich zu schwächen, damit er uns vernichten kann. Alles, was der Feind tut, zielt darauf ab, unsere Heimaterde zu verwüsten, unser Reich ins Chaos zu stürzen, unser Volk in vernichtender Sklaverei auszurotten. Unser ganzes Tun und Lassen soll deshalb überall dort, wo der Feind droht, unter dem Gesetz eines unerbittlichen Widerstandes, im großen wie im kleinen stehen; – all unser Sinnen und Trachten, das Überlegen und Handeln jedes Deutschen kennt da nur das Gebot *Hitlers*:

"Dem uns bekannten totalen Vernichtungswillen unserer [redacted] -internationalen Feinde setzen wir den totalen Einsatz aller deutschen Menschen entgegen."

Unser Dienst im Volkssturm, unsere Gedanken an den Volkskrieg sind Ergebnis und Ausdruck unseres Glaubens an unsere Zukunft, unseres Wissens zum Leben und einer soldatischen Haltung, die uns von unseren Vorfahren vererbt ist und zu der uns das Beispiel all der Kämpfer dieses Krieges neu verpflichtet. Diese Haltung wollen wir mit unüberwindlicher Leidenschaft zu loderndem Feuer steigern, auf daß Deutschland zu einem glühenden Stahlbock werde, dem der Feind sich nicht nähern kann, ohne sich selbst zu vernichten.

XI. WIR KLAGEN AN
(23. November 1944)

I. Der erste Weltkrieg und das "internationale Sittengesetz"

Als der erste Weltkrieg zu Ende gegangen war, weil Deutschland den Erklärungen des US-amerikanischen Präsidenten Wilson Glauben geschenkt und sich freiwillig dem Feinde ausgeliefert hatte, zog der britische Ministerpräsident Lloyd George mit dem Rufe "Hang the Kaiser" durch die Versammlungssäle seines Wahlkreises. Das Diktat, das dann in Versailles folgte, forderte ein Gerichtsverfahren gegen den früheren Deutschen Kaiser "wegen schwerster Verletzung des internationalen Sittengesetzes". In einer Note, die die Versailler Alliierten zur Erläuterung an die deutsche Delegation richteten, wurde erklärt, daß der erste Weltkrieg "als ein vorsätzlich gegen das Leben der Völker Europas ersonnenes Verbrechen" Deutschlands zu beurteilen sei.

Unter den zahllosen Lügen, aus denen das giftige Gewebe des Versailler Diktates zusammengefügt wurde, haben sich die Behauptungen über die Kriegsschuld als die niederträchtigsten und unhaltbarsten erwiesen. Unhaltbar gegenüber jeder geschichtlichen Forschung, die seitdem die von der Entente gegen Deutschland gesponnenen Kriegsfäden völlig bloßgelegt hat, niederträchtig aber vor allem deshalb, weil diese ganze Anklage nur einem Ziele diente: die eigene geschichtliche Schuld zu verdecken, den Blick der Welt von den wahren Kriegsverbrechern des Krieges 1914/18 abzulenken.

*

Es ist ein natürlicher Vorgang, daß die Völker, die in härtester Prüfung des Krieges stehen, über die Ursache des Kampfes nachdenken und die Frage erheben, ob die kriegerische Auseinandersetzung zu vermeiden war und wer die Männer sind, denen eine Schuld daran beizumessen ist, wenn aus geistigen, politischen oder wirtschaftlichen Schwierigkeiten und Spannungen ein Zusammenstoß der Waffen, ein millionenfaches Aufgebot der Soldaten mit all seinen Härten und Folgen entstand.

Wenn wir diese Frage im Hinblick auf den gegenwärtigen großen Weltkrieg untersuchen, so sind wir uns bewußt, daß auch heute wieder von der Seite unserer Feinde ein lautes Geschrei aufgeführt wird, mit dem das deutsche Volk der Welteroberungsabsicht geziehen und ihm damit genauso wie im ersten Weltkrieg die Schuld am großen Ringen zugeschoben wird.

Die Schlagworte der feindlichen Propagandamaschine lassen sich in den Sätzen zusammenfassen: "Das deutsche Volk trachte danach, die Welt zu beherrschen", die "preußische Militärkaste" wolle die friedlichen Völker überfallen, eine "teutonische Anbetung der Gewalt den Begriff des Rechtes auslöschen" – und was dergleichen gemeingefährlicher Unsinn mehr ist, mit dem Millionenvölker sowohl in den ersten wie in den jetzigen Weltkrieg gezerrt wurden!

Für den deutschen Leser, dem sich jedes Wort gegenüber diesen dummdreisten feindlichen Parolen erübrigt, sind sie nichtsdestoweniger bemerkenswert und aufschlußreich. Wer solch irrsinnige Verdächtigungen ausgerechnet gegen ein Volk richtet, das jahrhundertelang nur der Schauplatz fremden Machtstreites war, während andere die halbe Welt eroberten, der muß schon viel zu verbergen haben.

In Versailles wurde unter Berufung auf die Kriegsschuldlüge der Versuch unternommen, Deutschland zu vernichten. Der französische Marschall Foch verkündete damals stolzgebläht: "Es gibt zwar noch Deutsche, aber kein Deutschland mehr." Ohne die Wiedererhebung 1933 hätte er gewiß recht behalten. Heute schreien die Morgenthau und Konsorten, daß "Versailles zu milde" gewesen sei, daß Deutschland nur getroffen werden könne, wenn das deutsche Volk ausgelöscht werde. Dieses sei ein "Würger" unter den friedlichen Völkern (laut Vansittart); solange es bestehe, könne kein Friede sein.

Die Rolle der Morgenthau und Vansittart, der Roosevelt und Churchill, der Stalin und all der anderen wahren Verantwortlichen dieses Krieges ist heute schon so zweifelsfrei vor aller Welt enthüllt, daß die Lautstärke ihres Geschreies, mit dem sie ihr "Haltet den Dieb!" verkünden und den deutschen Volkscharakter für das verantwortlich machen, was sie höchst persönlich auf dem Gewissen haben, nicht weniger begreiflich ist als das "Hang the Kaiser" derer, die den ersten Weltkrieg auf dem Gewisen haben.

In der Oktobernummer 1944 der Monatsschrift "Contemporary Review" hat ein britischer Journalist, George Glasgow, in einem Rückblick auf die britische Politik der Zeit vor 1914 Bemerkungen gemacht, die die Geschichte der antideutschen Kriege in ganz anderer Weise beleuchten, als es die Vansittart und Churchill wahrhaben wollen. Er schreibt:

"Als die junge deutsche Nation klug, geschickt, fleißig und unternehmungslustig ihr Reich gründete, sah England in dem aufsteigenden Deutschland nur einen Rivalen. Für die dann einsetzende antideutsche Einkreisungspolitik trägt Großbritannien die Hauptverantwortung. Der Krieg von 1914 war die furchtbare und unvermeidliche Konsequenz dieser Politik."

Übersetzen wir diese britischen Worte in eine deutlichere Sprache: Als das deutsche Volk – sechs Jahrhunderte nach dem britischen, vier Jahrhunderte nach dem französischen und hundert Jahre nach Gründung der USA – endlich seine politische Einheit schuf, trat es als neue Macht in den Kreis derer, die vorher die Welt unter sich aufgeteilt hatten. Mit dem verbrecherischen Instinkt von Leuten, die fremdes Gut besitzen, sind diese dann gemeinsam über den Habenichts hergefallen, der sich überraschend an ihre Seite stellte!

Nichts macht diesen Hintergrund des ersten Weltkrieges deutlicher als die Wiederholung des gleichen Schauspiels, das wir in der britisch-amerikanischen Politik unserer Zeit gegenüber Italien und Japan erlebten. Als das faschistische Italien eine Großmachtstellung anmeldete und im Mittelmeer mit den Briten zu konkurrieren begann, als Japan in Ostasien, wo ganz gewiß kein Engländer und auch kein Amerikaner zu Hause ist, deren Besitz zu gefährden drohte – da ward das Stichwort "Krieg" mit gleicher Vehemenz ausgerufen wie zu Beginn unseres Jahrhunderts gegen Deutschland allein. Aber England und die USA geben natürlich keineswegs zu, daß sie in Ostasien für ihre Herrschaft in Singapur, Hongkong und auf den Philippinen, für Opiumhandel und Ölgeschäft zu Felde ziehen, nein, sie kämpfen "gegen die japanische Militärkaste, die die Freiheit der Völker bedroht". Fast fünfzehn Jahre lang galt der Duce in London als hochangesehener europäischer Staatsmann; als er aber daran erinnerte, daß auf Malta Italiener wohnen und daß die britischen Inseln nicht im Mittelmeer, sondern im Atlantik liegen, da wurde er "der Räuber", den es im Interesse der bedrohten Menschheit auszurotten gelte. Und dem Spanien Francos gegenüber wurde die Sprache Londons erst gemäßigt, seit dort der Hinweis auf das spanische Gibraltar wieder zu den Akten gelegt wurde.

Diese Streiflichter genügen, um jenes merkwürdige "internationale Sittengesetz" zu beleuchten, das verletzt zu haben sich Deutschland in Versailles angeklagt sah. Es war gewiß kein Gesetz, das das Deutschland von 1914 gebrochen hatte, es war bestenfalls eine Sitte, mit der es in Konflikt geriet: die Sitte von Besitzenden, sich selbst für gerecht und gottgefällig, den weniger Begüterten und dennoch Stolzen aber für verdächtig und gefährlich zu halten, den es niederzuschlagen gilt, bevor er über die Güterverteilung nachzudenken beginnt.

Die Räuber, die keinen Ehrlichen, die Erbschleicher, die keinen Schaffenden in ihrem Kreise dulden wollen, ja ihn heimlich fürchten, weil er es nicht genauso gemacht hat wie sie und trotzdem groß geworden ist – dies ist die Atmosphäre, in der der erste Weltkrieg entstanden ist.

Mit dieser Kenntnis, die ihre geschichtliche Bestätigung längst gefunden hat, wollen wir uns nun dem großen Zusammenprall der Weltmächte zuwenden, der knapp zwanzig Jahre nach Versailles begann und der heute auf seinem Höhepunkt angelangt ist. Wir wollen prüfen, welches die Gründe sind, die zu dem neuen Kampfe führen, und wer die Männer, die die geschichtliche Verantwortung tragen.

Wir wollen sehen, ob der neue große Weltkrieg unvermeidlich oder ob er vermeidbar war, und welche Anklage wir als Deutsche vor dem Richterstuhl der Geschichte zu erheben haben.

2. Wilson – der erste Kriegsverbrecher

"Wenn Deutschland – wie viele behaupten – irgendeine 'gräßliche Überraschung' vorbereitet, wer ist dann der Angreifer? Ist es Deutschland, das geschlagen, erniedrigt und geächtet wurde, oder sind es jene Nationen, die es geschlagen, erniedrigt und geächtet haben?"

Es ist wieder ein Brite, der bekannte Organisator der englischen Panzerwaffe im ersten Weltkrieg, Generalmajor J. F. C. Fuller, der diesen bemerkenswerten Satz im Jahre 1937 in seinem Buch "Der Erste der Völkerbundskriege" niederschrieb.

Dieser Satz läßt sich ebenfalls deutlicher und nach der inzwischen eingetretenen Entwicklung auch richtiger aussprechen: Der neue Weltkrieg ist eine so unmittelbare Folge des ersten Weltkrieges, daß die spätere Geschichtsschreibung stets beide gemeinsam behandeln wird. Deutschland hat 1918 die Waffen niedergelegt, obwohl es, wie der britische Oberkommandierende Marschall Haigh dem amerikanischen Obersten House offen sagte, "in militärischem Sinne nicht besiegt" war. Es hatte den Krieg beendet, hatte sich bereit erklärt, durch die Preisgabe Elsaß-Lothringens ein schweres Opfer zu bringen, um einen wahren Frieden zu ermöglichen, an den es im Glauben an Wilson damals geglaubt hat. Ein Wortbruch von historischem Ausmaße war die Antwort, die es erhielt; militärische Entmannung, politische Entrechtung und wirtschaftliche Versklavung waren die Folgen des Vertrauens, das das deutsche Volk den feierlichen Erklärungen eines amerikanischen Präsidenten entgegengebracht hatte.

Irgendwann und irgendwie führt jeder Betrug zum Konflikt. In der privaten Sphäre kommt er ans Licht und wird bestraft, in der internationalen werden seine Urheber geschichtlich gebrandmarkt; seine

Folgen aber müssen ausgelöscht und ein neuer Anfang muß gemacht werden.

Warum diese unabwendbare Wiedergutmachtung nicht auf friedlichem Wege vor sich gehen konnte, sondern erneut zum kriegerischen Zusammenstoß führte – davon wird zu sprechen sein, wenn wir zu den Namen Roosevelt und Churchill und zum Moskauer Problem vordringen. Jetzt soll von dem Ausgangsverbrechen, soll von denen die Rede sein, die Deutschland mit verführerischen Worten nach Compiègne lockten, um es dort seiner Verteidigungskraft zu berauben, auf daß es dann dem Versailler Diktat wehrlos gegenüberstand.

Schon bevor der Betrug in seiner vollen Größe sichtbar wurde, noch im Waffenstillstandsvertrag, war eine Entscheidung gefallen, die in der Folgezeit sich für Europa als nicht weniger wichtig erwies als alle anderen Diktate im Westen: Durch die von den Alliierten angeordnete Räumung der Ostgebiete, insbesondere Südrußlands, und ihre Übertragung an die Bolschewisten wurde im November 1918 die Sowjetregierung aus einer Putschistenclique zu einem Machtfaktor, der seither in noch viel weitgehenderer Form als vordem das zaristische Rußland in die europäischen Geschicke eingegriffen hat. In der gleichen Stunde, in der im November 1918 die Waffen schwiegen, begann so eine neue Kriegsdrohung im Osten Gestalt anzunehmen.

In dem Augenblick aber, in dem die "alliierten und assoziierten Mächte" in Versailles dem deutschen Bevollmächtigten das Buch der sogenannten Friedensbedingungen übergaben, wurde es klar, daß der Krieg auch im Westen noch gar nicht zu Ende war. Denn es war nicht der Friede, den Deutschland angenommen hatte, als es die Waffen niederlegte, sondern es war ein Diktat, dessen Erfüllung Selbstmord bedeutete und dessen Zerreißung eine Sache des nationalen Selbsterhaltungstriebes werden mußte.

Hier ist der erste Punkt, an den wir im Zuge unserer Untersuchung von der Sache auf die Person stoßen:

Es ist der US-amerikanische Präsident Wilson, den wir als den ersten Kriegsverbrecher des jetzigen neuen Weltkrieges feststellen müssen.

Er hat am 8. Januar 1918 vierzehn Punkte bekanntgegeben, die er ausdrücklich als "Programm des Weltfriedens" bezeichnete und bei deren Verkündung er noch die folgenden Erklärungen über Deutschland abgab:

"Wir sind auf Deutschlands Größe nicht eifersüchtig, und es ist nichts in unserem Programm enthalten, was sie schmälert. Wir wollen ihm kein Unrecht tun und irgendwie seinen rechtmäßigen Einfluß oder seine Macht beschränken. Wir wünschen ihm nur einen gleichberechtigten Platz – freilich nicht einen Herrscherplatz – unter den Völkern der Welt zu geben, der neuen Welt, in der wir jetzt leben."

Es braucht hier nicht die ganze langwierige Geschichte der amerikanisch-britisch-französischen Waffenstillstandsvorverhandlungen des Oktober/November 1918 wiederholt zu werden, von geschichtlicher Beweiskraft ist nur die abschließende Note, die die Vereinigten Staaten am 5. November 1918 an Deutschland gerichtet haben. In ihr heißt es wörtlich, daß die alliierten Regierungen "ihre Bereitschaft zum Friedensschlusse mit der deutschen Regierung aufgrund der Friedensbedingungen, die in der Ansprache des Präsidenten an den Kongreß vom 8. Januar 1918, sowie der Grundsätze, die in seinen späteren Ansprachen niedergelegt sind", erklären. Eine Einschränkung, die sich auf den Begriff "Freiheit der Meere" bezieht, und eine Erklärung, daß die besetzten Gebiete nicht nur zu räumen seien, sondern auch der Zivilbevölkerung Schadenersatz geleistet werden müsse, werden ausdrücklich gemacht. Sonst gelten die 14 Punkte klar und eindeutig als Friedensbedingungen. Aufgrund dieser Note hat Deutschland 1918 die Waffen niedergelegt.

Zwischen den 14 Punkten einerseits, die einen offen zustande gekommenen Friedensvertrag, allgemeine Abrüstung und nationales Selbstbestimmungsrecht der Völker vorsahen, und dem Versailler Diktat andererseits, besteht sowohl in den Grundgedanken wie in jeder Einzelheit ein wahrlich ungeheuerliches Mißverhältnis. Wer – wie Wilson – vor aller Welt die 14 Punkte verkündet und dann doch seinen Namen unter das Diktat von Versailles gesetzt hat, kann im Urteil aller Völker nur als Betrüger einmaligen Ausmaßes dastehen.

Über die Winkelzüge, die zwischen dem 8. Januar 1918, dem Tag der Verkündung der vierzehn Punkte, und dem 28. Juni 1919, dem Tag der Unterschrift in Versailles, liegen, ist seither so viel berichtet worden, daß ein fast lückenloses Bild von Lüge, Betrug und Intrige sich vor dem Historiker darbietet. Daß die Folgen des Diktates für alle Beteiligten verwirrend, für Europa aber vernichtend sein mußten, das ist auch damals schon von manchen erkannt worden, die das üble Pariser Kulissenspiel der "Alliierten" aus der Nähe erlebten. Die geschichtliche Wahrheit gebietet festzustellen, daß z.B. der südafrikanische Premierminister Smuts am 22. und 30. Mai 1919 geradezu flehentliche Briefe an Wilson richtete, in denen er ihn beschwor, zu seinen 14 Punkten zurückzukehren, weil es sonst keinen Frieden geben könne. Er schreckt nicht vor der Bemerkung zurück, daß das Versailler Diktat "wohl sogar ein noch größeres Unheil für die Welt bedeute, als es der Krieg war". Auch einer der "großen Vier", Lloyd George, hatte einen lichten Augenblick, als er am 25. März 1919 im Hinblick auf die Schaffung des polnischen "Korridors" die berühmt gewordene Prophezeiung niederschrieb, daß diese sinnlose Gewaltlösung "früher oder später zu einem neuen Krieg im Osten führen" müsse.

Und dennoch steht im Originalexemplar des Versailler Diktates an 6. Stelle der Namenszug: D. Lloyd George und an 16. Stelle: J. Chr. Smuts!

*

Wer die Entstehungsgeschichte des Versailler Diktats studiert, gerät in Zweifel, welche Instinkte bei seinen Urhebern den Vorrang hatten: der Haß gegen Deutschland, die Verantwortungslosigkeit gegenüber der Zukunft oder die leichtfertige Arroganz, die – um das Wort der alten Griechen zu gebrauchen – "Hybris", die jene Wilson, Clemenceau, den italienischen [redacted] Sonnino und ihre Genossen in den Wahn versetzten, am grünen Tisch Völkerschicksale bestimmen zu können. Zahllos sind die verbürgten Anekdoten jener Geheimverhandlungen, in denen über Provinzen entschieden wurde, deren genaue geographische Daten den Beratenden unbekannt waren, in denen Wilson Schlesien mit Cilicien[24] verwechselte, Clemenceau "150 000 Saarfranzosen" erfinden und der Pianist Paderewski unter dem Eindruck eines gewissen Klavierspiels auf die Familie Wilson zwei Millionen Deutsche unter polnische Herrrschaft bringen konnte.

Unter solchen Vorzeichen entstand der Versailler Zustand, gekennzeichnet durch die Ächtung, Mißhandlung und Ausbeutung Deutschlands, durch eine Abrüstung des Reiches und Aufrüstung aller anderen, durch die Unterdrückung von Millionen Deutschen, Ungarn, Bulgaren, Slowaken, Kroaten, Ukrainer u. a., die in ihnen feindlich gesinnte Staaten gepreßt wurden und sich in allen ihren nationalen Empfindungen vergewaltigt sahen.

In Umkehrung des Clausewitzschen Wortes konnte von diesem "Frieden" nicht anders gesprochen werden als von einer Fortsetzung des Krieges "unter Einmischung anderer Mittel".

Alle jene aber, die die Hand zu dem folgenschweren Betrug geboten haben, die sich nicht schämten, das Wort von einer "neuen Welt" in den Mund zu nehmen, obwohl sie wußten, daß es keine war und keine werden konnte, sind anzuklagen, weil sie die Gewalt vor das Recht, den Haß vor die Vernunft, die gewinnsüchtige Begierde vor den Gedanken an die Zukunft stellten. Sie alle sind Gezeichnete vor dem Richterstuhl der Geschichte!

3. Krieg als Prinzip der Kreml-Politik

Oberst House, der enge Vertraute des US-amerikanischen Präsidenten Wilson, machte dem britischen Außenminister Balfour, als dieser ihn 1917 in New York besuchte und Friedensprobleme besprach, die folgende Bemerkung:

---

24 Landschaft im südlichen Kleinasien.

"Wir müssen mit dem zukünftigen Rußland rechnen. Dieses könnte – in fünfzig Jahren etwa – die Bedrohung Europas bedeuten, nicht Deutschland."

Es bleibt eine Randbemerkung, denn Balfour meinte, durch die Schaffung Polens würde diese Gefahr wohl ausgeschaltet werden!

Als es ein gutes Jahr später um die Waffenstillstandsbedingungen für Deutschland ging, war jedenfalls die Sorge des Obersten House völlig vergessen: Mit einem Federstrich wurde der in Brest-Litowsk geschaffene selbständige ukrainische Staat beseitigt, das Sowjetreich endgültig in den Sattel gehoben.

Als diese Entscheidung gefallen war, trat freilich das russische oder, besser gesagt, das bolschewistische Problem immer wieder in den Blickpunkt der Versailler Gewaltigen, weil es in seiner Bedeutung einfach nicht zu übersehen war. So wird von Marschall Foch berichtet, daß er schon wenige Monate nach Compiègne im Frühjahr 1919 einen Feldzugsplan gegen das sowjetische Rußland ausgearbeitet habe. Churchills, des damaligen britischen Kriegsministers Meinung über den Bolschewismus ließ bekanntlich nichts an Deutlichkeit zu wünschen übrig; auch er stellte die Forderung auf, durch schnelles militärisches Eingreifen die russischen Völker von der Leninschen Diktatur zu befreien.

Doch der Rausch der Pariser Feste übertönte jede Stimme der Warnung. Rußland war ferne, Deutschland war nahe. Es war leichter, die Deutschen zu bespeien, als die Bolschewisten zu bekämpfen.

Währenddessen fingen die Lenin und Trotzki an, sich im Kreml wohnlich einzurichten, wo sie sich vordem immer noch unbehaglich gefühlt hatten. Wer mit nicht mehr als 25 000 Anhängern die Macht in einem Staate von 150 Millionen Menschen an sich gerissen hat, der hatte schließlich Grund zur Vorsicht. Dieses Gefühl sind die Herren des Kreml bekanntlich nie ganz losgeworden. Noch heute leben die bolschewistischen Machthaber nicht anders als die Lenin und Trotzki: als volksfremde Zwingherren hinter den Mauern einer Festung.

Für Lenin, der soviel Grund hatte, für Compiègne dankbar zu sein, war auch die Kunde von der Versailler Vergewaltigung eine erfreuliche Nachricht. Der naturwidrige Gewaltzustand, der dort für Europa dekretiert wurde, war dem Plane eines bolschewistischen Weltumsturzes günstig, ein kontinentales Chaos konnte der Verwirklichung der Moskauer Hoffnungen nur förderlich sein.

In jener Zeit formulierte Lenin für den politischen Standpunkt der Sowjetunion den folgenden Grundsatz:

"Wir leben nicht nur in einem Staate, sondern in einem ganzen System von Staaten, und das Dasein der Sowjetunion neben anderen Staaten ist auf die Dauer nicht denkbar."

Lenin hat bei anderer Gelegenheit das Gleiche noch prägnanter ausgedrückt:

"Wir sind nur vorübergehend in Moskau; wir alle wünschen, daß diese Zeit so kurz wie möglich werden möge."

Diese Parole ist seither fünfundzwanzig Jahre hindurch zur Richtlinie der politischen, wirtschaftlichen und militärischen Entwicklung der Sowjetunion geworden, die schon in ihrer Bezeichnung "Union der Sowjetrepubliken" keine nationale Begrenzung kennt. Es braucht im Jahre 1944/45 nicht mehr bewiesen zu werden, daß sich seit Lenins Zeiten in der Absicht der Moskauer Machthaber nichts geändert hat. Das völkertötende bolschewistische Verfahren hat sich heute im ganzen besetzten Europa erneut so eindringlich gezeigt, daß jedes Wort der Aufklärung über die Weltgefahr, die der Bolschewismus für alle freiheitliebenden und schöpferischen Völker darstellt, überflüssig ist. Die Sprache der Tatsachen ist im Osten wie im Westen Europas deutlich genug vernehmbar geworden.

Für unsere Untersuchung ist freilich der Umstand von Bedeutung, daß ein volles Vierteljahrhundert planmäßiger, auf der Leninschen Ideologie aufgebauter Kriegsvorbereitung im Osten Europas hinter uns liegt.

Der Kriegsschuld des Westens, gekennzeichnet durch Versailles, durch Militärpakte, Kriegshetze und Geheimdiplomatie, steht eine nicht geringere Kriegsverantwortlichkeit des Ostens gegenüber, die in dem ideologischen Bekenntnis zum Krieg gegen die "andere" Welt ebenso seinen Ausdruck findet wie in einer ganz offenkundigen militärischen Vorbereitung.

Kaum waren die inneren Wirren in der Sowjetunion einigermaßen überwunden, als der 14. Parteitag 1925 die planmäßige Schaffung und Entwicklung einer Kriegsindustrie offiziell verkündete. Stalin erklärte damals: "Wir müssen fähig sein, unsere ganze Rüstung aus eigenen Mitteln zu erzeugen", und die offizielle Geschichte des Parteitages bemerkt zu dem Beschluß, er sei gefaßt worden, "weil dies die These der Sowjetunion, der Kampf für die Weltrevolution, verlangte."

Von diesem Zeitpunkt des Dezember 1925 an vollzog sich in der Sowjetunion ein ungeheuerlicher Prozeß der Aufrüstung, der schon 1931 Churchill veranlaßte, in einem Artikel "Die russische Drohung" festzustellen, daß "Rußland, das bereits bei weitem die größte Armee der Welt hat, weiterrüstet. In einem oder zwei Jahren wird Rußland derart kriegsgerüstet sein wie nie zuvor in der Vergangenheit."

Dies wurde im Jahre 1931 niedergeschrieben. Für jenes Jahr gibt die Sowjetstatistik als militärische Staatsausgaben die Summe von 2 Milliarden Rubel an, während sie nach der gleichen offiziellen Quelle im Jahre 1939 auf 40 Milliarden, 1940 auf 77 Milliarden gestiegen sind! Der Mannschaftsbestand des stehenden Sowjetheeres wurde in der gleichen Zeit von 600000 Mann (1930) auf 2000000 Mann (1938) gebracht. Vor allem aber war es die technische Rüstung, die die Sowjets in die Höhe trieben.

Im August 1939 brüstete sich Woroschilow, daß der Panzerwagenpark der Armee seit 1930 um das 43fache gesteigert worden sei!

Unverändert blieben durch alle die Jahre der sowjetischen Aufrüstung die von Lenin aufgestellten Grundthesen. In immer neuer Form, aber mit stets gleichem Inhalt wurden und werden sie dem russischen Volke aufgeredet.

Fast mit denselben Worten wie zwanzig Jahre vorher Lenin erklärt am 18.6.1938 das bolschewistische Staatsoberhaupt Kalinin: "Der Sieg des Bolschewismus ist so lange als unvollständig anzusehen, wie die übrigen Staaten der Welt noch eine von unserem Regime verschiedene Staatsform haben."

Noch im Mai 1941 erschien mit einem Vorwort Molotows ein Buch "Totale Kriegswirtschaft und Rote Armee", in dem derselbe Grundsatz noch umfassender ausgesprochen wird:

"Ein gleichzeitiges paralleles Nebeneinanderexistieren unseres Sowjetstaates mit der übrigen Welt ist auf die Dauer unmöglich. Dieser Gegensatz kann nur durch Waffengewalt eine Lösung finden. Eine andere Lösung gibt es nicht und kann es nicht geben. Nur der wird gewinnen, der in sich die Entschlußkraft des Angriffes verspürt. Das Land, welches nur auf Verteidigung eingestellt ist, ist unweigerlich der Niederlage geweiht."

"Eine andere Lösung gibt es nicht und kann es nicht geben!" – in diesem Satz enthüllt sich der ungeheuerliche Anteil der Sowjetunion am gegenwärtigen Weltkrieg in seiner vollen Größe und Bedeutung: Der Krieg als Doktrin, die Vergewaltigung fremder Nationen als weltanschauliche Forderung – das ist die Staatsidee der Sowjetunion seit Lenin gewesen und bis heute geblieben.

Die bolschewistischen Ideologien halten den nationalen Argumenten nicht stand, die sowjetische Praxis findet den Abscheu aller Schaffenden; weder mit den Parolen sowjetischer Literatur noch mit dem Bilde der sowjetischen Tatsachen gibt es eine Ausbreitung dessen, was die Lenin und Genossen als "Weltrevolution" bezeichnen; Panzer und Flugzeug sind ihre einzigen Argumente, und zu ihnen bekennen sie sich deshalb aus Grundsatz. Wie es einst Propheten gegeben haben soll, die ihre Thesen mit Feuer und Schwert über die ganze Welt auszubreiten hofften, so haben die Sowjets heute den Krieg als Prinzip proklamiert!

Ein geordnet im Frieden lebendes Volk, das mit Überlegung über sein Schicksal bestimmt, ist für die bolschewistische Lehre eine unstürmbare Festung. Noch nirgends ist ein Sowjetregime durch Volksbeschluß eingerichtet worden. Eine chaotische Ideologie, eine Lehre der Vernichtung und Versklavung kann nur Boden gewinnen, wo Not und Entsetzen die Geister verwirren. Daran dachte Potemkin, der frühere Sowjetbotschafter in Paris, als er im Juli 1935 dem damaligen französischen Kriegsminister Fabry erklärte: "Aus dem Weltkrieg entstand das Rußland der Sowjets, aus dem nächsten wird das Europa der Sowjets entstehen."

Die Reihenfolge: erst der Krieg, dann die Sowjetisierung, ist der entscheidende Punkt in der Rechnung, die Lenin einmal "die wissenschaftliche Vorherbestimmung des Endsieges" genannt hat. Stalin drückt das folgendermaßen aus (10.5.1938): "Die direkte Wiederaufnahme einer revolutionären Aktion wird erst möglich sein, wenn es uns gelingt, die Gegensätze zwischen den anderen Ländern so auszunutzen, daß sich diese in einen Weltkrieg stürzen. Dann ist die entscheidende Stunde für uns gekommen."

Wir sprachen von einer verbrecherischen Hybris, um den Geisteszustand zu charakterisieren, mit dem die Männer von Versailles sich anmaßten, am grünen Tisch über Völkerschicksale zu bestimmen, ohne sie überhaupt beurteilen zu können.

Ihr Verbrechen war groß und ist unauslöschbar, und doch tritt es noch zurück hinter dem Bilde des weltgefährdenden Wahnes, der völkermordenden Lehre, die den Krieg um des Krieges willen sucht, die in ihm die Voraussetzung und den einzigen Weg ihres Erfolges erblickt, die den Weltenbrand will, weil sie nur auf Trümmerstätten ihre Fahne aufzupflanzen vermag.

Der blutige Wahn wird unter dem Donner dieses Krieges vergehen; alle jene aber, die ihn kaltblütig zum Gesetz eines Riesenreiches machten, werden ewig Gezeichnete sein, und solange es freie Völker gibt, werden sie nur mit einem Fluch auf den Lippen von ihnen sprechen.

4. Roosevelt – der Mörder des Friedens

Wenn sich ernste Probleme zwischen den Völkern zusammenballen, wenn schwerwiegende Fragen in den Vordergrund des internationalen Lebens treten, dann ist deshalb ein Krieg doch nicht der einzige Ausweg aus der Wirrnis. Es hat noch keinen großen Kampf gegeben, dem nicht eine Periode der politischen Auseinandersetzung, des Versuches friedlicher Lösung vorangegangen wäre, und es ist noch nie zu einem Krieg der Großmächte gekommen, ohne daß letzten Endes der Wille von Einzelmenschen oder Personengruppen über die Wendung von der Politik zu den Waffen zu entscheiden gehabt hätte.

Gewiß war das Versailler Europa ein Pulverfaß, aber seine explosiven Stoffe konnten planmäßig beiseitegetragen und die Gefahr gebannt werden, es brauchte sich nicht der Feuerstrahl des Krieges darauf zu richten. Daß dies doch geschah – obwohl Ansätze der Befriedung in vielfältiger Form bereits sichtbar geworden waren –, ist die Schuld von Männern, die die Macht besaßen, die Entwicklung zu lenken, und die trotzdem entschlossen waren, sie zu neuem Krieg zu führen.

Hier ist vor allen anderen der US-amerikanische Präsident Roosevelt zu nennen. Die Vereinigten Staaten, deren Präsidenten Wilson Deutschland einst vertraut hatte, um dann so ungeheuerlich betrogen zu werden, hatten später die Unterschrift Wilsons unter den Versailler Vertrag nicht anerkannt und 1921 einen gesonderten Friedensvertrag unter normalen Bedingungen mit Deutschland abgeschlossen. Seitdem hatten US-amerikanische Präsidenten öfters die Gelegenheit ergriffen, um beruhigend auf die französische und britische Europapolitik einzuwirken. Noch der Vorgänger Roosevelts, Präsident Hoover, hatte in den Reparationsfragen als Vermittlung fungiert. Was lag näher, als daß die US-amerikanische Politik bei der weiteren Liquidierung des Versailler Verbrechens die Hand bot?

Es zeigte sich bald, daß der im März 1933 neu installierte Präsident Roosevelt einer solchen Auffassung nicht zugänglich war. Er selbst war als junger Mann Unterstaatssekretär in der Regierung Wilson gewesen, und er gehörte zu der 1500 Köpfe starken USA-Delegation, die in Paris das giftige Gericht des Versailler Diktates zusammenbraute. Roosevelt hatte schon 1917 für den Kriegseintritt Amerikas agitiert, und er zählte zu denen, die das Versailler Diktat als fehlerhaft empfanden, weil es noch ein Restdeutschland übriggelassen hatte.

Roosevelt beschränkte sich nicht darauf, den europäischen Schwierigkeiten zuzusehen; als seine innerpolitischen Experimente gescheitert waren und er an dem Punkt stand, wo er sein Fiasko hätte zugeben müssen, hielt er es für richtig, die Blicke seines Volkes auf Europa abzulenken – mit Argumenten, die Zusammenstoß und Krieg vorhersagten. Wer immer seitdem in Europa den Gedanken einer friedlichen Revision zurückwies, wußte sich der Zustimmung und Unterstützung des USA-Präsidenten gewiß.

Gerade in dem Augenblick, in dem die politischen und juristischen Korrekturen von Versailles ohne ernstere Reibungen vollzogen waren und die schwierigen territorialen Fragen in die Diskussion traten, erhob Roosevelt seine Stimme und forderte in Chicago (November 1937) gebieterisch eine Weltächtung gegen Deutschland, Italien und Japan. Schon vorher, im Mai 1937, hatte er eine Anregung Mussolinis, in der Abrüstungsfrage zu vermitteln, brüsk abgelehnt und seinen Vertreter, den Gesandten Wilson, in Genf erklären lassen, daß jetzt nicht die Zeit sei, von Abrüstung zu sprechen.

Als es *Hitler* trotz dieser provozierenden Haltung des amerikanischen Präsidenten gelang, die Österreich- und Sudetenfrage friedlich zu lösen, sandte Roosevelt seinen Sonderbotschafter Bullitt nach Europa, um nun auf diplomatischem Wege jeder weiteren Vernunftlösung einen Riegel vorzuschieben. Die inzwischen veröffentlichten polnischen und französischen Akten aus jener Zeit haben bekanntlich den Fall Bullitt als kriegstreiberische Aktion von verblüffender Eindeutigkeit gekennzeichnet. Es ist dieser Rooseveltschen Initiative zu verdanken, daß schon im Jahre 1938 in jedem europäischen Staate die kriegshetzerischen Gruppen Morgenluft witterten, sich im Vertrauen auf die USA-Hilfe in den politischen Vordergrund schoben und die Fäden legten, mit denen dann ein Jahr später der europäische Krieg in Gang gesetzt wurde.

Als es schließlich über die Frage Danzigs und des Korridors zu der von Roosevelt so sorgfältig vorbereiteten kriegerischen Auseinandersetzung kam, wobei das US-Statedepartment mit Aufmunterungen an Warschau nicht gegeizt hatte, war es der gleiche Roosevelt, der vom ersten Tage an sich eindeutig auf die antideutsche Seite stellte, obwohl er als Präsident eines neutralen Staates auch zu neutraler Haltung verpflichtet war.

Roosevelt hätte auch im Verlauf des Krieges noch vielfältige Gelegenheit gehabt, in die Kriegshandlungen vermittelnd einzugreifen. Es gibt da eine kleine Geschichte, die für ihn charakteristisch ist: Als nach dem Polenfeldzug *Hitler sein Friedensangebot an England und Frankreich richtete, versammelte der deutsche Reichspressechef Dr. Dietrich die in der Krolloper an der Reichstagssitzung teilnehmenden amerikanischen Korrespondenten und lenkte ihre Aufmerksamkeit darauf, daß jetzt für den USA-Präsidenten eine Möglichkeit gegeben sei, durch ein passendes Wort an beide Seiten den Frieden wiederherzustellen. Roosevelt freilich hatte hierfür nur eine abfällige Handbewegung übrig. In seiner Pressekonferenz erklärte er kurz: das interessiere ihn nicht!*

Was ihn statt dessen interessierte, wurde alsbald klar:

Schon 1939 wird die planmäßige Lieferung von Kriegsmaterial an England und Frankreich organisiert. Im Juni 1940 fordert der "neutrale" Präsident den französischen Ministerpräsidenten zum Weiterkämpfen auf und kündigt Hilfe an. Im September 1940 gibt er an Großbritannien fünfzig Zerstörer ab. Im Januar 1941 verkündet er ein "Pacht- und Leihabkommen", mit dem er England Waffen liefert, ohne daß es diese zu bezahlen braucht. Zur gleichen Zeit reist wieder ein Sonderbotschafter nach Europa und putscht diesmal Jugoslawien zum Krieg mit Deutschland auf. Im April 1941 läßt Roosevelt Stützpunkte in Grönland besetzen, am 7. Juli die Insel Island. Am 16. Juni verlangt er die Schließung der deutschen Konsulate in den USA, am 2. August 1941 versichert er auch die Sowjetunion des wirtschaftlichen Beistandes, am 12. August verkündet er unter Choralgesang mit Churchill die sogenannte "Atlantikcharta", die seitdem längst als dreister Schwindel entlarvt ist, dann folgt am 12. September der berüchtigte Schießbefehl, der die USA-Marine ermächtigt, deutsche U-Boote anzugreifen. Kaum ein Tag ohne neue Neutralitätsverletzung, ohne aktive Beteiligung am Kriege! Am 13. Oktober werden schließlich noch die USA-Handelsschiffe bewaffnet, und am 28.

Oktober folgt als Krone der Bemühungen eine Rede, in der Roosevelt erklärt, daß Deutschland 1. beabsichtige, Südamerika zu besetzen, und 2. alle Religionen abschaffen und dafür einen nationalsozialistischen Kult zwangsweise einführen wolle. Beide Parolen, so unglaublich dumm und einfältig sie sind, verfehlen schließlich ihre Wirkung nicht:

Die USA folgen Herrn Roosevelt in den Krieg, dem er nicht nur nachgelaufen ist, den er leidenschaftlich gewollt, planmäßig organisiert und bewußt herbeigeführt hat – einer der größten Kriegsverbrecher aller Zeiten.

5. Churchill – "dieser Mann bedeutet Krieg"

Die Beteiligung Churchills an der Vorbereitung des gegenwärtigen Krieges war anderer Art, aber von ähnlichem Geist getragen und gleicher Leidenschaft erfüllt wie die des Präsidenten Roosevelt.

Churchill ist der einzige unter den heute im Vordergrund stehenden Staatsmännern, der schon im ersten Weltkrieg eine wichtige Rolle gespielt hat. Er war es, der 1911 Erster Lord der Admiralität wurde, in dem Gedanken und mit dem Ziele, die britische Flotte für den Krieg mit Deutschland bereitzumachen. Als dann der Juli 1914 kommt, kann er den Ausbruch des Krieges gar nicht erwarten. Bereits am 29. Juli, also sechs Tage vor der englischen Kriegserklärung, erläßt er das "warning telegram" an alle Geschwaderchefs, sich zum Kriege bereit zu halten. Fast zwanzig Jahre später, im Juli 1933, entsteht noch eine kleine Weltsensation, als Churchill bei einem Besuch in Paris vom Vorsitzenden des Auswärtigen Ausschusses des französischen Parlaments, dem Abgeordneten Berenger, mit offiziellen Dankesworten begrüßt wird. Frankreich werde es niemals vergessen, daß es Winston Churchill gewesen sei, der 1914 die britische Regierung dazu veranlaßt habe, sofort an der Seite Frankreichs in den Krieg zu gehen. Dieser rednerische Erguß mag, historisch gesehen, Churchills damalige Bedeutung übertrieben darstellen, sein Charakterbild aber ist gewiß treffend gezeichnet.

Der seinerzeitige britische Ministerpräsident Asquith berichtet in seinem Tagebuch vom Oktober 1914 eine Episode, die beleuchtet, weshalb Churchill ein so fanatischer Kriegstreiber gewesen ist.

"Winston Churchill" – so schreib Asquith – "flehte mich förmlich an, seine Zukunft nicht in konventioneller Art und Weise zu betrachten. Nachdem er – wie er sich selbst ausdrückte – in Antwerpen Blut geleckt hat, beginnt er jetzt wie ein menschenfressender Tiger nach mehr Blut zu schreien und bittet mich, ihn von seinem Amt an der Spitze der Admiralität zu entheben und ihm ein militärisches Kommando anzuvertrauen. Er erklärte, daß eine politische Karriere für ihn nichts bedeute im Vergleich mit militärischem Ruhm."

Dieses merkwürdige Seelengemälde, das Asquith von Churchill entwirft, dieses seltsame Bild eines anormalen Ehrgeizes wird noch im ersten Weltkrieg durch manche Streiflichter bestätigt und ergänzt. Bekanntlich hat Churchills leidenschaftliches Drängen das Dardanellenfiasko verursacht und ihn vorübergehend die Stellung gekostet. Von seinen Frontreisen, die er daraufhin als Oberst unternahm, werden Aussprüche berichtet, über die die Schützengrabensoldaten ihre Köpfe schütteln, die Churchill aber charakterisieren. "Na, habt ihr den Krieg nicht gerne?" – mit dieser Frage begrüßt er die Tommies in Flandern. Und den Scotts Füsilieren verkündet er: "Der Krieg ist ein Spiel, das man mit lächelndem Antlitz spielt." Der englische Biograph Churchills, der sonst an Bewunderung nicht spart, bemerkt mit Schaudern: "Je mehr dieser seltsame Mensch vom Kriege sah, um so mehr Gefallen fand er daran!"

Als der erste Weltkrieg vorübergegangen war, ohne daß Winston Churchill den ersehnten "militärischen Ruhm" nach Hause gebracht hatte, hielt er leidenschaftlich Umschau nach neuen Möglichkeiten kriegerischer Bestätigung. Es kann heute als erwiesen gelten, daß seine damaligen Trompetenstöße gegen den Bolschewismus weniger aus ernster Erkenntnis der aus dem Osten drohenden Gefahr, sondern vor allem aus dem Drang nach Waffenlärm abgegeben wurden. In der nervösen Hoffnung, doch noch zu seinem Krieg zu kommen, verkündet er damals den erstaunten Versailler Politikern sogar die Parole: "Schafft eine deutsch-französisch-englische Militärallianz." Noch einmal, im Jahre 1922, hoffte er zu einem Krieg zu kommen, diesmal gegen Kemal Pascha und die Türken. Im letzten Augenblick hielt das britische Kabinett seinen wildgewordenen Kriegsminister zurück. Und Lord Beaverbrook sprach damals das Wort, das für lange Zeit Churchills politische Karriere verdarb: "Dieser Mann bedeutet Krieg."

In den 30er Jahren war es still um Churchill geworden. Er wurde nicht mehr ernst genommen. Seine politische Laufbahn war nicht nur "konventionell" geworden, sie schien auch beendet zu sein.

Doch der Ehrgeiz brennt in solchen Menschen, solange sie atmen. Churchill wußte, daß für ihn in einem friedlichen England, in einer beruhigten Atmosphäre keine Chance mehr bestand. Er war als Mann des Krieges gezeichnet. Wenn seine Stimme wieder Geltung haben sollte, dann konnte es nur in einem neuen Weltkrieg sein. Im Jahre 1934 wurde er sechzig Jahre alt. Es war nicht mehr viel Zeit zu verlieren...

Churchill sucht einen neuen Weg zur Macht; er ist überzeugt, daß dies nur der Weg zum Krieg sein kann. Die Türkei freilich ist abgeschrieben. Auch die "russische Drohung" ist vergessen, jetzt geht es wieder gegen Deutschland. Zwar hat Churchill im Jahre 1919 die Pariser Konferenz "ungestümen Zusammenstoß verwirrter Demagogen" genannt, aber jetzt, als ihr Werk revidiert werden soll, wird er zu einem glühenden Verteidiger des Versailler Diktates. Hier wittert er eine neue Kriegschance, und er ist entschlossen, sie diesmal nicht mehr aus den Händen zu lassen. Schon am 15. März 1934 berichtet der tschechische Gesandte Masaryk aus London nach Prag:

"Es ist allgemein bekannt, daß Winston eine Phase alarmierender Geisteshaltung durchmacht und ständig auf die nahe Möglichkeit eines Krieges und die Notwendigkeit der Rüstungen verweist."

Die "alarmierende Geisteshaltung" – dies ist der Beitrag, den Churchill unermüdlich zur Kriegsvorbereitung geleistet hat. Schon im Mai 1938 fordert er in Manchester offen die militärische Einkreisung

Deutschlands als Hauptaufgabe der britischen Politik. Und als Chamberlain aus München zurückkehrt, fällt er geifernd über ihn her und proklamiert die friedliche Einigung als nationale Schande. Im Sommer 1939 bereist er Frankreich und besucht demonstrativ die Maginotlinie. Am 3. September 1939 ist er am Ziel: der Krieg ist da, und er hat wieder ein Amt. Nach acht Monaten, am 10. Mai 1940, erhält er schließlich auch den langersehnten Posten des Premierministers. Jetzt hat er, was er will: den Weg zu militärischem Ruhm. Was tut es, daß dieser zuerst nach Dünkirchen und Singapur führt, dann in die Abhängigkeit von den USA, schließlich zum Handlanger für die Sowjets.

Als junger Mann, kaum aus der Schule entlassen, hat Churchill einmal ausgerufen:

"Wie schön, sich vorzustellen, man wäre 1793 erst 19 Jahre alt gewesen und hätte noch mehr als 20 Jahre Krieg vor sich gehabt."

Mag England fallen, mag die Menschheit mir fluchen, ich, Winston Churchill, Nachfahre der Herzöge von Marlborough, habe den Traum meiner Jugend, die Sehnsucht meines Lebens erfüllt!

6. Männer hinter den Kulissen

Nicht nur die Männer, die auf der Bühne der Weltpolitik offen agieren, auch jene, die in den Kulissen stehen, können Macht und Mittel in Händen halten, um in die Entwicklung der Völker einzugreifen, um die Frage Krieg mit zu entscheiden. Zu den geschichtlichen Beispielen entlarvter Geheim- und Kabinettspolitik wird in Zukunft auch das Treiben derer hinzugerechnet werden, die von einflußreicher Stelle aus den gegenwärtigen großen Weltkrieg vorbereitet und zum Ausbruch gebracht haben.

Vansittart

Es gäbe gewiß ein unvollständiges Bild der britischen Kriegsvorbereitung, würden wir etwa nicht die Person des Lord Vansittart in den Kreis unserer Untersuchung ziehen, würden wir nicht den Mann beleuchten, der sich heute vor aller Welt als manisch-depressiver Deutschenhasser bloßgestellt hat und der während der ganzen Zeit der politischen Kriegsvorbereitung – von 1929 bis 1941 – als Staatssekretär des Foreign Office die entscheidende Figur der britischen Außenpolitik gewesen ist. Im November 1943 sandte dieser Mann nach Moskau die folgende Botschaft: "Ich sah und sagte den gegenwärtigen Kampf voraus, sogar bevor die Nazis an die Macht gekommen waren, und ich wußte, daß England und die Sowjetunion einmal gemeinsam den Deutschen gegenübertreten würden." In diesem Eingeständnis ist alles enthalten, was über Vansittart zu sagen ist: der planmäßige Organisator eines neuen Weltkampfes, wobei er, wie er seitdem in seinen Vernichtungsprogrammen deutlich verkündet hat, den Feind im deutschen Volk selbst sieht, von dem er erklärt, daß es "auch im Schlaf Haßhymnen singe" und daß es "periodisch zu blutiger Expansion treibe." In Wirklichkeit aber ist es natürlich nicht solcher Unsinn, der Vansittarts politische Handlungen in der Downingstreet diktierte, sondern eine kalte politische Rechnung: "Das neue Europa – so schreibt er im Januar 1944 – wird entweder mit uns oder gegen uns errichtet, wenn aber ohne uns, dann am Ende gegen uns." Er glaubt, daß Deutschland der Faktor ist, der eine europäische Einigung ohne England zuwege brächte, und deshalb verfolgt er die Parole der Vernichtung alles deutschen Lebens. Daß er dabei die Fahne eines Sowjeteuropas entrollt, scheint er, von Haß geblendet, nicht bemerkt zu haben. Für den Mann, der zwölf entscheidende Jahre hindurch die britische Außenpolitik gelenkt hat, ist geistige Blindheit keine Entschuldigung; das Verbrechen am Frieden lastet untilgbar auf Vansittarts Konto!

Eden

Man kann nicht von Vansittart sprechen, ohne den Kreis zu bezeichnen, der als der seinige gilt und der eine so unheilvolle Rolle in der Zeit britischer Kriegsvorbereitung gespielt hat. Hier ist vor allem Eden zu nennen, der ehrgeizige junge Außenminister der 30er Jahre, der in die Schule Vansittarts ging, ohne damals Erfolg zu haben, und der dann im brennenden Drang, zum Foreign Office zurückzukehren, ein unermüdlicher Verfechter des Kriegsgedankens wurde. Ein so unverdächtiger Zeuge wie der seinerzeitige britische Botschafter in Berlin, Sir Nevile Henderson, erklärte schon am 23. Februar 1938 (also noch vor der Rückkehr der Ostmark) zum tschechischen Gesandten Mastny: "Wenn es noch einmal zu einer persönlichen Veränderung kommt und Eden zurückkehrt, werdet ihr wohl Eden, aber auch den Krieg haben." Und der tschechische Gesandte in London weiß am 14. Juli 1938 seinem Präsidenten Benesch die aufmunternde Botschaft zu melden: "Churchill sowie auch Eden und Sinclair sind in ständiger Verbindung, und ich denke, im Herbst, wenn Gott bis zu dieser Zeit Frieden gibt, wird es zu einem Messen der Kräfte kommen."

Gott gab noch ein weiteres Jahr Frieden, aber Churchill und Eden verstärkten deshalb ihre "ständige Verbindung", und Eden nahm am 3. September 1939 teil an Churchills Triumph; auch er kehrte ins britische Kabinett zurück, heute ist er wieder Außenminister.

Duff Cooper

Zum gleichen Kreise gestrauchelter britischer Politiker, die den Krieg ersehnten, weil sie von ihm eine neue Chance ihrer Karriere erhofften, gehört Duff Cooper, wenn auch seine Bedeutung eine geringere ist. Er wurde sogar in England als "Seiner Majestät dümmster Minister" bezeichnet. Das hinderte ihn nicht, in der Zeit, in der er ohne Amt war, mit Nachdruck gegen die "Niederlage von München" zu zetern, wo England und Frankreich "eine gemeinsame Erniedrigung" erfahren hätten. Auch war er der erste, der öffentlich schon im Jahre 1938 einen Appell an die Sowjets richtete, sich zu gegebener Zeit England und Frankreich "zur Verteidigung der Freiheit" im Kampf gegen Deutschland anzuschließen.

Mandel

Der fanatische Verfechter des Bündnisgedankens mit der Sowjetunion war in jenen Jahren freilich der französische Minister Mandel, dessen [redacted] Profil in keinem Album der Kriegsverbrecher fehlen darf. Er war 1916 bis 1919 der Kabinettschef und Vertraute Clemenceaus und gehörte als solcher mit zu den geistigen Vätern von Versailles. Mandel, gewiß die schmierigste Erscheinung des wenig sauberen französischen Parlamentarismus, konnte für sich in Anspruch nehmen, zu keiner Zeit die Versailler Parolen vergessen oder verleugnet zu haben. Noch 1922 forderte er das ganze Rheinland für Frankreich. Zur Schaffung einer Kriegsstimmung war ihm jedes Mittel recht, und noch im Dezember 1938 mußte er sich vom Pariser "Jour" sagen lassen, daß er, nachdem es ihm nicht gelungen sei, Frankreich im September in den Krieg zu ziehen, nunmehr sich auf eine neue Mobilmachung übe, indem er die Presse in seine Machenschaften hineinziehe. Auch er wurde für seine Bemühungen belohnt.

Im Kabinett Reynaud erhielt er den ersehnten Posten des Innenministers. Im Frühjahr 1944 wurde Mandel bei einem Fluchtversuch von französischen Polizisten erschossen, bevor vor den Schranken des Gerichtes in alle Ecken seiner verbrecherischen politischen Laufbahn hineingeleuchtet werden konnte. Das, was bekannt geworden ist, reicht freilich aus, um ihn mit den Reynaud, Leon Blum und Konsorten als verhängnisvollste Kulissenfigur der französischen Kriegspolitik zu charakterisieren.

Benesch

Zu den Männern, die die Welt von Versailles in ihrer Person verkörperten, gehört auch der ehemalige tschechoslowakische Außenminister und Präsident, Eduard Benesch. Er hat in Paris und Versailles die Struktur des tschechoslowakischen Vielvölkerstaates mit manchen Mühen und vielen Winkelzügen durchgesetzt. Im fiebrigen Bemühen, diese mißlungene Lösung machtpolitisch zu erhalten, wurde er zu einem politischen Verbrecher europäischen Ausmaßes. Er war die treibende Kraft der militärischen Paktpolitik, die letzten Endes eine europäische Befriedung verhindert hat. Mit Frankreich schloß er einen Militärpakt gegen Deutschland, mit Rumänien und Jugoslawien hatte er eine "kleine Entente" gegen Ungarn gebildet, und schließlich krönte er dieses gefährliche Treiben im Mai 1935 durch eine Militärkonvention mit der Sowjetunion, wofür er bei der Präsidentenwahl im Dezember des gleichen Jahres die Stimmen der tschechischen Kommunistischen Partei erhielt. Beneschs unbestrittene Absicht ist es gewesen, die Tschechoslowakei als militärischen Vorposten, als "Flugzeugmutterschiff" der Sowjetunion auszubauen und damit den Krieg direkt nach Mitteleuropa zu tragen. Daß diese furchtbare militärisch-politische Konzeption sich infolge der Ereignisse des Jahres 1938 nicht mehr verwirklichen ließ, ändert nichts an der Tatsache, daß Eduard Benesch der Mann ist, in dessen Person und in dessen Politik der Geist von Versailles mit den Plänen von Moskau sich verband, der Mann, der skrupellos bereit war, die Feuersbrunst mitten ins Herz Europas hineinzuschleudern.

Sikorski – Rydz-Smigly

Wenn wir den Leuten nachforschen, die in ähnlicher Einstellung das Leben der europäischen Nationen bewußt aufs Spiel zu setzen bereit waren, nur um die Versailler Gewaltlösung zu erhalten, so dürfen wir die Männer der Warschauer Offiziersclique nicht vergessen, die ihre Aufgabe darin sahen, das Friedenswerk ihres Marschalls Pilsudski zu durchkreuzen. Hier gilt es den – inzwischen ermordeten – General Sikorski und später auch den "Marschall" Rydz-Smigly zu nennen.

In den Akten des Prager Außenministeriums fanden sich zu diesem Thema interessante Berichte des tschechischen Gesandten in Warschau, Girsa. Dieser berichtet schon am 10. Mai 1933: "In den polnischen Offizierskreisen herrscht die Ansicht vor, daß der Krieg zwischen Deutschland und Polen unvermeidlich ist. Ein beträchtlicher Teil höherer Offiziere vermutet, daß Polen aus diesem Kriege nur dann siegreich hervorgehen kann, wenn es zum Kriege jetzt kommt, wo Deutschland militärisch noch nicht vorbereitet ist. Der Gedanke eines Präventivkrieges hat Anhänger auch im Generalstab." Später, als sich Pilsudskis Politik einer deutsch-polnischen Verständigung durchgesetzt hat, ist es der General Sikorski, der in stetiger Weise die französische Regierung über ihren Warschauer Botschafter auffordert, in Polen innenpolitische Forderungen zu stellen, den "Kopf Becks" zu verlangen. (Gesandter Slawik an Prag 2. Juli 1936 und 13. März 1937). Es sind die gleichen Leute, die erst den Präventivkrieg gegen Deutschland wollten, dann die Befriedungspolitik zu torpedieren suchten, die schließlich im März/April 1939 unter Vergewaltigung des schwächlichen und geistlosen Rydz-Smigly das polnische Steuer herumrissen, die britischen Angebote annahmen und für

England in den Krieg zogen. Sie haben eine unaustilgbare Schuld, nicht zuletzt an ihrem eigenen Volk, das sie heute von den Briten verraten und von den Sowjets vergewaltigt sehen, auf sich geladen. Manche von ihnen haben ihre Schuld freilich schon im Frühjahr 1940 durch einen schrecklichen Tod in den Massengräbern von Katyn gesühnt...

*

Wenn wir von den Leuten in den Kulissen sprechen, so dürfen wir zwei Männer nicht übergehen, die freilich ihrem Einflusse nach mehr bedeuten als jene, die wir nannten, die aber dennoch sich im Hintergrunde halten.

Morgenthau

Als Roosevelt im Herbst 1944 im Verlaufe seines Wahlkampfes Einzug in New York hielt, saß als einziger an seiner Seite der Finanzminister Morgenthau. Als der US-amerikanische Präsident nach Quebec reiste, um Churchill zu treffen, da hatte er in seiner Aktentasche einen Plan des [redacted] Morgenthau über die zukünftige Behandlung Deutschlands. Schon als Roosevelt Gouverneur des Staates New York war, rief er Morgenthau an seine Seite. Seitdem ist er sein engster Berater, der Mitarbeiter Nr. 1 des "Gehirntrustes", den Roosevelt um sich versammelt hat. Auch an der Kriegspolitik Roosevelts hat Morgenthau unmittelbaren Anteil genommen. Schon im Juli 1938 reiste er nach Europa und hatte während eines mehrmonatigen Besuches mit dem englischen Kriegsminister, [redacted] Hore Belisha, und mit den französischen Militärbehörden eingehende Besprechungen über die Lieferung von Kriegsmaterial. Im Januar 1939 mußte sich Morgenthau vor dem Militärausschuß des USA-Senats wegen der Preisgabe geheimer Flugzeugtypen an Frankreich verantworten. Er rechtfertigte sich damit, auf Anweisung des Präsidenten Roosevelt gehandelt zu haben! Morgenthau ist seitdem der Einpeitscher der Rooseveltschen Kriegspolitik, der Organisator des Pacht-Leih-Systems und der Verkünder des ungeheuerlichen Haß- und Vernichtungsplanes gegen das deutsche Volk geworden, eines Planes, mit dem er seinen Namen in besonderen Lettern in die Liste der Kriegsverbrecher eingetragen hat.

Kaganowitsch

Schließlich ist noch davon zu sprechen, daß es auch in der Sowjetunion einen Mann von ähnlichem Einfluß gibt, wie ihn Morgenthau in den USA besitzt. Es ist der Laser Moissejewitsch Kaganowitsch, der in der Sowjetunion unter der Bezeichnung "der rote Kronprinz" bekannt ist. Im Jahre 1918 ist dieser [redacted] aus Gomel von Stalin persönlich nach Moskau geholt worden und ist seitdem als Personalchef der Partei, als Mitglied des Politbüros, später als Volkskommissar für Verkehrswesen und für die Schwerindustrie, schließlich als Stellvertretender Vorsitzender des Rates der Volkskommissare Stalins rechte Hand. Kaganowitsch ist der Organisator der sowjetischen Rüstung, er ist die treibende Kraft hinter den Plänen des Angriffs auf Europa und der Einpeitscher ihrer rüstungsmäßigen Verwirklichung. Der Umfang seines Wirkens und seines Einflusses macht ihn zur wichtigsten Figur des Kremls. Er ist Stalins [redacted] Hintermann, der sowjetische Vorposten des [redacted] und – mit [redacted] Ilja Ehrenburg – der bolschewistische Prophet des [redacted] gegen das deutsche Volk.

7. Aus der Liste der großen Kriegsverbrechen

Der Hinweis auf den verbrecherischen Hintergrund der Vorbereitung des gegenwärtigen Weltkrieges würde ein unvollständiges Bild ergeben, würden nicht auch die großen verbrecherischen Taten, die im Verlauf des Krieges stattgefunden haben, in unsere Erinnerung gerufen werden. Die völkerrechtliche Maxime einer Kriegführung mit humanitären Rücksichten ist im Verlauf der fünf Jahre seit 1939 einerseits durch Anglo-Amerikaner, die die Genfer Konvention in vielen Punkten nur noch theoretisch respektieren, andererseits durch die Sowjets, die völkerrechtliche Grundsätze bekanntlich überhaupt nicht anerkennen, immer mehr außer Kraft gesetzt worden.

Das Oberkommando der Wehrmacht hat infolge der laufenden anglo-amerikanischen Verstöße gegen die völkerrechtlichen Vereinbarungen eine eigene "Wehrmachtuntersuchungsstelle für Verletzungen des Völkerrechts" eingerichtet, von der seit Kriegsbeginn bereits Tausende von eidlich bestätigten Bekundungen von Wehrmachtsangehörigen mit genauen Zeit-, Ort- und Sachangaben gesammelt und juristisch ausgewertet wurden. Tötung, Mißhandlungen und Fesselung von Gefangenen, Verletzungen des Roten Kreuzes, Mißbrauch der deutschen Hoheitszeichen und Anwendung verbotener Kampfmittel, Beschießung deutscher Wehrmachtsangehöriger in Seenot, Gewalttaten anglo-amerikanischer Truppen gegenüber der Zivilbevölkerung besetzter Gebiete (beginnend mit den brutalen Übergriffen, die sich britische Truppen im Mai 1940 in Belgien zuschulden kommen ließen) – dies sind nur einige von den Themen, zu denen zahlreiche Dokumente bei den Akten der Wehrmachtuntersuchungsstelle liegen. Gegenwärtig ist diese Behörde damit beschäftigt, das überaus umfangreiche Material zu prüfen und durch Zeugenvernehmungen zu erhärten.

Neben diesen, in die Tausende gehenden Einzelfällen aus dem Bereich der unmittelbaren Kampfpraxis ist eine Reihe großer Kriegsverbrechen unserer Feinde vor aller Weltöffentlichkeit bereits offen zutage getreten. Wer immer ein Gesamtbild des gegenwärtigen Krieges zu gewinnen sucht, muß auch diese schmachvollen Ereignisse nennen, denn sie sind ein unauslöschbarer Tatbestand der Menschheitsgeschichte geworden.

*

Weit an der Spitze dieser Liste der Großverbrechen steht die britische Schuld am Beginn und der Entwicklung des Bombenkrieges gegen die Zivilbevölkerung.

Die furchtbare Anklage gegen das britische Mordbrennertum erhebt sich nicht nur aus dem Rauch brennender Städte und aus den Ruinen stolzer Denkmäler, sie tritt nicht weniger deutlich aus der Vorgeschichte des Krieges zutage. Schon auf der Abrüstungskonferenz in Genf war es England, das damals als Verfechter des Bombenkrieges gegen die Zivilbevölkerung auftrat. Die an der Konferenz beteiligten Mächte waren seinerzeit übereingekommen, eine allgemeine Ächtung des Luftkrieges gegen die Zivilbevölkerung auszusprechen. Von deutscher Seite war auch die Einbeziehung eines Verbots "jeder Vorbereitung des Bombenabwurfes" beantragt. Am 16. März 1933 erklärte jedoch die britische Delegation, einer solchen Ächtung des Bombenkrieges nicht zustimmen zu können. Es müsse jedenfalls eine Ausnahme "für polizeiliche Erfordernisse in gewissen entfernten Gebieten" festgelegt werden; die britische Regierung behauptete, auf die Verwendung von Bombenflugzeugen gegenüber Eingeborenen nicht verzichten zu können, und brachte damit das geplante internationale Verbot des Bombenkrieges zu Fall.

Der damalige Staatssekretär für Luftfahrt, Lord Londonderry, erklärte am 22. Mai 1935 unter Rückblick auf die Sorgen, die ihm die Abrüstungskonferenz bereitet hatte, im britischen Oberhaus mit zynischer Offenheit:

"Ich hatte zu dieser Zeit bei dem allgemeinen Schrei der Entrüstung die größten Schwierigkeiten, den Gebrauch des Bombenflugzeuges auch nur für die Grenzen im Mittleren Osten und in Indien beizubehalten, wo es nur dem Vorhandensein der Royal Air Force zu verdanken war, daß wir diese Gebiete in Schach halten können."

Daß es sich freilich bei der britischen Stellungnahme gegen eine Ächtung des Bombenkrieges nicht nur um eine Meinung über die Erfordernisse des Kolonialkrieges, sondern um grundsätzliche Auffassungen über den modernen Krieg überhaupt gehandelt hat, darüber gab der seinerzeitige britische Premierminister Baldwin dem britischen Unterhaus bereits am 10. November 1932 eindeutigen Aufschluß, indem er, ausgehend von der Feststellung, daß nach seiner Ansicht "die Abrüstung nicht den Krieg aufhalten" werde, zur Frage des Luftkrieges kurz und knapp erklärte:

"Die einzige Verteidigung ist der Angriff, d. h. also, man muß mehr Frauen und Kinder töten als der Feind, wenn man sich schützen will."

Dieser Einstellung entsprachen die Maßnahmen der britischen Militärs vor, bei und nach Kriegsausbruch. Schon bei den französisch-britischen Generalstabsbesprechungen vom 3. April 1939 (also fünf Monate vor Kriegsausbruch), deren Protokoll 1940 in deutsche Hand fiel, wird der "Einsatz der alliierten Bomber, wo immer das möglich ist, gegen wirtschaftliche und industrielle Ziele in Deutschland" vorgesehen "mit dem Ziel, zum schließlichen Zusammenbruch des deutschen Widerstandes beizutragen."

Nach Kriegsausbruch folgen sofort die ersten Bombenunternehmungen, die freilich kläglich verlaufen. Am 5. September 1939 wirft die RAF Bomben auf die dänische Stadt Esbjerg. Der erste Luftkriegstote dieses Krieges wird dabei eine dänische Frau! Am 12. Januar 1940 folgt dann der erste britische Luftangriff auf deutsches Gebiet, auf Sylt, während die deutsche Luftwaffe strikten Befehl hat, kein britisches oder französisches Bodenziel anzugreifen. Inzwischen hat der britische Premierminister Chamberlain am 17. November 1939 mit dem französischen Ministerpräsidenten Daladier (auch dieses Protokoll ist in deutscher Hand) bereits das Projekt einer planmäßigen Bombardierung der Städte des Ruhrgebiets besprochen. Vorerst seien freilich die eigenen Kräfte zu schwach, sobald sie aber verstärkt wären, sollte der Plan verwirklicht werden. Nach dem Angriff auf Sylt folgen in Abständen Bombenüberfälle auf Heiligenhafen, Heide, Wenningstedt, nach dem 10. Mai 1940 verstärkte Angriffe auf Freiburg i. B., Hamburg, Bremen; fast jede Nacht flog dann die RAF ins Reichsgebiet ein und warf wahllos ihre Bomben. Vom 12. Januar bis zum 20. Juni 1940 hat Deutschland diese Angriffe hingenommen, ohne eine Gegenaktion zu unternehmen. Das kürzlich veröffentlichte Buch des britischen Luftkriegssachverständigen Spaight: "Bombing indicated" erkennt diese Tatsache nicht nur an, sondern hebt noch rühmend hervor, daß sich England trotzdem nicht in seinen Bombardierungsplänen stören ließ. Auch in der weiteren Entwicklung hat Deutschland bekanntlich die Briten stets den ersten Schritt tun lassen; so haben die Engländer im Sommer 1940 nicht weniger als siebenmal Berlin angegriffen, bevor der erste deutsche Angriff auf London geflogen wurde. Die weitere Verrohung des Terrorkrieges gegen die Zivilbevölkerung, die Teppichwürfe auf Kleinstädte und Dörfer, die Beschießung von zivilen Personenzügen und pflügenden Bauern auf dem Felde hat die deutsche Luftwaffe nie mitgemacht. Die deutsche Wehrmacht hat im Gegenteil den Beweis erbracht, daß militärische Erfolge durchaus auch ohne planlose Bombenwürfe auf Zivilisten zu erkämpfen sind. Sie hat vor dem 20. Juni 1940 überhaupt keine Luftkriegshandlung durchgeführt, die nicht mit einer Operation der Erdtruppen in unmittelbarer Verbindung stand. Sie hat im Zusammenhang mit solchen Kämpfen keinen Angriff auf unbefestigte Städte des feindlichen Hinterlandes geführt, selbst dann nicht, wenn sie als Landeshauptstädte eine wichtige Rolle für die feindliche operative Führung spielten. Die Hauptstädte Kopenhagen, Oslo, Den Haag, Brüssel und Paris wurden ohne Luftangriff eingenommen. Sogar die Festung Warschau wurde erst angegriffen, als sie von deutschen Truppen eingeschlossen, vergeblich zur Übergabe aufgefordert und überdies eine 24stündige Frist zur Räumung der Stadt durch die Zivilbevölkerung verstrichen war!

Der Beginn und die Entwicklung des Luftkrieges gegen die Zivilbevölkerung ist ein Kriegsverbrechen von ungeheuerlichen Ausmaßen, das ausschließlich auf das britische Konto kommt. Die USA haben sich dem Verbrechen angeschlossen, ohne ein Wort darüber zu verlieren, daß der Präsident Roosevelt zu Beginn des Krieges einen scheinheiligen Appell zur Verhinderung gerade dieser Kriegsmethode an alle Kriegführenden gerichtet hatte.

Dutzende ehrwürdigster europäischer Städte, Hunderttausende von Nichtkämpfern, von Frauen und Kindern sind dem Verbrechen zum Opfer gefallen. Diese furchtbaren Tatsachen verbinden sich mit den Dokumenten einer vertierten Phantasie, den haßverblendeten Parolen, mit denen die Briten ihre Bomben begleiteten, als sie sich aufmachten, Europa ebenso zu bekämpfen, wie sie sich Indien botmäßig erhalten.

Wenn der Satz Geltung haben soll, daß alle Schuld sich auf Erden rächt – unsere Vorstellung kann keine Strafe ersinnen, die diese britisch-amerikanischen Taten je auszulöschen vermöchte. Noch in Jahrhunderten werden fernste Generationen an den Ruinen stehen und denen fluchen, die sie auf dem Gewissen haben.

*

Ein in seinem Ausmaß ähnlich großes Verbrechen, das ebenfalls schätzungsweise Hunderttausenden von Zivilpersonen das Leben gekostet hat, ist gegenwärtig aus der Erinnerung der Weltöffentlichkeit fast völlig gelöscht, aber es verliert deshalb nichts an seiner Grauenhaftigkeit: die Verschleppung und wahrscheinlich völlige Ausrottung von mehreren hunderttausend Wolgadeutschen. Im September 1941 hat der Oberste Rat der Sowjetunion den Befehl erlassen, daß sämtliche deutschen Einwohner der sogenannten "Wolgadeutschen Republik" nach Sibirien umzusiedeln seien. Vor dem ersten Weltkrieg hatten an der Wolga über 900000 Deutsche gelebt. Die letzte Sowjetstatistik gab als deutsche Einwohnerzahl noch 402000 an. Diese halbe Million Menschen wurde von der GPU in den Herbst- und Wintermonaten 1941 im Fußmarsch in den Ural getrieben. Ein Teil von ihnen sollten den Bezirk Nowo Sibirsk im Altaigebirge, ein anderer Teil die menschenleeren Wüsten der Republik Kasachstan erreichen. Seit der Nachricht vom Abmarsch der Todestrecks fehlt jede Spur von diesen Hunderttausenden von Menschen, deren einziges Vergehen darin bestand, Deutsche zu sein!

Ein gleiches Schweigen herrscht über das Schicksal zahlreicher Kaukasusvölker, auf die sich nach dem Abzug der deutschen Truppen die GPU stürzte. Die letzten Mitteilungen von Flüchtlingen, die sich zu unseren Truppen durchschlagen konnten, stammten aus dem Januar 1943 und besagen, daß die sowjetischen Behörden die Gelegenheit benutzten, um die ihnen unbequemen Stämme, insbesondere der sog. Turkvölker, völlig zu vernichten. Hier sind auch die neuerlichen Verschleppungsmaßnahmen der Sowjets in Estland und Lettland zu verzeichnen, die in Fortsetzung ihrer Gewalttaten von 1940/41 darauf abzielen, durch die Ausrottung aller nationalbewußten Männer und Frauen diesen Völkern das Rückgrat zu brechen.

*

Die Art und Weise, mit der die Sowjets bei dieser ihrer "Entnationalisierungspolitik", wie sie es nennen, vorzugehen pflegen, hat die Welt schaudernd erfahren, als im April 1943 die Gräber von Katyn gefunden wurden, in denen bis zum Juli 1943 4143 ehemalige polnische Offiziere, die sämtlich durch Genickschuß ermordet worden waren, ausgegraben werden konnten, während insgesamt etwa 10- bis 12000 Leichen an dieser Stelle liegen. Mit diesen Funden haben zahlreiche vergebliche Anfragen, die von polnischer Seite bis dahin nach dem Verbleib von 8300 Offizieren und 7000 weiteren Polen an die sowjetischen Behörden gerichtet wurden, eine sensationelle Beantwortung erfahren. Die Sowjets erklärten zuerst, am 16. April 1943, daß alles eine "scheußliche Erfindung der deutschen Faschistenkanaillen" sei und daß es sich um "die archäologischen Ausgrabungen des historischen Grabes von Gnesdowaja" handle. Als sich diese freche Ausrede nicht mehr aufrechterhalten ließ, brachen die Sowjets die Beziehungen zum polnischen Emigrantenausschuß in London ab. Bekanntlich ist dieser Bruch bis heute noch nicht wieder ausgeglichen, obwohl die britische Regierung nicht müde wurde, über die blutige Tatsache von Katyn den Mantel des Vergessens zu breiten. Zum Schluß fiel es schließlich den Moskauer Machthabern ein, die Deutschen der Ermordung zu bezichtigen! Mit allen diesen Winkelzügen aber konnten sie ihre Mordspur nicht verwischen, die offen vor aller Welt bloßgelegt ist.[25]

Katyn ist zum internationalen Begriff und zu einem unverrückbaren Symbol des bolschewistischen Henkertums geworden. Wo immer von Kriegsverbrechen gesprochen werden wird, die zehntausend meuchlerisch niedergeschossenen polnischen Offiziere von Katyn werden stets als stumme Ankläger dazwischentreten!

*

Kriegsverbrechen können nicht nur gegenüber lebenden Menschen begangen werden, auch geistige und historische Schätze gibt es, deren mutwillige Vernichtung eine Schandtat ist, die über unsere Zeit hinaus wirkt. Wir wollen hier nicht nochmals von den Werken und Werten sprechen, die durch planlosen Bombenangriff vernichtet wurden und immer noch werden. Die anglo-amerikanische Kriegführung hat nicht nur diese Schmach auf sich geladen, die Geschichte des gegenwärtigen Krieges verzeichnet auch Fälle, in denen absichtlich und planmäßig bestimmte historische Bauwerke vernichtet wurden, ohne daß dazu ein ernsthaft zwingender Grund gegeben war. Als besonders drastischer Fall ragt die Vernichtung der ehrwürdigen Abtei Monte Cassino hervor, eines der schönsten und wertvollsten kirchlichen Bauwerke des Mittelalters. Die deutsche Wehrmacht hatte, als die Kampfhandlungen in den Bereich des Monte Cassino gerückt waren, ausdrücklich von einer Besetzung des Klosters Abstand genommen und dies auch dem Feind bekanntgemacht. Trotzdem wurde am 15. Februar 1944 amerikanisches Artilleriefeuer auf den Bau gerichtet; ein Bombenangriff vollendete das sinnlose Zerstörungswerk. Von

---

25 Im Auftrag des Auswärigen Amtes erschien noch 1943 ein detaillierter, 331 Seiten umfassender und mit vielen Fotogaphien ausgestatteter Bericht über die Ergebnisse der Exhumierung von 4143 zumeist namentlich identifizierten polnischen Leichen. Amtliches Material zum Massenmord von Katyn. Im Auftrage des Auswärtigen Amtes auf Grund urkundlichen Beweismaterials zusammengestellt, bearbeitet und herausgegeben von der deutschen Informationsstelle, Berlin 1943.

anglo-amerikanischer Seite wurde später zugegeben, daß sich kein deutscher Soldat im Kloster Cassino befunden hat. Außerdem wurde festgestellt, daß Roosevelt selbst als Oberster Befehlshaber der USA-Streitkräfte den verhängnisvollen Befehl erteilt hat.

Das Kriegsverbrechen von Cassino traf keinen menschlichen oder materiellen, wohl aber einen unersetzbaren kulturellen Wert. Es wird in die Geschichte als Kennzeichnung einer barbarischen Geisteshaltung eingehen. Daneben aber wird die Tatsache verzeichnet sein, daß von seiten der deutschen Wehrmacht, die in diesem Kriege so viele Kämpfe auf historischem Boden bestanden hat, eher militärische Nachteile in Kauf genommen wurden, als daß sie ein für die menschliche Kultur bedeutendes Bauwerk gefährdet hätte.

Athen, Rom, Florenz und Hunderte von anderen der Menschheit teueren Einzelstätten sind bisher nur erhalten geblieben, weil es in der deutschen Wehrmacht keinen Befehlshaber, keinen Offizier und auch keinen einfachen Soldaten gibt, der solche Stätten so gering achtete, wie es der amerikanische Präsident tat, als er das Kloster Cassino vernichten ließ.

*

Diese Streiflichter auf die hervorstechendsten feindlichen Kriegsverbrechen müssen durch den Hinweis auf Ereignisse des Herbstes 1944 ergänzt werden. Es ist das Verbrechen von Wallendorf, die angeblich "strafweise" Niederbrennung eines ganzen deutschen Dorfes vor den Augen seiner Bewohner, durch amerikanisch- [redacted] Etappengesindel, und es sind die furchtbaren bolschewistischen Mordtaten, die in den wieder befreiten ostpreußischen Dörfern Nemmersdorf, Tutteln und Brauersdorf aufgedeckt wurden. Wir brauchen die schauerlichen Einzelheiten dieser amerikanischen und bolschewistischen Verbrechen nicht zu wiederholen. Sie sind in das Gedächtnis jedes Deutschen unauslöschlich eingeprägt.

Diese Untaten, die leider eine tägliche Fortsetzung erfahren, vervollständigen das Bild der Drohung, der sich Deutschland in seinem Lebenskampf gegenübersieht. All das furchtbare Geschehen, das die wenigen Hinweise auf die Hauptkriegsverbrechen unserer Feinde beleuchten, ist heute ein Mahnruf zum Kampf, ein Menetekel der Standhaftigkeit für jeden Deutschen. Vom Bombenterror gehärtet tritt er der blutrünstigen Front vertierter Feinde mit leidenschaftlichem Verteidigungswillen entgegen. Er weiß, daß er mehr als sich selbst rettet, indem er das große Ringen besteht.

Noch nie ist die Menschenwürde so zu Boden getreten worden wie heute. Sie wird sich erst wieder aus dem Staub erheben an dem Tag, an dem die Verbrechen des Terrorbombardements, der Völkerausrottung von Wolga und Kaukasus, des Blutbades von Katyn, des Barbarismus von Cassino, des Mordbrennertums von Wallendorf und Nemmersdorf und all der anderen namenlosen Untaten bolschewistischer Grausamkeit und anglo-amerikanischen Gangstertums im Sieg der deutschen Standhaftigkeit ihren geschichtlichen Ausgleich finden werden.

Betrug und Wirklichkeit
Zu den Kriegsparolen unserer Feinde
(20. Februar 1945)

"Bei der Kennzeichnung der demokratischen Staaten haben die [redacted] ein wahres Chaos angerichtet: sie haben die Idee der Demokratie und des Kommunismus in einen Topf geworfen und vor allem das Banner eines glühenden Hasses gegen den [redacted] aufgepflanzt" – mit diesen Worten berichtete der Washingtoner Botschafter der polnischen Republik, Graf Potocki, bereits vor nunmehr sieben Jahren, am 9. Februar 1938, seinem Außenministerium in Warschau, über die von ihm in den USA festgestellten Vorbereitungen für den Krieg gegen Deutschland.

Ein "wahres Chaos" – dies ist das Kennwort für alle die Parolen geblieben, die, angefangen von jenem Stadium der Kriegsvorbereitung bis zum jetzigen Kommuniqué von Jalta, durch alle Abschnitte des Krieges hindurch von unseren Feinden verkündet wurden, um ihre Völker in den Kampf gegen das Reich zu treiben.

Für die "Demokratie" zu kämpfen – das war das älteste Schlagwort der Roosevelt und Churchill. Es galt schon zu einer Zeit, in der Deutschland nichts anderes unternommen hatte, als Ordnung im eigenen Hause zu schaffen. Damals hieß es, es sie die Aufgabe der zivilisierten Welt, im Reiche wieder "demokratische Prinzipien" zur Geltung zu bringen. Und devot wandten sich die Verkünder dieses merkwürdigen Kreuzzugsgedankens an Moskau, um die Beteiligung des Diktators Stalin an der in Aussicht stehenden Aktion zu erbitten. Dieser wiederum vergewaltigte zuerst einmal das Baltikum, fiel in Finnland und Rumänien ein, bevor er für die Abgesandten der "Demokratie" zu sprechen war. Dann wurde der chinesische Diktator Tschiangkaischek ebenso zum "Demokraten" ernannt wie der brasilianische Machthaber Vargas. Auch General Franco, der nicht im Verdacht steht, Spanien etwa mit "demokratischer" Hilfe befreit zu haben, wurde freundschaftlicher Worte gewürdigt, solange es darauf ankam, sich seiner Neutralität zu versichern.

Seit den Zeiten der alten Griechen hat es viele Auslegungen des Begriffes "Demokratie" gegeben. Die anglo-amerikanische Version scheint die einer politischen Rückgratsverkrümmung zu sein, und die deutsche Meinung, daß wahre Demokratie, also die Herrschaft des Volkes und seiner Interessen, nirgends weniger zu Hause ist als in London und in Washington, hat sich überzeugend bestätigt. Es war und ist ein allzu durchsichtiges Trugbild, das die Roosevelt und Churchill mit der These ihres "demokratischen" Kreuzzuges gegen das Reich der Welt vorgaukeln. In der Erkenntnis, daß sie auf die Dauer nicht ausreicht, um einen harten Kampf zu führen, haben sie eine weitere Lüge hinzugenommen, die der genannte Graf Potocki auch schon im Frühjahr 1938 erkannte: die Parole des "Kampfes gegen den Nazismus", von dem Roosevelt nicht müde wurde zu verkünden, daß dieser die Absicht habe, "die Welt zu erobern". Noch heute, nachdem die USA den Briten Stützpunkte in allen Weltteilen abgenommen haben und ihre feste Absicht verkünden, sie nie wieder herauszugeben, ist dieser Präsident skrupellos genug, lauthals von "deutschen Eroberungsabsichten" in Süd- und Nordamerika zu faseln, ohne daß Schamröte sein Gesicht überzieht!

Es war im August 1941, als sich die Roosevelt und Churchill mit dem Gebetbuch in der Hand auf dem Deck eines Schlachtschiffes in den Sessel fallen ließen, um mit einem Choralgesang ihre Atlantik-Charta zu verkünden. Fast vier Jahre sind seitdem vergangen. Die Inder, die Iren, die Araber erwarten seitdem ungeduldig, was den Worten an Taten folgen werde. Der Kreis der Harrenden ist nicht nur nicht geringer geworden, er hat sich mit jedem militärischen Erfolg unserer Feinde noch vermehrt: die Finnen, die Rumänen, die Bulgaren, die Esten, die Letten, die Litauer, die Polen versuchen im blutigen Strudel der Ereignisse, in die sie gerissen wurden, vergeblich auf das Schriftstück zu verweisen, das unter der Parole "Vorwärts, christliche Soldaten" damals der staunenden Menschheit verkündet wurde.

Überhaupt: die Polen! Am 1. September 1939 ließ die britische Regierung in Berlin ein Schriftstück überreichen, in dem davon die Rede war, daß England "seinen Verpflichtungen gegenüber Polen unverzüglich in vollem Umfange nachkommen werde." Dabei ging es um die Frage der deutschen Siedlungsgebiete im damaligen polnischen Korridor. Schon wenige Wochen später, als die Sowjetunion einen großen Teil rein polnischen Gebietes besetzte, erinnerte sich die britische Regierung nicht mehr solcher "Verpflichtungen" und seitdem ist niemals wieder von ihnen die Rede gewesen, auch nicht, als in Katyn die Leichen von zehntausend gemordeten polnischen Offizieren gefunden wurden, auch nicht, als Moskau einen polnischen Sowjetstaat ins Leben rief, auch nicht jetzt, wo die bolschewistischen Mörder ganz Polen zertrampeln. Der Abgesang von Jalta wird als weiteres klassisches Dokument echt britischer Geisteshaltung in die Geschichte eingehen. Im Jahre 1939 erklärte England uns den Krieg, um eine Volksabstimmung unter internationaler Kontrolle im Korridor zu verhindern, heute verträgt es sich mit der Londoner Auffassung von "Demokratie", eine Wahlkontrolle unter der Herrschaft bolschewistischer Bajonette als "Lösung" der polnischen Frage anzuerkennen.

Das Bild der hinter verschlossenen Türen über fremde Völkerschicksale beratenden Geheimkonferenz am Schwarzen Meer war überhaupt lehrreich genug. Nicht einmal der ergebenste Lakai des Kremls und des Weißen Hauses, Herr de Gaulle, wurde als Hörer zugelassen, obwohl ja gerade die Franzosen zu den besonders Betrogenen der alliierten Kriegführung gehören. Jeder, der sich einen Rest Verstandes bewahrt hat, weiß, daß eine solche Auslieferung der Nationen an die Willkür internationaler Machthaber nicht zur Begründung eines Friedens führen kann, sondern die Verewigung des Krieges bedeuten müßte.

So läßt sich auch für die Zukunft feststellen, was sich in der Vergangenheit als wahr erwiesen hat: Was immer die geistigen Parolen, die politischen Argumente, die internationalen Pläne unserer Feinde sind, sie sind Lug und Trug, aufgebaut auf Unterwerfung unter ein [redacted] -bolschewistisches Diktat und auf den Instinkten leidenschaftlichen Hasses gegen alle jene, die frei von internationaler Unterdrückung ihr völkisches Leben erhalten wollen. Um dieses wahre Motiv ihres politischen Handelns zu verdecken, haben unsere Feinde den ersten Schritt zum Kriege mit einer Lüge auf den Lippen getan und nun verstricken sie sich immer tiefer im Netz der Falschheit.

Den europäischen Krieg haben sie nicht heraufbeschworen, und sie führen ihn nicht, um "Demokratie" zu verbreiten oder um eine deutsche "Welteroberung" zu verhindern, nicht um "Polen zu retten" oder um einen neuen "Völkerbund" zu begründen – sie führen ihn auch nicht, weil es für die Amerikaner lebenswichtig wäre, die Sowjets im Herzen des Kontinents zu installieren oder weil das russische Volk es nötig hätte, den Balkan zu besitzen: Es sind keine nationalen, sondern internationale Motive, die den Hintergrund dieses Krieges bilden, es ist kein Lebens-, sondern ein Vernichtungsziel, für das ihre Völker in den Kampf gesandt werden. Eine , [redacted] wie sie nur der [redacted] kennt, hat ihre Auferstehung gefeiert. Eine sadistische Vernichtungsorgie rast durch die Zeitungen in England und in den USA. Vansittart in London, Morgenthau in Neuyork und Ilja Ehrenburg in Moskau haben ein geistiges Diktat erlassen, vor dem sich die Literaten ganzer Erdteile im Staube winden.

Die Ankündigung des Jalta-Kommuniqués, daß Moskau als Sitz einer "Reparationskommission", also praktisch als europäische Versklavungszentrale, als machtpolitische Hauptstadt des Kontinents vorgesehen sei, ist ebenso bezeichnend wie die ergänzende Mitteilung, daß die Neubeschwörung der Völkerbundsphrasen auf einer Konferenz in San Franzisko stattfinden soll. Die realen Machtfaktoren sollen in der bolschewistischen Hauptstadt verankert werden, die Metropole des betrügerischen Geschwätzes aber wird im Lande Roosevelt installiert.

Während die Verkünder solch gefährlicher Verrücktheiten sich aber die Stimme heiser schreien, stehen ihre Soldaten dem fanatischen deutschen Verteidigungswillen gegenüber. Sie müssen und werden erleben, daß derjenige, der um sein Leben kämpft, die Kräfte vervielfacht und daß die deutsche Entschlossenheit durch die Haßparolen nicht wankend, sondern nur noch leidenschaftlicher wird. Auf dem Boden der Sowjetunion wurde die Jalta-Kapitulation Englands und der USA vor Stalin als europäisches Versklavungsprogramm unterschrieben – auf deutschem Boden wird es zum Nutzen aller schöpferischen Nationen durch den leidenschaftlichen Kampf unseres Reiches und Volkes zerrissen werden.

Wir Deutschen wissen dabei eines: Der Gegensatz von Betrug und Wirklichkeit, der innere Widerspruch zwischen den von Verlogenheit und [redacted] Haß erfüllten Trugbildern unserer Feinde und den Realitäten des Frontkampfes wird einmal sichtbar werden und in manchen Stimmen, die gerade angesichts des neuen Jalta-Betruges in der ganzen Welt hörbar wurden, erkennen wir Anzeichen eines solchen Aufbruches. Wir glauben nicht, daß Churchill und Roosevelt von Stalin abfallen, dafür haben sie sich ihm bereits zu sehr verschrieben und sind ihm schon zu weit gefolgt, aber wir wissen, daß sie alle noch einmal durch ihre betrogenen Völker selbst von ihren angemaßten Herrscherplätzen hinweggefegt werden.

Deutschland hat ausdauernd genug gekämpft, um die Schwindelparolen seiner Feinde noch während des Krieges zu entlarven. Es wird sich auch weiterhin so hart zu schlagen wissen, daß die [redacted] Haßphantasien der Welt als das sichtbar werden, was sie sind: als menschenunwürdiger Irrsinn, als Produkte gemeingefährlicher Gehirne. Niemals hat sich das [redacted] dreister und offener maskiert als heute, wo es glaubt, seinen Fuß in den Nacken des deutschen Volkes setzen zu können.

Diese [redacted] redet von einem Weltgericht über das deutsche Volk, obwohl dieses nichts anderes will, als frei sein und frei bleiben. Wenn es eine Zukunft der Menschheit gibt, wenn nicht das Licht der schöpferischen Nationen verlöschen und ein ewiges Dunkel heraufsteigen soll – dann wird es allerdings ein Völkergericht geben, und wenn es das der Geschichte ist. Vor ihm wird Deutschland als Kläger stehen und das Urteil wird jene verfluchen, die mit Haß im Herzen und mit Lügen auf den Lippen die Nationen in ein Ringen stürzten, aus dem es heute keinen anderen Ausweg gibt als den: Durch die Behauptung der Tapferen und Ehrlichen der Macht der Kriegsverbrecher und Völkerbetrüger ein bleibendes Ende zu setzen.

Zwischen Jalta und San Franzisko
Weltschicksal im Herzen Europas
(12. März 1945)

Das politische Trugbild von einer künftigen Welt-Friedens-Organisation, das Roosevelt und Churchill nach der Jalta-Konferenz entworfen haben, hat unter manchen Völkern, die schönen Worten leicht Glauben schenken, einige geistige Verwirrung angerichtet. Die beiden Rattenfänger werden nicht müde, zu versichern, daß sie die Sowjetunion dafür gewonnen hätten, sich einem internationalen System anzuschließen, um einen kommenden Weltfrieden zu garantieren. Wenn Moskau auf der für Ende April vorgesehenen Konferenz von San Franzisko sich der dort geplanten Organisation einfüge, brauche niemand mehr zu befürchten, daß das bolschewistische Rußland ein für andere Staaten gefährlicher Faktor bleibe.

Die Türken, die Ägypter, Ekuador und die anderen kleinen Schreier, die Deutschland den Krieg erklärten, um eine Einladung nach San Franzisko zu erhalten, glaubten aus den Roosevelt-Churchill-Tiraden auch noch den Wink herauslesen zu können, daß auf der bevorstehenden Konferenz durch rege Beteiligung von Stimmvieh eine Phalanx der Verteidigung gegenüber der Sowjetpolitik aufgebaut und diese dadurch auf friedliche Wege gedrängt werden könne. Eine so naive Meinung ist freilich – was die Absichten der heutigen anglo-amerikanischen Politik betrifft – völlig unbegründet. Denn diese hat sich längst einem Grundsatz verschrieben, der jeder und der unverschämtesten Forderung des Kremls Tür und Tor öffnet.

Der alte Kriegshetzer Eden ist es, der kürzlich davon sprach, daß alle Opfer dieses Krieges für England umsonst gewesen seien, wenn zu irgendeinem Zeitpunkt und aus irgendeinem Anlaß die Einigkeit mit Moskau einen Bruch erleiden würde. Diese Parole, die Stalin gegenüber den Grundsatz britischer Nachgiebigkeit um jeden Preis aufstellt, bedeutet eine wahrhaft ungewöhnliche doktrinäre Vollendung des Londoner Handlangerdienstes für die Verwirklichung der Kremlziele. Sie ist das letzte dankbare Glied in der langen Kette würdeloser Krümmungen der britischen Politik. Sie zerreißt auch die bescheidene Hoffnung kleiner Staaten, etwa in London Schutz vor Kremlforderungen zu finden.

Zu diesen politischen Realitäten treten zwei entscheidende Denkfehler, die – jedem erkennbar – die Roosevelt-Churchill-Parolen als gemeingefährlichen Schwindel kennzeichnen: Die Sowjetunion ist nicht "Rußland", sondern eine politische Diktatur ohne nationale Bindung. Zudem sind internationale Verpflichtungen mit dem bolschewistischen System überhaupt unvereinbar, denn das Staatsgrundgesetz der Sowjetunion ist der gewaltsame Weltumsturz. Lenins Wort, daß das Dasein der Sowjetunion neben Staaten mit anderer

Struktur auf die Dauer nicht denkbar sei, ist stets der erste Glaubenssatz der Kremlpolitik gewesen und geblieben. Diesen Grundsatz kann sie nicht aufgeben, ohne die gesamte ideologische Grundlage der Sowjetherrschaft in ihrem jetzigen Staatsgebiet zu zerstören.

Daß diese Feststellungen nicht nur in der Theorie, sondern auch in der aktuellen Praxis zutreffen, braucht nicht noch umständlich bewiesen zu werden. Die Ereignisse auf dem Balkan, in Polen, neuerdings auch in Finnland und Italien sprechen eine völlig eindeutige Sprache. Die Moskauer Machthaber sehen in diesem Kriege nichts anderes als die Chance, ihre Herrschaft mit Hilfe anglo-amerikanischer militärischer Unterstützung über ganz Europa auszudehnen. Wenn ihnen das gelänge, so wäre damit ihr Streben nach einer Vollendung ihrer angestrebten Weltherrschaft aber nicht nur nicht beendet, sondern es hätte einen Antrieb erhalten, der noch unvergleichlich stärker sein müßte, als es einst das Beispiel des in Rußland gelungenen Lenin-Umsturzes für alle kleinen und großen bolschewistischen Völkerbetrüger in der ganzen Welt gewesen ist.

Diese Kremlmachthaber, die heute gierig nach Europa greifen und triumphgebläht hoffen, morgen ihre Agenten in allen Kontinenten zum entscheidenden Schlag ansetzen zu können, werden mit einem Lächeln des Mephisto am Konferenztisch von San Franzisko Platz nehmen, wenn sie es nicht sogar vorziehen, unter einem der in Moskau üblichen brüsken Vorwände doch noch zu Hause zu bleiben. Jedenfalls wird Herr Molotow nicht wenig grinsen über die Bemühungen der Politiker von Brasilien, Island, Panama und anderer San-Franzisko-Größen, ihn mit schlauen Winkelzügen und feinen Paragraphenmaschen zu umgarnen. Sein Gähnen dürfte schon genügen, um jede der papierenen Schlingen zu zerreißen, die ein San-Franzisko-Statut um ihn legen könnte. Bekanntlich aber ist auch dieses unwahrscheinlich, da die Sowjets bei der sogenannten "Friedensorganisation" darauf bestehen, daß sie in jedem Falle selbst bestimmen können, ob sie Friedenszerstörer seien oder nicht. Es ist ein wahrhaft dreistes Spiel, das hier unter der Regie Roosevelts und Churchills über die Bühne geht!

Bei dem politischen Fahrplan unserer Feinde, in dem San Franzisko nur eine Zwischenstation ist und dessen Endpunkt Moskau heißt, ist freilich der Faktor nicht genannt, auf den es in Wirklichkeit entscheidend ankommt. Dies ist der deutsche Widerstand. Er ist heute der einzige reale Wert, der dem Kreml im Wege steht. Nicht Reden und nicht Konferenzen ändern etwas an den Moskauer Plänen – der Traum von einem Sowjeteuropa kann nur noch an der deutschen Härte zerbrechen. Dann und nur dann wird auch die Hoffnung Moskaus auf eine Weltherrschaft seiner betrügerischen Ideologie für alle Zeit vernichtet sein. Man kann als gewiß in Rechnung stellen, daß es nach den Erfahrungen unserer Zeit nie wieder eine Situation geben wird, in der Briten und Amerikaner für die bolschewistische Völkervernichtung auf blutige Schlachtfelder ziehen. Der Bolschewismus selbst aber – das ist die Lehre Lenins, in ihrer Umkehrung – ist am Ende, wenn sein Traum vom Weltstaat der Sowjets endgültig ausgeträumt ist.

Seien wir Deutsche uns heute auch dieser großen Zusammenhänge bewußt. Es ist eine wahrhaft weltgeschichtliche Entscheidung, die in diesem Jahre von uns ausgekämpft wird. Während wir alle Kraft vereinigen, um durch das Hartbleiben in unserem Lebenskampf Sieger zu werden, rufen wir den Völkern zu: Blickt hierher, in das kämpfende Herz Europas – nicht in San Franzisko, nicht am Konferenztisch, hier, auf den deutschen Schlachtfeldern, entscheidet sich euer Schicksal.

Unser Halten und die Feindkoalition
(22. März 1945)

In einer Kriegslage, in der schwere Nachrichten und ernste Erlebnisse alle Volksgenossen, Frauen wie Männer, Soldaten und Arbeiter, in gleicher Weise bewegen, wird unser ganzes Volk auf eine geschichtliche Probe gestellt: ob es schwach wird und damit erliegt oder ob es hart bleibt und sich so die Chance des Lebens und der Freiheit erhält.

Über die Drohung, der wir Deutschen uns gegenüber sehen, bedarf es keines Wortes mehr. Wir kennen sie und wissen, daß ein Sieg der Feindkoalition, wie sie uns heute gegenübersteht, nicht nur die Existenz des Reiches vernichten würde, sondern auch zur Versklavung und damit Ausrottung aller Schaffenden unseres Volkes führen müßte.

Nichts könnte das deutsche Volk vor dem furchtbarsten Schicksal retten, das je einer Nation gedroht hat, wenn es nicht in fanatischem Lebenswillen jene Kräfte entwickelt, die ihm nicht nur die Rettung, sondern auch die Gewißheit sicherer Zukunft bringen können und werden. Es sind nicht nur grundsätzliche Erkenntnisse, geschichtliche Lehren und dergleichen, die uns die innere Überzeugung geben, daß unsere heutige Lage trotz aller Krisen noch zu meistern und das Schicksal zu wenden sein wird. In der fanatischen Verteidigung seiner Heimat wird das deutsche Volk stärker als jene, die nur gekommen sind, um zu zerstören.

Aber nicht nur dieses Wissen, auch der Blick in die Reihe unserer Feinde nach draußen trägt zu unserer Gewißheit bei, daß der entschlossene kämpferische Einsatz heute so sinnvoll ist wie je zuvor und daß er, welch schwierige Lage es auch noch zu meistern gibt, eine ganz andere Kriegsentscheidung herbeiführen wird, als die Stalin, Roosevelt, Churchill und Konsorten erwarten. So einig diese drei großen Kriegsverbrecher persönlich sind und es immer sein werden, so gewiß ist nämlich, daß die politische Front der Völker, die uns heute gegenüberstehen, schon nicht mehr knistert, sondern bereits in ihren Fugen zu krachen beginnt. Es vergeht kein Tag, an dem sich nicht bedeutsame Ereignisse abspielen, aus denen jedermann erkennen kann, daß das britische Nationalinteresse ebensowenig wie die Bedürftigkeit des USA-Volkes sich mit der Politik der britischen und der USA-Regierung vereinigen lassen, die sich ganz widerstandslos dem herrschaftslüsternen Treiben der bolschewistischen Furie fügen und es sogar noch zu decken versuchen.

Ob es Polen ist, dessen Preisgabe an die Sowjets sorgenvolle Kritik in England findet, ob Rumänien, wo sich die demokratischen Politiker vor den Sowjets in die britische Gesandtschaft flüchten, oder Griechenland, wo es im Dezember zwischen moskauhörigen Banden und britischen Truppen schon zu offenen Kämpfen kam, ob wir Italien, Frankreich, Finnland oder Serbien nennen, an jedem politischen Punkt des Kontinents treten ebenso tiefgreifende wie natürliche Gegensätze zutage, die auch mit den Argumenten des gemeinsamen Krieges gegen Deutschland kaum mehr niederzuhalten sind. Die Kremlverbrecher machen sich die heutige militärische Lage rücksichtslos zunutze und erweitern ihre Herrschaft auf Kosten Englands und der USA hemmungslos nicht nur in Europa, sondern auch an anderen Punkten der Welt, und zwar mit den gleichen Methoden, die 1941 den Krieg zwischen Deutschland und der Sowjetunion unabwendbar machten. Churchill und Roosevelt, die die Schuld daran tragen, daß die Insel soweit gekommen ist, bemühen sich mit Angstschweiß auf der Stirne, die Koalition mit dem Bolschewismus trotz aller Schwierigkeiten vor ihren Völkern zu vertreten. Sie sind eigens bis in die Sowjetunion nach Jalta gereist, um ihrem Kumpan die Nachgiebigkeit wenigstens nach außen hin zu versprechen. Aber er hat von ihnen nur noch neue Zugeständnisse gefordert und erhalten! Heute schon, nach wenigen Wochen, zeigt es sich, daß die bolschewistische Ehe für England und die USA durch Jalta in keiner Weise erträglich geworden ist, sondern so unnatürlich blieb, wie sie auch unter nationalen Gesichtspunkten stets gewesen ist.

Die Unhaltbarkeit der [redacted] Konstruktion, die die britischen und amerikanischen Soldaten für die Bolschewisierung Europas und die spätere Errichtung einer sowjetischen Weltherrschaft auf die Schlachtfelder treibt, tritt vor den Augen der ganzen Welt zutage, und es ist heute schon abzusehen, wo allen Bemühungen der Kriegshetzer zum Trotz die wahnwitzige Massenmordkoalition des Westens mit dem barbarischen Osten aufeinandertreffen wird, weil sie auf die Dauer nicht bestehen kann, es sei denn, es erfolgt eine endgültige Kapitulation, eine Selbstaufgabe des Angelsachsentums vor der bolschewistischen Kremldiktatur. Das Wort vom "Dritten Weltkrieg", das in England und den USA bereits ganz offen ausgesprochen wird, gründet sich auf die Erkenntnis, daß eine Auseinandersetzung mit dem Bolschewismus auch für die Westnationen auf die Dauer unvermeidlich sein wird.

Wir Deutsche werden zu dieser Entwicklung einen deutlichen Beitrag liefern, indem wir durch unseren zähen, nicht zu überbietenden Widerstand den inneren Riß im Feindlager offenbar werden lassen und unsere Position im großen Spiel der Kräfte stark erhalten. Solange sie mit militärischen Erfolgen prahlen können, mag es den Roosevelt und Churchill immer wieder gelingen, das Erwachen ihrer Völker zu hindern und sie weiter zu betrügen. An dem Punkt aber, an dem die anglo-amerikanische Kriegführung bei uns auf Granit stößt, an dem sie zu Hause nur noch sinnlose Vernichtung und keine betörenden Siegesmeldungen mehr zu berichten hat, an diesem Punkt wird die Kluft, die sich zwischen der Welt und dem Bolschewismus bereits so deutlich abzeichnet, aufreißen und die sinnlose [redacted] Koalition, die England und die USA vor den Wagen Moskaus spannt, auseinanderkrachen. Durch unseren bedingungslosen Widerstand wird eine ebenso verlogene wie brüchige Allianz entzweigehen, die heute schon ihre reale Grundlage nur noch in den [redacted] Haßplänen gegen das deutsche Volk besitzt.

Auch dieser Seite des Kriegsgeschehens gegenüber ist unser Standpunkt ganz klar und fest umrissen. Wir kämpfen überall, wo man uns angreift. Wir kämpfen nach allen Seiten um unser Leben. Jede Offensive des Westens unter dem Kommando der jetzigen Machthaber in London und Washington ist heute eine Offensive für die Bolschewisierung Europas. Denn Churchill und Roosevelt sind nicht nur die Hauptträger des Krieges von seiner ersten Stunde an, sondern auch die Exponenten einer moskauhörigen Weltpolitik. Ihr Programm bedeutet die Vernichtung unseres Kontinents. Wir kämpfen, bis die bolschewistische Morddrohung von Europa und der Welt genommen ist.

Und wir kämpfen deshalb nicht zuletzt auch darum, daß die anglo-amerikanische Kapitulation vor Moskau ihr Ende findet, denn diese Allianz muß zerbrechen, wenn die Völker Europas eine freie Zukunft haben wollen. Wer den Blick auf die Welt von heute richtet, weiß, daß unser unerbittliches Halten den Anstoß zu einer neuen nationalen Erhebung aller schöpferischen Völker gegen die blutige Drohung der bolschewistischen Furie mit sich bringen wird. Die Rettung unseres Reiches, die Erhaltung des deutschen Volkes ist die erste und entscheidende Voraussetzung eines erfolgreichen Widerstandes gegen die Moskauer Sklaverei, die einzige Chance einer Bewährung Europas vor der bolschewistischen Vernichtung.

Unser Opfer von heute wird so nicht nur den Weg in eine freie deutsche Zukunft führen, sondern auch eine Weltwende von morgen begründen. Harte Kämpfe mögen noch zwischen jetzt und dieser Stunde liegen. Aber wir wissen: sie kommt!

ANHANG

Aus dem Leben des Verfassers

Helmut Sündermann wurde in München am 19. Februar 1911 als Sohn des damaligen Aichacher Bezirksamtmanns Joseph Sündermann geboren, der bereits 1912 verstarb. Die Vorfahren väterlicherseits stammten aus dem Sudetenland; die mütterliche Familie führt auf oberbayerische und tiroler Bauern zurück.

Mit dem schicksalhaften Geschehen jener Jahre konfrontiert – die Kindheitserinnerungen reichen bis in den Ersten Weltkriegund die Münchner Räterepublik zurück – begann der Heranwachsende sich frühzeitig politisch zu interessieren. Im Frühjahr 1930 – unmittelbar nach bestandenem Abitur am Humanistischen Gymnasium Pasing – trat er in die NSDAP ein, in der er bald als Redner und Publizist tätig wurde. Noch während seines Studiums an der Universität München (Geschichte, Zeitungswissenschaft und Volkswirtschaftslehre) wurde er ab 1. August 1931 jugendlicher Mitarbeiter des damals als Leiter der Pressestelle bei der Reichsleitung der NSDAP ins Braune Haus berufenen späteren Reichspressechefs Dr. Otto Dietrich. Diesem Lehrmeister folgte Sündermann im Mai 1933 nach Berlin, wurde 1937 Stabsleiter, während des Krieges ab Juli 1942 schließlich als "Stellvertretender Pressechef der "Reichsregierung" sein offizieller Vertreter – eine vielseitige Aufgabe, da Dr. Dietrich meist fern von Berlin im Führerhauptquartier tätig war. Vordem hatte Helmut Sündermann sich bereits als politischer Publizist profiliert; durch Dr. Dietrich wurde er auch in den engeren Kreis der Reichskanzlei eingeführt; so begleitete er Hitler auf dessen drei Auslandsreisen (Venedig 1934, Rom 1938, Hendaye 1940), war auch unmittelbarer Zeuge des triumphalen Einzugs in Österreich am 12. März 1938. Hierbei wurde ihm der Auftrag zuteil, im Stabe des Reichskommissars Bürckel die dortige Volksabstimmung pressemäßig vorzubereiten. Über dieses und das anschließende Erlebnis der Münchner Konferenz berichtete Sündermann in seinem ersten Buch "Die Grenzen fallen – Von der Ostmark zum Sudetenland". Nach dem Kriegsausbruch 1939 wurde Sündermann auf eigenes Betreiben als Schütze zum Infanterieregiment 167 eingezogen, machte in dessen Reihen den Frankreichfeldzug 1940 mit und verdiente sich beim Sturmangriff über die Aisne am 9.6.1940 das Eiserne Kreuz II. Unmittelbar nach dem Waffenstillstand auf persönlichen Befehl Hitler aus der Wehrmacht entlassen, nahm Sündermann seine publizistische und amtliche Tätigkeit in Berlin wieder auf. Über das Entscheidungsjahr 19445/45 hat er in Tagebuchform dokumentarisch berichtet ("Deutsche Notizen").

In seiner Tätigkeit als stellv. Pressechef der Reichsregierung wurde er bald zu einem der führenden und informiertesten Publizisten seiner Zeit. In unmittelbarer Nähe der Macht, formulierte er nicht selten die Gedanken Hitlers in zündenden Leitartikeln. Als Geschäftsführender Präsident eines der letzten großen internationalen Kongresse in der Kriegszeit, der Tagung der Union Nationaler Journalistenverbände 1942 und 1943, machte er insbesondere in Fachkreisen auf die Bedeutung eines kämpferischen Journalismus gerade in Kriegs- und Krisenzeiten aufmerksam.

Als Zeitzeuge in Hitlers Umgebung vertrat er stets die Auffassung, daß Publizistik und Propaganda nicht zu vereinbaren seien.

In den letzten Märztagen des Jahres 1945 wurde Dr. Otto Dietrich als Pressechef der Reichsregierung entlassen, seine Aufgaben wurden Dr. Goebbels übertragen. Hitler vertrat den Standpunkt "Wer 'A' sagt, muß auch 'B' sagen". Helmut Sündermann wurde am 3. April beurlaubt, seine UK-Stellung sollte auf eigenen Wunsch zum 18. April aufgehoben und er zu diesem Zeitpunkt einen Einberufungsbefehl nach Berchtesgaden erhalten. Goebbels machte in seinen Tagebüchern zu diesem Datum einige ironische Bemerkungen und auch Publizisten aus dem Umfeld ds Reichspropagandaministers wärmten in ihren Erinnerungen die mehrfach widerlegte Legende auf, Sündermann sei sofort zur Truppe abkommandiert worden. Ganz ordnungsgemäß verabschiedete sich am 5. April 1945 Sündermann vor der deutschen - und der Auslandspressekonferenz und begab sich mit Dr. Dietrich am 9. April mit dem Führersonderzug, der von Jüteborg nach Rosenheim verlegt wurde, befehlsgemäß in den Alpenraum.

Nach dem deutschen Zusammenbruch geriet Sündermann in amerikanische Gefangenschaft, verbrachte die Jahre 1946/47 als inhaftierter "Zeuge" im Nürnberger Gefängnis, wo er zuletzt für seinen im sogenannten Wilhelmstraßen-Prozeß angeklagten Chef, Dr. Dietrich, aussagte. Im Oktober 1948 aus der Internierungshaft entlassen, suchte und fand Sündermann bald Anschluß bei den wenigen Publikationsorganen, die damals wagten, der antideutschen "Schuld"-Propaganda entgegenzutreten. Er gehörte zu den Mitbegründern der seit 1951 in Coburg erscheinenden Zeitschrift "Nation Europa", für die er Beiträge unter dem Pseudonym "Heinrich Sanden" und "Hermann Schild" schrieb, da ihm durch "Spruchkammer"-Bescheid journalistische Tätigkeit verboten war.

Nach Verehelichung (1950) mit der Witwe des Münchner NSV-Gauamtsleiters Sudholt, geb. von Druffel Freiin von und zu Egloffstein, begann für Helmut Sündermann ein zweiter Lebensabschnitt. Die 1952 erfolgte Gründung des Druffel-Verlages – ein gemeinsames Wagnis der beiden Ehegatten – erwies sich als schwieriges, mehrmals vor den Schranken der Gerichte zu vertretendes, aber schließlich erfolgreiches Unternehmen. Als "Lektor" dieses bewußt im Sinne nationaler Haltung geführten Buchverlages hat Helmut Sündermann über 50 historisch-politisch bedeutsame Verlagswerke betreut, zahlreiche auch aus eigener Feder publiziert. Noch im Frühjahr 1972 begründete er die "Deutschen Annalen" als "Jahrbuch des Nationalgeschehens". In zahlreichen Aufsätzen, die in den 60er und Anfang der 70er Jahre in der "Deutschen Wochenzeitung" erschienen, kommentierte Helmut Sündermann regelmäßig auch die aktuellen Zeitgeschehen.

Bibliographie

Die Werke Helmut Sündermanns (pseud. Hermann Schild und Heinrich L. Sanden) aus den Jahren 1938-1972. Bei einigen Büchern zeichnet Helmut Sündermann als Herausgeber. Sie sind durch (hsg) besonders hervorgehoben.

Die Grenzen fallen, Von der Ostmarkt zum Sudetenland, München 1938

Mit Bismarck vor Paris – Dr. Moritz Busch – Erlebnisse und Gespräche mit dem Großen Kanzler während des Deutsch-Französischen Krieges 1870/71 (hsg.), München 1940

Die Entscheidungen reifen, Berichte und Bekenntnisse aus großer Zeit, München 1943

Europa ohne Phrase, Leoni 1953

Alter Feind – Was nun? – Wiederbegegnung mit England und Engländern, Leoni 1956

Das Erbe des falschen Propheten – Moskaus Kampf um Deutschland, von Lenin bis heute – und morgen?, Leoni 1957

Das Dritte Reich, Eine Richtigstellung in Umrissen, Leoni 1959/64

Die Pioniere und die Ahnungslosen, Skizzen amerikanischer Vergangenheit und Gegenwart, Leoni 1960

Potsdam 1945, Ein kritischer Bericht, Leoni 1963

Deutsche Notizen, 1945/1965, Erlebnis – Wiederspruch – Erwartung, Leoni 1965

Bilanz der Unterwerfung, Deutsche Entscheidungen morgen (hsg.), Leoni 1967

Die Deutsche Frage, Von den Anfängen bis 1933 (hsg.), Leoni 1968

Die Deutsche Frage, Von Hitler bis heute (hsg.), Leoni 1969

Die Welt der Tausend Völker, Erkundungsreise in die Wirklichkeit, Leoni 1969 (lieferbar)

Wie deutsch bleibt Österreich? Antwort an Schuschnigg, Leoni 1970

Das Morgenthau-Tagebuch, Dokumente des Anti-Germanismus (hsg.), Leoni 1970

Was muß geschehen? Weiße Welt am Wendepunkt, Leoni 1971 (lieferbar)

Deutsche Annalen 1972, Jahrbuch des Nationalgeschehens (hsg.), Leoni 1972 (lieferbar)

Aus dem Nachlaß erschienen und von Dr. phil. Gert Sudholt herausgegeben:

TAGESPAROLEN, Deutsche Presseweisungen 1939-1945 – Hitlers Propaganda und Kriegführung, Leoni 1973

HIER STEHE ICH ... Deutsche Erinnerungen 1914/1945, Leoni 1975

MUT ZUR WAHRHEIT, Beiträge zur Geschichte unserer Zeit, Leoni 1981

Verabschiedung des stellvertretenden Pressechefs der Reichsregierung, Stabsleiter Helmut Sündermann, vor der Auslandspressekonferenz, Berlin, 5. April 1945

Ich will die jetzige Situation nicht vorübergehen lassen, ohne ein Wort dazu zu sagen.

Ich brauche dabei nur wiederholen, was ich oft schon Ihnen gesagt habe. In einem Krieg, der mit solchen Vernichtungszielen geführt wird, wie sie der Feind verkündet, gibt es keinen Geländepunkt, wo der Widerstand enden oder erlahmen könnte. Ganz im Gegenteil: Wer um sein Leben kämpft, kämpft um so fanatischer, je unmittelbarer er sich bedroht fühlt. Wenn unsere Feinde heute die Kilometer nach Berlin berechnen, dann werden sie erleben, daß Kilometer nicht gleich Kilometer ist – er ist ein Geländemaß, aber kein Kampfmaß, und der Punkt kommt, wo dem Feind hundert Meter mehr Blut kosten werden als bisher vielleicht hundert Kilometer. Auch die Dauer des Krieges läßt sich vom Standpunkt eines solchen Lebenskampfes ganz anders bestimmen als es die angloamerikanische Propaganda wahrhaben will: Ein Krieg, der darum geführt wird, das deutsche Volk zu vernichten, das heute zum Leben entschlossen ist wie nie zuvor, dauert so lange, als diese Haßparolen die Gehirne verwirren. Hinter der Front, an der Front und jenseits der Front ist das deutsche Volk bereit zu kämpfen, bis sein Leben und das der europäischen Völkerfamilie durch keinen Vansittartismus, durch keine Morgenthau-Pläne und keine Ilja-Ehrenburg-Phantasien mehr gefährdet wird.

Es gibt auch keine Zukunftschance für irgendeine Nation in der Welt, solange diese Vernebelung über unserem Erdball liegt. Niemals hatte das Wort vom Freiheitskampf mehr Sinn und Inhalt, mehr Bedeutung auch für die ganze vom Bolschewismus bedrohte Welt als der deutsche Kampf heute.

Ich benutze die Gelegenheit, mich für einige Zeit aus diesem Kreise zu verabschieden, weil ich die Möglichkeit erhalten habe, erneut in Wehrmachtseinsatz zu kommen. Ich freue mich, auch hier wieder meine hohe Auffassung vom kämpferischen Journalismus verwirklichen zu können, indem ich mit dem Wort die Tat verbinde.

Ich bin überzeugt, daß wir uns in einer Situation wiedersehen, in der Sie mir zu dem, was ich Ihnen hier im Laufe der Zeit sagte, zugeben werden: Sie haben recht gehabt und recht behalten.

Namensverzeichnis